發表能力等，則多尊重中小學教師的意見；對某篇選文的內涵旨趣與表達方式是否適合學生心理成熟和經驗程度，而且在「主學習」外，還可以加強「副學習」、「附學習」等，便要尊重學科教育專家的意見。他們好像一個「化合體」，各人的意見彼此啓發交流，凝結而爲一體。以代數公式來譬喻，有如$\frac{A}{A+B+C}+\frac{B}{A+B+C}+\frac{C}{A+B+C}=\frac{A+B+C}{A+B+C}=1$。其關鍵即在各數都有相同的分母。這雖是一種理想，未嘗不可作爲我們努力的方向。

這次舉辦的中小學國語文學科選文調查研究工作，只是一個開端。期望不久能有一套合於理想的國語文教科書出版，供應教學；同時，國語文學科師資也有了改善，我們樂見中小學國語文教學有所改進。幾年後再舉辦一次研究調查，考查新教科書被採用後的績效，其中又可能發掘許多其他問題；於是一步一步繼續調查研究下去，國語文學科教育的改進自然落實而有望了。略抒所感，以代序言。

朱匯森　寫於民國七十八年十一月三日

朱序

改進中小學國語文教學最重要的問題，是師資和教材。提高師資水準自是根本辦法，但是養成教育與在職進修所需時間很久，而人數又多，只好列爲長期改進計畫；而改編國語文教材，卻是比較容易進行且可見效的工作。教育部人文及社會學科教育指導委員會最近舉辦中小學國語文學科選文調查研究工作，設計週詳，辦理認眞，結論具體，有高度的參考價值。我對主其事的諸位先生、女士表示十分敬佩！

調查研究有了初步結論，接著便要設法利用，見諸行事，來驗證研究的結果。我希望國立編譯館將這份調查研究報告分送所聘的中小學國語文教科書編審委員參閱，要求大家對於適用教材的意義、條件及多數意見趨向等，均有共同認識。這一點非常重要，過去組成的編審委員會雖包括大學教授、中小學教師及教育學者，彼此的國學修養、對學生學習能力的認知、教材難易的判斷等都有不同，好像一個「混合體」；討論時各人發表意見，難免歧異隔閡。以代數公式來譬喻，有如：　A＋B＋C＝A＋B＋C　，各說各話，很難得到一個和數。若是大家對優選教材先有了共識，再發揮各人的專長。討論時，對於某篇選文的立意、章法、修辭、註釋等，應多尊重大學教授的意見；對於篇幅、文詞、韻味等是否適合學生的興趣與程度，如何便於指導學生增進閱讀及

國立中央圖書館出版品預行編目資料

選文研究：中小學國語文選文之評價與定位問題／教育部人文及社會學教科育指導委員會主編；劉眞計劃主持；黃錦鋐研究主持.--初版。--臺北市：三民，民82

面；　　公分

含索引

ISBN 957-14-2003-4（平裝）

1.國文-研究與教學

523.31　　　　　　　　　82002478

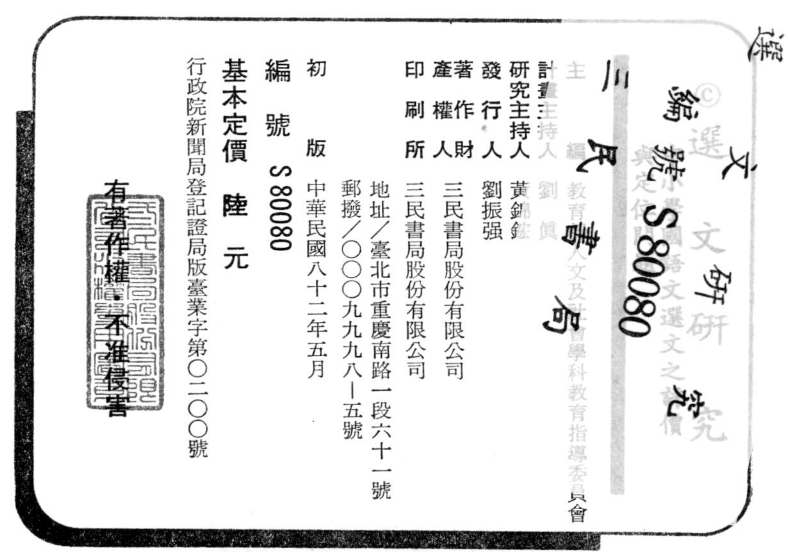

選文研究

編號 S 80080

三民書局

主　　編　教育部人文及社會學科教育指導委員會

計畫主持人　劉　眞

研究主持人　黃錦鋐

發 行 人　劉振强

著作財產權人　三民書局股份有限公司

印 刷 所　三民書局股份有限公司
地址／臺北市重慶南路一段六十一號
郵撥／○○○九九九八－五號

初　　版　中華民國八十二年五月

編　　號　S 80080

基本定價　陸　元

行政院新聞局登記證局版臺業字第○二○○號

ISBN 957-14-2003-4（平裝）

選文研究

—中小學國語文選文之評價與定位問題—

教育部人文及社會學科教育指導委員會主編

計畫主持人：劉　真　研究主持人：黃錦鋐

三民書局印行

中小學國語文學科選文調查研究人員

計畫主持人：劉　眞

研究主持人：黃錦鋐

研究規畫人：司　琦

研究委員：李　洸　黃錦鋐　李威熊　羅宗濤　葉慶炳　劉兆祐

諮詢委員：龔寶善　耿相曾

研究工作小組：

召集人：林忠廉

委員：李炳傑　林義烈　陶玉藍　楊婉慧　賴昭順　蔡玉蘭　黃琴鳳　劉紹君

問卷電腦統計分析人：蔡元慧

編校小組：

召集人：陳壽觥

助理：黃琴鳳　郭玉梅　連愛華　陳錦慧　李翠瑛　曾淑敏

選文研究

——中小學國語文選文之評價與定位問題

目次

第二部分　調查結果

第三部分　附　錄

後　記

第一部分　中小學國語文學科選文之評價與定位問題

一、前言
二、研究經過
三、調查項目及統計分析
四、調查結果的整理
五、填答學校對本調查研究所提意見
六、結語

一、前言

語文教育是一切學科教育的基礎，爲了達成語文教育目標，提高學生語文程度，有許多的學者專家貢獻了他們的智慧和精力，不斷的從事於教材和教法的研究，都希望能選出一些最適切最符合需要的教材，想出一種最實際最有效的教法，讓學生在生動活潑的氣氛中，學習到應學習的語文知識，培養出應具備的語文能力。這就是爲什麼經常有教材問卷調查，和時常出現新教學法的原因。

國文科的調查研究，過去曾做了很多次，如國立政治大學水心教授、受教育部委託的師範大學國文系、台北市教育輔導團的國文科輔導小組等都進行過，提供了許多寶貴的意見，對教科書的編輯貢獻良多。

在調查工作中，有些中學教師建議調整課文排列的册次，但應放在那一個年級卻不一致，各有不同的意見；也有些中學教師建議刪去某些課文，而那些課文卻剛巧是問卷中某些教師所認爲優美的，所以出現這些問題，乃是因爲教材的定位和評價沒有確立的緣故。爲因應需要，中小學選文進行調查研究是一勞永逸的工作，針對教材的定位與評價獲致比較客觀的分配，這是改進語文教育值得重視的一個問題。朱匯森先生在〈中小學如何有效實施人文學科教育〉文中就提出這樣的意見說：「某篇文章有時選爲高中國文教材，又有時選爲國中國文教材，不免令人發生疑問：

這篇文章的立意和內容，究竟適於十二、三歲少年，還是十七、八歲青年的經驗和理解力？又在字彙和修辭方面，究竟適於國中還是高中學生的程度？雖然國文教科書編輯小組聘有國學高深的大學教授，也有教學優良的中學教師，但缺少國文學科教育專家提供這一方面的眞知灼見。」（見教育部人文及社會學科教育指導委員會主編的「人文教育十二講」、三民書局出版）爲了這個緣故，「教育部人文及社會學科教育指導委員會」（以下簡稱「人社指會」）特於國語文學科「研訂教育目標」工作完成之後，著手進行教材大綱之擬訂，在七十五年四月十七日召開的研訂「教材大綱」研究計畫座談會中，決議廣泛徵求各校教師意見，對中小學國語文選文作一專題研究，以作爲擬訂教材大綱的參考與依據，並洽請黃錦鋐教授主持這項工作。

二、研究經過

黃錦鋐教授在擔任中小學國語文學科選文專題研究這項工作後，即請師範大學康世統教授協助，著手收集歷年來國小五、六年級、國中、高中、高職、空中大學等教科書中的選文，包括詩歌詞曲等，大約有一千多篇。後經本會研究助理劉紹君、沈益君兩位小姐協助加以整理，刪其重複，計得八百九十五篇。依先秦、兩漢、六朝、隋、唐、五代、宋、元、明、淸、民國之時代順序排列，在每篇選文後面加註作（譯）者姓名、文體、文言或白話等，完成了中小學教材選文問卷調查初稿。再商請臺北市立建國高級中學、國立臺灣師範大學附屬高級中學、臺北市立第一女子高級中學、臺北市立中山女子高級中學、臺北市立金華女子國民中學、臺北縣立漳和國民中學等校任課教師試測，根據試測的意見一一加以修訂。嗣後康教授因課務繁忙，無暇兼顧，辭去所擔任的工作，因有成立問卷調查工作小組之議；經過討論之後，這個小組就在黃錦鋐教授及司琦秘書的策畫下成立，商由臺北市立大同國中林忠廉校長擔任小組召集人，請李炳傑（臺北市立民族國中）、林義烈、陶玉藍（臺北市立中正國中）、楊婉蕙（臺北市立松山高職）、賴昭順、蔡玉蘭（臺北市立大同國中）等六位教師，及本會研究助理黃琴鳳、劉紹君二位小姐為研究小組委員，在黃教授的指導下，進行審閱初稿及擬訂問卷調查項目工作。

以下是本項調查工作小組進行的工作程序：

㈠召開工作小組會議，研討並修正問卷初稿內容，決定調查工作程序。

㈡將各篇選文依年代編號並付印。

㈢由本會擬稿，大同國中負責發函經選定之臺灣省、臺北市、高雄市、金馬地區公私立各級學校；並函請臺灣省政府教育廳及臺北市、高雄市政府教育局協助，以期工作進行順利。

㈣問卷列入之選文請林義烈、李炳傑、陶玉藍、楊婉蕙四位教師分別註明出處（註明原本在國小、國中、高中、高職等課本中的册次），再請黃錦鋐教授訂正，由本會排印，以備分寄各塡答有關學校。

㈤本次問卷共寄發八一五份，其中國民小學二七〇所、國民中學二四〇所、高級中學一四四所、高級職校一六一所。

㈥在回收日期屆滿時，由本會發函向已寄回問卷的學校致謝，未寄回問卷的學校催送。

㈦收回的問卷，以英文字母ABCDE爲地區代號，阿拉伯數字12345爲學校級別代號，由黃琴鳳、劉紹君、蔡玉蘭三位小姐負責編排。當中以「A」代表臺北市，「B」代表臺灣省，「C」代表高雄市，「D」代表金馬地區，「E」代表未塡答學校名稱；「1」代表國小，「2」代表國中，「3」代表高中，「4」代表高職，「5」代表未塡學校名稱者。寄出的問卷除金馬地區沒有寄回外，臺灣省、臺北市、高雄市計寄回六〇二份，回收率高達百分之七十四。列表如下：

學校＼區域	台北市A	台灣省B	高雄市C	金馬地區D	未塡答E	合計
國小1	17	136	5			158
國中2	17	155	7			179
高中3	10	81	7			98
高職4	19	106	4			129
未塡答學校5					38	38
合計	63	478	23		38	602

㈧回收之問卷經過編號後，按照國小、國中、高中、高職分成四個部分，由林義烈、李炳傑、

陶玉藍、楊婉蕙四位教師，各負責一部分的整理、檢查、及抄寫等工作。先登錄問卷上各級學校名稱、校長、教務主任、國文科召集人及填表者姓名等資料；再檢查填答項目，如草率填答、重複圈選等問題。並抄寫各篇選文不適宜作爲教材之文字說明原因；以及新增列適用選文之篇名和相關資料，最後由李炳傑教師綜合整理。

㈨整理工作完成後，於民國七十七年五月十七日在大同國中召開中小學國語文學科選文研究調查問卷整理檢討及研究報告討論會，由黃錦鋐教授與司琦秘書共同主持，劉眞召集委員蒞會指導。會中由楊婉蕙教師代表小組報告問卷調查整理經過情形。

㈩承師範大學電算中心協助塡答問卷的整理，經中心代表蔡元慧女士義務完成設計程式及統計分析工作。

三、調查項目及統計分析

本項問卷選塡課文分爲兩大項：㈠宜否作爲教材——評價問題。㈡適用年級——定位問題。第一項再分5 4 3 2 1即「優」、「佳」、「中」、「可」、「否」五小項。如果在第一大項中選塡「否」，則第二大項可不必選塡，但須在備註欄註明原因。問卷中列有十一項不適宜作爲教材的原因，只要把號碼塡上即可，設或上述十一項原因中沒有適合的，則請用文字在備註欄敍述。假如在第一大項選塡「可中佳優」中的一項，則必須在第二大項中選塡適用學校及年級。即在國小五、六年級，國中一、二、三年級，高中一、二、三年級，高職一、二、三年級（共八個年級，其中高中、高職各三個年級）中選取一個年級。

在訂正工作完成後，才開始著手問卷的統計分析。分析工作分人工及電腦兩方面同時進行。凡是用文字來敘述選文不適用的原因及新增列的詩文部分，電腦無法分析，採用人工。電腦可以分析及勾選項目次數的統計採用電腦。人工分析部分，按各校所提意見，逐項歸納列表列為第一部分第五項「填答學校對本研究所提意見」（頁二七）和第三部分第一項「本研究填答學校建議增加之選文」（頁二九七）。

中小學國語文學科選文研究問卷調查工作小組，於民國七十七年五月十三日召開調查問卷統計分析問題研討會：劉召集委員白如先生蒞會指導，本會秘書司琦教授、工作小組召集人林忠廉校長等參加。

調查問卷統計分析問題研討會：由黃錦鋐教授(左)主持，劉召集委員白如先生(中)、司琦教授(左)，(右排、背面)工作小組林忠廉召集人、林義烈、李炳傑、蔡玉蘭委員。(左排)師大電算中心蔡元慧女士、楊婉蕙、陶玉藍、黃琴鳳委員參加。

本研究主持人黃錦鋐教授(右)、楊婉蕙委員(左)和師大電算中心蔡元慧女士(中)，商討電腦統計分析問題。

工作小組人員（右起）蔡玉蘭、劉紹君、黃琴鳳小姐將寄回之問卷加以編號並整理。

本研究主持人黃錦鋐教授（立者右一）、楊婉蕙委員（右二）、工作小組召集人林忠廉委員（右三）、司琦教授（坐者右一）、師大電算中心蔡元慧女士（右二），討論電腦統計分析程序。

寄回之問卷，經編號後，由林義烈(右)、李炳傑(左)等委員，分別負責整理及檢查工作。

全體調查工作人員合影：(前排右起)師大電算中心蔡元慧女士、黃錦鋐主持人、劉白如召集委員、司琦教授、工作小組召集人林忠廉校長。(後排右起)工作小組楊婉蕙、陶玉藍、林義烈、李炳傑、黃琴鳳、劉紹君、蔡玉蘭委員(賴昭順委員因事未參加)。

中小學國語文學科選文調查研究報告《選文研究》一書編校小組人員合影：(前排右起)本會研究組長黃中教授、指導委員司琦教授、劉白如主任委員、編校小組召集人陳壽觥秘書。(後排右起)助理連愛華、黃琴鳳、陳錦慧、郭玉梅小姐。

四、調查結果的整理

電腦的統計整理工作，除了作評價、定位等分析外，並把統計結果用表格列出，計有中小學「選文之評價與文體、文白及定位調查統計總表」、「列爲優⑸選文之評價及定位統計表」、中小學選文調查「列爲佳⑷選文之評價及定位統計表」、「列爲中⑶選文之評價及定位統計表」、「列爲可⑵選文之評價及定位統計表」、「列爲否⑴選文之評價及定位統計表」等六種統計表。(見第二部分「調查結果」之一：選文之評價與定位統計表

上列「選文之評價與文體、文白及定位統計總表」，是全部問卷選文統計的總結果，只扼要的在「優」、「佳」、「中」、「可」、「否」五項評價中，列出其篇數、文體、白話或文言、年級地位等的統計數字。其他五種分類表格，則除了在表中列出文體、年級的統計數字外，並附列該部分的選文統計資料。這些資料的格式和選文問卷調查的一樣，只多增加了兩項，就是「分類編號」和「調查結果」。「分類編號」和選文編號一樣，也採用五個位數，從左邊算起，第一位數字代表評價(優佳中可否)，第二、三位數字代表定位(適用學校年級)，第四位數字代表文體(記敍文、論說文、抒情文、應用文、詩歌、詞、曲、傳奇、戲劇)，第五位數字代表白話或文言(白話、文言、未註明者)。數字代表意義見第二部分之——「分類編號說明」。調查結果分「次數」、「百分比」、「次序」三部分：「次數」是指勾選學校的數量；「百分比」是指該數量所擁有的百分點；

「次序」是「否」、「可」、「中」、「佳」、「優」五項評價及適用年級間的排列名次，次序列爲第一的，就是該選文的評價和定位。「否」、「可」、「中」、「佳」、「優」等級的統計表便依據它來歸類，也就是名列第一的，把它按「否」、「可」、「中」、「佳」、「優」分開集中在一起。分類集中時，並按照國小五年級、六年級，國中一年級、二年級、三年級，高中一年級、二年級、三年級，高職一年級、二年級、三年級等順序排列，以求能一目了然。

從「選文之評價與文體、文白及定位統計總表」(頁三七)可看出被認爲「佳」的選文最多，有五百十篇。適用年級定位則大部分集中在國一到高二之間，其中以高一占第一位，計一百二十三篇，國二占第二位，計一十二篇，國三占第三位，計九十七篇，國一占第四位，計七十七篇，高三占第五位，計十七篇。(詳見第二部分之一。)

現在把各類統計表的結果分敘如下：

㈠電腦列爲「優」級的選文

列爲「優⑸選文之評價及定位統計表」(頁四〇)中的選文有四十篇，占全部八百九十五篇選文的百分之四點四七。其中被認爲適合國小六年級的有二篇——一篇詩、一篇詞。國中一年級的有七篇——二篇文言文(論說文一篇、應用文一篇)、三篇白話文(抒情文)、二篇詩。國中二年級的有六篇——一篇白話文(論說文)、三篇文言文(論說文二篇、應用文一篇)、二篇詩。國中三年級的有八篇——一篇白話文(抒情文)、四篇文言文(論說文二篇、應用文二篇)、一篇詩、二篇曲。高中一年級的有八篇——六篇文言文（記敍文二篇、論說文二篇、抒情文一篇，應用文一篇）、二篇詩。高中二年級的有五篇——一篇文言文（應用文）、二篇詩、二篇詞。高中三年級的有四篇——三篇文言文（記敍文一篇、論說文二篇）、一篇詩。詳見第二部分一、㈠列爲優⑸選文之評價及定位統計表。

這部分選文的百分比，大都在百分三十到五十之間。各百分點間的選文，在「否可中佳優」五項中的篇數是這樣的：百分比在○到九之間的，「否」的有三十五篇，「中」的有二十一篇。百分十到十九之間的，「否」的有五篇，「可」的有三十九篇，「中」的有十九篇。百分二十到二十九之間的，「可」的有一篇，「佳」的有十八篇，「優」的有三篇。百分三十到三十九之間的，「佳」的有二十二篇，「優」的有二十一篇。百分四十到四十九之間的，「優」的有十五篇。百分五十到五十九之間的，「優」的有一篇。列表如下：

百分比／篇數／評價	優	佳	中	可
0～9			21	
10～19			19	39
20～29	3	18		1
30～39	21	22		
40～49	15			
50～59	1			
合計	40	40	40	40

否	35	5					40
合計	56	63	22	43	15	1	

㈡電腦列爲「佳」級的選文

中小學選文調查列爲「佳⑷級統計表」（頁四九）中的選文有五一〇篇，占全部選文的百分之五六點九八。其中被認爲適合國小六年級的有六篇——五篇白話文（記敍文四篇、應用文一篇）、一篇詩。國中一年級的有七十六篇——四十七篇白話文（記敍文二十九篇、論說文四篇、抒情文七篇、應用文七篇）、十一篇文言文（記敍文八篇、論說文一篇、應用文二篇）、十八篇詩。國中二年級的有一一二篇——二十一篇詩、五十六篇白話文（記敍文三十篇、論說文十二篇、抒情文十篇、應用文四篇）、三十五篇文言文（記敍文二十八篇、論說文五篇、應用文二篇）。國中三年級的有九十六篇——三十篇白話文（記敍文三篇、論說文二十篇、抒情文二篇、應用文五篇）、五十篇文言文（記敍文二十三篇、論說文十七篇、應用文十篇）、五篇詩、五篇詞、六篇曲。高中一年級的有一百二十二篇——三十三篇白話文（記敍文十篇、論說文十七篇、抒情文三篇、應用文三篇）、四十篇文言文（記敍文十九篇、論說文十三篇、抒情文三篇、應用文五篇）、四十篇詩、四篇詞、三篇曲、二篇未註明文言或白話。高中三年級的有八十一篇——五十篇白話文（記敍文二十五篇、論說文十二篇、抒情文一篇、應用文十二篇）、三篇詩、二十二篇詞、三篇曲。高中三年級的有十七篇——十五篇文言文（記敍文一篇、論說文九篇、抒情文二篇、應用文二篇、傳奇一篇）、二篇詩。詳見第二部分之一、(二)列為佳(4)選文之評價及定位統計表。

在上述五百一十篇選文中，有六篇情形比較特殊的，就是問卷編號 14017 分類編號 40250 的〈雜詩〉（君自故鄉來）、21011 分類編號 40211 的〈我的生活〉，適用年級，國小六年級和國中一年級的百分比一樣，次序都是名列第一。問卷編號 14033 分類編號 40450 的〈望月有感〉、14056 分類編號 40450 的〈前出塞〉（挽弓當挽強）、19059 的〈與諸弟書〉，適用年級，國中一年級和高中一年級的百分比也是一樣，次序也是名列第一。問卷編號 19010 分類編號 40612 的〈北堂侍膳圖記〉，適用年級，高中一年級和高中二年級的百分比一樣，也都是名列次序的第一。

至於各百分點間「否可中佳優」等的篇數，大致情形是這樣的：百分比在〇到九之間的，「否」的有一百三十四篇，「中」的有四篇，「優」的有三十篇。百分十到十九之間的，「否」的有二百八十四篇，「可」的有二百〇三篇，「中」的有三百八十四篇，「優」的有三百三十四篇。百分二十到二十九之間的，「否」的有九十三篇，「可」的有三百〇七篇，「中」的有一百二十二篇，「佳」的有二百四十五篇，「優」的有一百三十一篇。百分三十到三十九之間的，「佳」的有二百六十三篇，「優」的有十五篇。百分之四十到四十九之間的，「佳」的有二篇。列表如下：

百分比／篇數／評價
0～9
10～19
20～29
30～39
40～49
合計

優	佳	中	可	否	合計
30		4		134	168
334		384	203	284	1205
131	245	122	307	93	898
15	263				278
	2				2
510	510	510	510	510	

㈢電腦列爲「中」級的選文

中小學選文調查列爲「中⑶級統計表」（頁一四三）中的選文有十篇，占全部選文的百分之一點一。其中被認爲適合國中一年級的有二篇——白話文（記敘文）。國中二年級的有二篇——白話文（記敘文一篇、抒情文一篇）。國中三年級的有二篇——白話文（記敘文一篇、論說文一篇）。高中一年級的有一篇——文言文（記敘文）。高中二年級的有二篇——文言文（記敘文一篇、論說文一篇）。高中一、二年級的一篇——詞。詳見第二部分一、㈢列爲中⑶選文之評價及定位統計表。

這部分所占的百分比也不高，也是在百分二十到二十九之間，底下是各百分點間的選文篇數情形。

百分比在〇到九之間的，「優」的有五篇，百分十到十九之間的，「否」的有五篇，「可」的有一篇，「佳」的有二篇，「優」的有五篇。百分二十到二十九之間的，「否」的有五篇，「可」的有九篇，「中」的有十篇，「佳」的有八篇。列表如下：

百分比＼篇數＼評價	優	佳	中	可	否	合計
0～9	5			1		5
10～19	5	2		9	5	13
20～29		8	10		5	32
30～39						0
合計	10	10	10	10	10	

㈣電腦列爲「可」級的選文

中小學選文調查列爲「可⑵級統計表」(頁一四六)中的選文，計五十六篇，占全部問卷選文的百分之六點三。其中被認爲適合國小六年級的有四篇——一篇文言文(記敍文)，三篇白話文(記敍文二篇、論說文一篇)。國中一年級的有四篇——一篇新詩、三篇白話文(論說文一篇、抒情文二篇)。國中二年級的有十四篇——一篇文言文(記敍文)、六篇詩、七篇白話文(記敍文五篇、論說文一篇、抒情文一篇)。國中三年級的有十篇——五篇白話文(記敍文三篇、論說文二篇)、四篇文言文（論說文一篇、應用文一篇、記敍文二篇）、一篇詞。高中一年級的有二十篇──四篇詩、六篇白話文（記敍文三篇、論說文二篇、抒情文一篇）、十篇文言文（記敍文四篇、論說文二篇、應用文四篇）。高中二年級的有三篇──文言文（記敍文）。高中三年級的有一篇──文言文（論說文）。詳見第二部分一、㈣列爲可⑵選文之評價及定位統計表。

如上所述，這部分被列爲「可」級的選文，也是在「否可中佳優」五個選項中百分比占第一位的。不過它的百分點不高，只在百分二十到三十之間。底下就是選文在五個選項所占百分比的情形：

百分比在○到九之間的，「優」的有十六篇。百分十到十九之間的，「否」的有十八篇，「中」的有三十二篇，「佳」的有十七篇，「優」的有二十九篇。百分二十到二十九之間的，「否」的有三十八篇，「可」的有五十五篇，「中」的有二十四篇，「佳」的有三十九篇，「優」的有一篇。百分三十到三十九之間的，「可」的有一篇。列表如下：

百分比／篇數／評價	優	佳	中
0～9	16		
10～19	29	17	32
20～29	1	39	24
30～39			
合計	56	56	56

可			55	1	56
否		18	38		56
合計	16	96	157	1	

(五)電腦列爲「否」級的選文

在選文調查問卷塡寫說明中，列有下面十一項不適宜選爲教材的理由，供接受問卷者的參考。

1哲理層次高。
2內容太繁雜，不易把握學習重點。
3內容過於簡單，不易引起學習興趣。
4與學生經驗差距較遠。
5太嚴謹，學生難領會。
6不合時宜。
7全文過長。
8可列爲大專教材。
9列爲課外讀物爲宜。
10「中國文化基本教材」中已列。
11其他。

凡由於上述原因而在問卷選項中勾選「否」的，而它的百分比在「否可中佳優」五項中占第一順序，電腦整理統計就把那些選文放在「中小學選文調查列爲否⑴級統計表」中。表列的選文有二百七十九篇，占全部問卷選文的百分之三十一點一七。其年級、文體的篇數統計，及各選文的勾選情形，請參見第二部分一、㈤列爲否⑴選文之評價及定位統計表。

這部分選文，雖然是在「否可中佳優」五項中選塡「否」的百分比最高，但百分點的高低卻因篇章而有所不同，其中勾否的百分比在百分二十到二十九之間的有九十二篇，百分三十到三十九之間的有一百四十七篇，百分四十到四十九之間的有三十八篇，百分五十到五十九之間的有二篇。

如果以「宜」「否」來定選文是否適宜作爲教材，則勾選「否」的百分比應多於勾選「可中佳優」四項百分比的總和，因爲「可中佳優」都表示了選文的宜爲教材。而事實上被列爲「否」級選文的百分比，除了問卷編號 21217 分類編號 10211 的〈仁聖吳鳳〉占百分之五十三，21344 分類編號 10512 的〈吳鳳傳〉占百分之五十點七兩篇超過半數外，其餘的二百七十七篇都未達到百分之五十，嚴格說起來，除了那兩篇外，它們應該都可以作爲教材之用的。所以這否級的統計表中，仍然列出次數、百分比、和次序，並標示出最適用的學校級別和年級。這部分選文各百分比間的篇數如下表：

百分比	篇數
0~9	
10~19	
20~29	92
30~39	147
40~49	38
50~59	2

五、塡答學校對本調查研究所提意見

這一部分是各校除了惠答選文項目外，並對本研究提出寶貴意見。茲就所提意見之性質，分爲問卷設計、選文採用以及其他意見三項；並就所提意見酌予說明。以下就是各校所提之意見：

㈠問卷設計方面：

本問卷蒐集近三十年來曾被選爲教材之詩文，經整理得八百九十五篇，依時代先後、作（譯）者筆畫多少及文體爲序排列。並將選文分優、佳、中、可、否五級評價，定位分十一級進行調查，以決定每篇選文之評價及定位。在問卷設計方面具有突破性，如建議將全部選文附問卷備供參閱等，爲分量過多，實施確有困難之處，然對本研究求全美意，殊深感佩。如台北縣後埔國民小學、台北南港高級工業職業學校、台北市私立育達高級商業職業學校皆提出高見如下：

1中華文化，浩瀚深遠，非等閒所能一一涉獵，若能將每篇文章附上，則更能增加問卷的可信度。

2如能將全部文章集輯，則可比較文章優劣、長短、性質，費以時日或可取得較可靠之問卷答案。

3宋詞元曲選，只列詞家曲家人名與詞曲牌名，不易明瞭所選何詞，似應列入選詞之首句或詞牌下之題目。

4倘如高中現用之《中國文化基本教材》決定改編，則四書（論、孟、學、庸），似不必再列入問卷。如基本教材決定不改編，則四書良有選入課本必要。

5本次教材編選所列篇目中，現行國民小學的教材太少。

6問卷「填寫說明」中要求填答者指出「不適宜選爲教材的原因」，而無「適合選爲教材的原因」，易予強化選文之否定價值。

本問卷選文皆取自國語文課文已用之教材，大體而言均係編者所選用的優良作品。本問卷以優、佳、中、可、否五級作正面的評價，故不列「適合選爲教材原因」。如要求填答者再列舉每篇選文「適合選爲教材的原因」，將使問卷複雜，並增加填答者之負擔。本問卷調查對象是各校國語文學科教學研究會，填答問卷者皆在職教師，會中教師皆服務一段時間，對部分選文當有一番了解。故「填寫說明」中有「若對該篇詩文內容不熟悉，以致無法填寫者，可不必作答。」至於宋詞元曲之選文題目及人名，係依據原課本。而本問卷國民小學選文部分，以現行國小五、六年級教材爲疇。

㈡選文採用方面：

本問卷主要就曾被選爲教材之選文進行評價及定位之研究。某篇選文應否被選爲教材列入課本，或應列入國小、或國中、高中或高職，本調查即針對此問題進行研究，並期爲當前國語文學科之選文提供有效可行之參考建議。本項有省立台南高級商業職業學校、台北縣後埔國民小學、台中市大仁國民小學、台北市私立育達高級商業職業學校等提供意見，如下：

1在這科技發達的時代裏，大衆傳播工具的發達，兒童的知識及語文的能力，也跟著時代逐漸擴張。小學兒童受了四年的語文教育，再加上大衆傳播工具的影響，在語文方面，已奠定了語文能力的基礎；所以到五、六年級階段，課文的質與量，都應調整。尤其愛國的詩歌和簡短的文言文，宜多充實一點。白話文難易長短也有別，難者採用教材，易而冗長者，列爲課外讀物，以免浪費教學時光。

2高中、職宜多採經典文言文，配合國策及時代之需要而加以充實調整。如此不僅能發揚文化，且能提高國民知識水準，增加國民學養工夫。

3被選的教材，應該只准它是「優」的，而絕沒有「可」、「中」或者「佳」，如果是爲主人翁著想，這點太重要了。

4國小部分，我們衡量當前社會趨勢，著重團體紀律（國家、民族、社會）和團體意識，以及科學態度而後選取怡性悅情方面文章。

5國中應用文與文言文，質量也都要配合倫理、國策加以調整。

6近代人對明代文極爲熱衷。如前後七子之復古，以及公安竟陵之主張性靈說，誠爲近代文風首開自由創作之風氣。小品尤具風格，如徐文長、屠亦水、袁中郎、鍾伯敬以及張宗子等，都有小品佳韻，似可有系統入選於國中高中課本。

本問卷研究結果可爲編教科書之參考資料，編者可從優、佳、中、可、否等評價考慮起。同時教材應配合社會需要。

㈢其他意見方面

此項是塡答問卷及提出有關問卷建議以外，針對國語文學科教學設施及國文語文程度等問題，提供之寶貴意見，値得教育當局重視。台中市大仁國民小學及省立台南高級商業職業學校皆提出發人省思之意見如下：

1教材選文編選問卷，立意値得敬佩與贊同，唯目前國民小學師生共同有的圖書室，其中藏書少之又少，在提供閱讀及參考方面大大打了折扣，非常遺憾。特藉此機會建議，除過去已做過的各項圖書措施外，能對尙無正式專款補助過的學校給予補助，以達到校校有圖書室的目標。

2人人皆有惰性，何況兒童？自發自動只是口號而已，國中學生字形隨便亂寫，宜加列「書法」課程（包括大小楷，嚴格執行）一科，以培養其基本國粹。

3今日高職語文水準，和往日初中生語文水準沒有什麼軒輕，應注重高職學生國語文能力。

發展學校圖書館及其功能，爲刻不容緩之事。

本問卷主要爲選文評價及定位之研究。各校除了惠答選文項目外，並對本研究提供意見；或塡寫新增列選文以及本部分之寶貴意見。感謝各校許多有教學熱忱之教師所提出之高見，相信對今後國語文學科教學必定助益匪淺。

六、結語

本次問卷列出的選文計八百九十五篇，選塡結果：評價「優」的有四十篇，「佳」的有五一〇篇，「中」的有三十篇，「可」的有五十六篇，「否」的有二百七十九篇。如把「可中佳優」四項合起來，則宜爲教材的有六百一十六篇，佔全部問卷選文的百分之六十八點八三。由此可見過去及現行教科書中的選文，絕大多數受到肯定。而被列爲「否」級的二百七十九篇選文，在「否可中佳優」五個選項中雖然百分比名列第一，但除兩篇外，其餘的百分點並沒有超過五十（半數），也就是這些百分比次序佔第一位的「否」級選文，還是屬於「宜」爲教材的。如此，則問卷所列選文，幾乎全部適用於教材。

至於定位方面，從前面的說明中，知道以高一、國二、國三、高二佔絕大多數，國小及高三各只有寥寥的十幾篇，高職則完全沒有。但如果把「否」級統計表中的算進去，則高職有十一篇。從定位的結果中，還可發現一個很明顯的現象，就是國小、國中以白話文居多，高中大部分爲文言文。而國中的文言文則以國二、三佔大多數。詩詞曲方面，也以高中居多，篇數差不多比國中多出將近三分之一。以下是其大致情形。

選校 文別 評價	優	佳	中	可	否	合計
國小	1詩 1詞	5白 1詩		3白 1文	3白	11白 1文 2詩 1詞
國中	5白 9文 4詩 1詞 2曲	133白 97文 44詩 5詞 6曲	6白	15白 5文 7詩 1詞	59白 15文 4詩 1曲	218白 126文 59詩 7詞 9曲
高中	10文 5詩 2詞	30白 113文 42詩 26詞 8曲	3文 1詞	6白 14文 4詩	39白 126文 8詩 7詞 5曲	75白 366文 59詩 36詞 13曲
高職					8白 3文	8白 3文

一篇文章宜否為教材，該編入那一級學校的那一個年級，因為學生程度關係及各人看法上的

見仁見智，常成爲爭論的焦點，更是大家所關心注目的問題；要得到一個較客觀的結論，只有藉問卷調查的方式來衡量。本次所作的中小學選文問卷調查，就是針對這個目的，把重點放在「評價」與「定位」上，其結果已如上述。而這次問卷調查的對象，爲公私立各級學校國語文教學研究會，請其開會研商塡答，與一般以個人爲對象的塡答方式相較，可靠性應較高，所提供的資料也較實在具體，足供今後編選各級學校語文教材的參考。

最後有一點要提出的，就是本次問卷調查，承蒙臺灣省教育廳、臺北市教育局、高雄市教育局、及接受問卷調查的各級學校等的鼎力協助，得以很順利的完成這項工作，並有相當高的問卷回收率，使研究結果更具代表性，各校在問卷選項外對本研究的意見及新增列的詩文篇目，分別加以整理列入本研究中，至於各校塡答問卷學校、校長及有關人員，列爲「附錄」之三，藉供參考，並致謝忱！

第二部分　調查結果

一、選文之評價與定位統計表

二、選文不適宜選爲教材原因統計表

一、選文之評價與定位統計表

㈠選文之評價與文體、文白及定位統計總表及分類編號說明

1.選文之評價與文體、文白定位統計總表

評價 ＼ 文體、文白、定位	文體：1 記敘文	2 論說文	3 抒情文	4 應用文	5 詩	6 詞	7 曲	8 傳奇	9 戲劇	篇數合計
優 5	3	10	5	6	10	4	2			40
佳 4	185	115	28	55	81	31	14	1		510
中 3	6	2	1			1				10
可 2	24	11	4	5	11	1				56
否 1	83	84	8	75	14	6	7		1	279
總計	301	222	46	141	116	43	23	1	1	395

文言或白話			篇數合計	定位（適用年級）											篇數合計
白話 1	文言 2	未註明者 0		小五 01	小六 02	國一 03	國二 04	國三 05	高一 06	高二 07	高三 08	職一 09	職二 10	職三 11	
5	21	14	40		2	7	6	8	8	5	4				40
172	217	121	510		6	77	112	97	123	78	17				510
6	3	1	10			2	2	2	2	2					10
30	20	6	56		4	4	14	10	20	3	1				56
109	144	26	279		3	9	35	36	114	47	24	11			279
322	405	168	895		15	99	169	153	267	135	46	11			895

2.分類編號說明：「分類編號」排在「問卷選文編號」之下。：以「卜居」爲例。自左算起：第一數字代表選文之評價（即「宜否作爲教材」），計有五類：優5，佳4，中3，可2，否1。「卜居」屬「佳4」。

第二、第三數字代表選文之定位（即「適用年級」），計有十一級：小五01，小六02，國一03，國二04，國三05，高一06，高二07，高三08，職一09，職二10，職三11。「卜居」屬「高二07」。

第四個數字代表選文之文體，計有九類：記敘文1，論說文2，抒情文3，應用文4，詩5，詞6，曲7，傳奇8，戲劇9，「卜居」屬「記敘文1」。

第五個數字代表白話或文言：白話1，文言2，未註明者0。「卜居」屬「文言2」。

舉例：

問卷選文編號		11031		
分類編號		40712		
篇名		卜居		
作者		戰國・屈原		
文體		記1		
文言白話		文2		
調查結果		次數	%	次序
宜否作爲教材	1否	85	24.9	2
	2可	82	24.0	3
	3中	54	15.8	4
	4佳	87	25.4	1
	5優	34	9.9	5
適用年級 國小	01五	1	0.3	
	02六	2	0.7	
國中	03一			
	04二	5	1.7	
	05三	15	5.2	
高中	06一	49	16.9	3
	07二	72	24.8	1
	08三	63	21.7	2
高職	09一	19	6.6	
	10二	27	9.3	5
	11三	37	12.8	4

說明：「次序」爲一種等級，按一般常識或運動會採用的辦法，如有兩個第一，二者均爲第一；亦有遇兩個第一時，其等級則均爲一·五。本研究結果中的「次序」作比較用，故採用前一方式。

(二)各級選文之評價及定位統計表

1列爲優(5)選文之評價及定位統計表（篇名編號一—四〇）

本項含有二表：後表列出爲優(5)的四十篇論文之評價及定位：其「評價」（宜否列爲教材），在「次序」項中均屬「優」，爲「1」者；其「定位」（適用年級），在「次序」中爲「1」者。如「1遊子吟」，適用（定位）於「國小」、「六」年級。前表爲屬於「優」的四十篇選文，就「文體」及「適用年級」（定位）調查結果編成。如「詩5」、「小六02」有選文一篇，其選文爲「1遊子吟」。

適用年級＼文體	記敘文 1	論說文 2	抒情文 3	應用文 4	詩 5	詞 6	曲 7	傳奇 8	戲劇 9	合計
小六01										
小六02					1	1				2
國一03		1	3	1	2					7
國一04		3		1	2					6
國二05		2	1	2		1	2			8
高一06	2	2	1	1	2					8
高一07				1	2	2				5
高二08	1	2			1					4
職一09										
職一10										
職二11										
合計	3	10	5	6	10	4	2			40

問卷選文編號	14084			14093			11052			21041			21043		
分類編號	50250			50260			50322			50331			50331		
篇名	1.遊子吟			2.漁歌子			3.論語論孝選			4.匆匆			5.春		
作者	唐・孟郊			唐・張志和			論語			民・朱自清			民・朱自清		
文體	詩			詞			論			抒			抒		
文言白話							文			白			白		
調查結果	次數	%	次序	次數	%	次序	次數	%	次序	次數	%	次序	次數	%	次序
宜否作爲教材 否	13	2.6	5	17	4.3	5	69	16.1	4	14	3.1	5	23	5.7	5
可	83	16.8	3	76	19.0	3	76	17.8	3	65	14.5	3	62	15.5	3
中	39	7.9	4	50	12.5	4	58	13.6	5	28	6.3	4	47	11.7	4
佳	144	29.2	2	127	31.7	2	105	24.5	2	138	30.9	2	126	31.4	2
優	214	43.4	1	130	32.5	1	120	28.0	1	202	45.2	1	143	35.7	1
適用年級 國小 五	126	25.7	2	51	12.9	3	15	4.1		20	4.7	5	18	4.8	5
國小 六	134	27.3	1	80	20.3	1	28	7.6	5	41	9.6	4	47	12.6	3
國中 一	95	19.4	3	38	9.6		92	24.9	1	194	45.4	1	128	34.3	1
國中 二	44	9.0	4	43	10.9	5	78	21.1	2	100	23.4	2	123	33	2
國中 三	34	6.9	5	56	14.2	2	71	19.2	3	49	11.5	3	30	8	4
高中 一	18	3.7		46	11.6	4	28	7.6	5	7	1.6		10	2.7	
高中 二	3	0.6		21	5.3		15	4.1		1	0.2		3	0.8	
高中 三	2	0.4		2	0.5		2	0.5					1	0.3	
高職 一	24	4.9		32	8.1		31	8.4	4	11	2.6		13	3.5	
高職 二	8	1.6		23	5.8		8	2.2		2	0.5				
高職 三	2	0.4		3	0.8		2	0.5		2	0.5				
備註															

問卷選文編號			21040			21143			14094			14048			21180		
分類編號			50331			50342			50350			50350			50421		
篇名			6. 背影			7. 國歌歌詞			8. 楓橋夜泊			9. 靜夜思			10. 謝天		
作者			民・朱自清			民・孫文			唐・張繼			唐・李白			民・陳之藩		
文體			抒			應			詩			詩			論		
文言白話			白			文									白		
調查結果			次數	%	次序	次數	%	次序	次數	%	次序	次數	%	次序	次數	%	次序
宜否作為教材	否		12	2.5	5	24	5.8	5	8	1.6	5	27	6.4	5	21	5.1	5
	可		74	15.4	3	73	17.6	3	78	15.2	3	77	18.2	3	60	14.7	3
	中		33	6.9	4	46	11.1	4	41	8.0	4	28	9.0	4	48	11.7	4
	佳		139	29	2	111	26.7	2	170	33.1	2	124	29.4	2	140	34.2	1
	優		222	46.2	1	161	38.8	1	216	42.1	1	156	37.0	1	140	34.2	1
適用年級	國小	五	17	3.6		40	10.4	3	35	6.7		103	25.7	2	6	1.6	
		六	53	11.3	4	52	13.5	2	96	18.4	7	86	21.4	3	26	6.8	4
	國中	一	169	36	1	203	52.6	1	158	30.2	1	114	28.4	1	116	30.4	2
		二	123	26.2	2	28	7.3	4	76	14.5	2	18	4.5		140	36.6	1
		三	55	11.7	3	26	6.7	5	44	8.4		15	3.7		52	13.6	2
	高中	一	19	4.1		14	3.6		45	8.6	5	26	6.5	4	13	3.4	
		二	1	0.2		2	0.5		9	1.7		5	1.2		3	0.8	
		三	1	0.2		1	0.3		1	0.2		1	0.2		3	0.8	
	高職	一	23	4.9	5	16	4.1		46	8.8	4	25	6.2	5	15	3.9	5
		二	4	0.9		4	1		10	1.9		8	2.0		7	1.8	
		三	4	0.9					3	0.6		0	0		1	0.3	
備註																	

11025			14029			14059			14098			16031			19054		
50522			50450			50450			50442			50422			50422		
16. 生於憂患死於安樂			15. 慈烏夜啼			14. 春望			13. 陋室銘			12. 愛蓮說			11. 爲學一首示子姪		
孟子			唐・白居易			唐・杜甫			唐・劉禹錫			宋・周敦頤			清・彭端淑		
論文			詩			詩			應文			論文			論文		
次序	%	次數	次序	%	次數	次序	%	次數	次序	%	次數	次序	%	次數	次序	%	次數
4	11.1	54	5	3.0	14	5	3.1	15	5	4.3	19	5	4.7	22	5	5.4	22
3	17.6	86	3	17.3	81	3	17.9	87	3	15.9	71	3	14.4	67	3	16	65
5	6.4	31	4	17.8	55	4	10.7	52	4	11.4	51	4	5.4	25	4	14.3	58
2	28.1	137	2	28.4	133	2	30.7	149	2	32.5	145	2	34.6	161	2	31.9	130
1	36.9	180	1	39.4	185	1	37.5	182	1	35.9	160	1	40.9	190	1	32.4	132
	2.6	12	5	5.7	27		5.3	26		1.1	5		1.6	7		0.5	2
	3.7	17	3	15.9	73	4	13.0	64		3.0	13	5	4.3	19		2.8	11
	4.1	19	2	20.4	94	3	14.8	73	4	7.1	31	2	31.5	140	2	11.3	45
2	20.0	93	1	35.0	161	1	22.4	110	1	40.0	175	1	36.3	161	1	50.4	200
1	38.3	178	4	12.6	58	2	17.9	88	2	24.0	105	3	14.2	63	2	13.4	53
3	8.6	40		2.4	11	5	10.0	49	3	8.2	36		3.6	16	4	7.6	30
4	5.6	26		0.7	3		3.5	17		4.6	20		0.9	4		3.5	14
	2.8	13		0.7	3		1.0	5		0.9	4		0.9	4		1.8	7
4	5.6	26		5.4	25		8.7	43	5	6.4	28	4	5.0	22	5	6	24
4	5.6	26		0.9	4		3.0	15		3.4	15		1.1	5		1.5	6
	3.2	15		0.2	1		0.4	2		1.1	5		0.7	3		1.3	5

調查結果		17.禮運大同 次數	%	次序	18.失根的蘭花 次數	%	次序	19.國父遺囑 次數	%	次序	20.與妻訣別書 次數	%	次序	21.滿江紅 次數	%	次序
問卷選文編號		11063			21178			21139			19022			16037		
分類編號		50522			50531			50542			50542			50560		
篇名		17.禮運大同			18.失根的蘭花			19.國父遺囑			20.與妻訣別書			21.滿江紅		
作者		禮記			民・陳之藩			民・孫文			清・林覺民			宋・岳飛		
文體		論			抒			應			應			詞		
文言 白話		文			白			文			文					
宜否作爲教材	否	18	3.7	5	19	4.3	5	46	15.8	3	19	4.2	5	17	3.5	5
	可	88	17.8	3	64	14.6	3	40	13.7	5	76	16.8	3	75	15.6	3
	中	38	7.7	4	45	10.3	4	41	14	4	51	11.3	4	40	8.3	4
	佳	165	33.5	2	154	35.2	2	80	27.4	2	138	30.5	2	153	31.9	2
	優	184	37.3	1	156	35.6	1	85	29.1	1	169	37.3	1	195	40.6	1
適用年級 國小	五	3	0.5		11	2.6		9	3.5		5	1.1		10	2.1	
	六	30	5.4		28	6.6	4	18	7.1	5	13	2.9		44	9.2	3
國中	一	15	2.7		42	9.9	3	42	16.5	2	30	6.6	5	20	4.2	
	二	36	6.5		124	29.2	2	37	14.6	3	101	22.2	2	87	18.3	2
	三	106	19.0	1	148	34.9	1	54	21.3	1	184	40.5	1	207	43.5	1
高中	一	93	16.7	2	24	5.7	5	33	13	4	48	10.6	3	30	6.3	4
	二	57	10.2		11	2.6		17	6.7		12	2.6		15	3.2	
	三	60	10.8	4	4	0.9		13	5.1		11	2.4		8	1.7	
高職	一	50	9.0	5	23	5.4		16	6.3		31	6.8	4	26	5.5	5
	二	44	7.9		6	1.4		11	4.3		16	3.5		23	48	
	三	64	11.5	3	3	0.7		4	1.6		3	0.7		6	1.3	
備註																

14026			14104			13013			16040			17012			17013		
50750			50622			50612			50612			50570			50570		
27. 琵琶行並序			26. 師說			25. 桃花源記			24. 岳陽樓記			23. 天淨沙（秋思）			22. 天淨沙		
唐・白居易			唐・韓愈			晉・陶潛			宋・范仲淹			元・馬致遠			元・馬致遠		
詩			論			記			記			曲			曲		
			文			文			文								
次序	%	次數	次序	%	次數	次序	%	次數	次序	%	次數	次序	%	次數	次序	%	次數
5	7.2	30	5	4.7	22	5	5.8	29	5	3.4	16	5	3.5	16	4	10.5	30
3	16.0	67	3	14.5	68	3	15.2	76	3	14.4	67	3	16.6	75	3	19.3	55
4	11.2	67	4	8.7	41	4	7.8	39	4	4.7	22	4	7.7	35	4	10.5	30
2	30.6	128	2	29.1	137	2	30.3	152	2	24.0	112	2	31.8	144	2	28.8	82
1	34.9	146	1	43	202	1	40.9	205	1	53.4	249	1	40.4	183	1	30.9	88
	0.9	4		1.1	6		1.8	10		0.6	3		0.8	4		1.5	4
	0.4	2		0.7	4		3.1	17		0.7	4		3.3	16		2.6	7
	1.1	5		0.6	3		2.0	11		0.9	5		1.8	9		3.3	9
	5.1	9		2.8	15	4	12.2	67		3.1	17	2	10.4	51	3	9.2	25
	5.1	24	3	9.8	53	3	19.2	105	4	11.5	62	1	31.8	156	1	30.3	82
2	3.9	85	1	41.4	223	1	30.1	165	1	37.9	205	4	9.4	46	2	12.5	34
	3.3	142	4	8.3	45	5	4.7	26	3	12.8	69		8.2	40	3	9.2	25
5	0.3	48	5	5.2	28		0.4	2		1.5	8	3	10.0	49		6.6	18
	5.3	27	2	27.3	147	2	23.0	126	2	23.7	128		7.6	37		8.1	22
	5.4	36		1.9	10		2.7	15	5	7.0	38		7.8	38		8.1	22
4	12.0	56		0.9	5		0.7	4		0.4	2	5	9.0	44	5	8.5	23

問卷選文編號		14107			12039			14038			14095			13001		
分類編號		50632			50642			50650			50650			50742		
篇名		28.祭十二郎文			29.出師表			30.把酒問月（青天有月來幾時）			31.黃鶴樓			32.陳情表		
作者		唐・韓愈			漢・諸葛亮			唐・李白			唐・崔顥			蜀・李密		
文體	體	抒			應			詩			詩			應		
	文言白話	文			文									文		
調查結果		次數	%	次序	次數	%	次序	次數	%	次序	次數	%	次序	次數	%	次序
宜否作爲教材	否	35	7.8	5	23	4.9	5	24	6.3	5	9	2.0	5	25	5.3	5
	可	80	17.9	3	75	16.0	3	65	16.9	3	83	18.0	3	78	16.6	3
	中	64	14.3	4	28	6.0	4	47	12.2	4	38	8.3	4	31	6.6	4
	佳	126	28.3	2	130	27.7	2	122	31.8	2	157	34.1	2	148	31.5	2
	優	141	31.6	1	214	45.5	1	126	32.8	1	173	37.6	1	188	40.0	1
適用年級 國小	五	4	0.8		4	0.7		19	4.9		22	4.5		3	0.5	
	六	6	1.2		12	2.2		37	9.6		54	11.1	5	12	2.2	
國中	一	3	0.6		3	0.5		16	4.1		75	15.4	2			
	二	3	0.6		7	1.3		41	10.6	5	67	13.8	3	7	1.3	
	三	25	5.1		34	6.1		50	13.0	2	42	8.6		35	6.4	
高中	一	129	26.3	1	151	27.2	1	76	19.7	1	79	16.3	1	105	19.2	2
	二	109	22.2	2	118	21.2	2	46	11.9	3	46	9.5		162	29.7	1
	三	43	8.8	5	38	6.8	5	17	4.4		5	1.0		41	7.5	5
高職	一	71	14.5	4	87	15.6	3	43	11.1	4	57	11.7	4	61	11.2	4
	二	78	15.9	3	78	14.0	4	28	7.3		36	7.4		99	18.1	3
	三	20	4.1		24	4.3		13	3.4		3	0.6		21	3.8	
備註																

13004			16086			16094			16020			11044			16010		
50822			50812			50760			50760			50752			50622		
38. 典論論文			37. 赤壁賦			36. 念奴嬌			35. 水調歌頭			34. 蓼莪			33. 訓儉示康		
魏・曹丕			宋・蘇軾			宋・蘇軾			宋・辛棄疾			詩經			宋・司馬光		
論文			記文			詞			詞			詩文			論文		
次序	%	次數	次序	%	次數	次序	%	次數	次序	%	次數	次序	%	次數	次序	%	次數
5	9.0	37	5	5.8	27	5	4.3	18	5	10.4	39	5	4.9	23	5	4.6	22
3	16.7	69	3	15.7	73	3	16.7	70	3	21.1	79	3	17.2	80	3	19.1	91
4	10.9	45	4	8.2	38	4	8.9	37	4	14.7	55	4	10.1	47	4	9.2	44
2	31.2	129	2	21.9	102	2	29.9	125	2	26.7	100	2	30.3	141	2	32.8	156
1	32.2	133	1	48.5	226	1	40.2	168	1	27.0	101	1	37.6	175	1	34.2	163
				0.6	3		0.8	4		1.3	5		1.7	9		5.6	3
	0.4	2		1.3	7		1.2	6		3.7	14		5.6	30		1.5	5
	0.2	1		0	0		0.4	2		2.6	10		0.6	3		2.0	11
				1.3	7		3.7	18		5.0	19		4.1	22	2	5.7	47
	1.3	6		5.8	31	4	12.4	60	3	15.8	60		8.6	46	3	15.7	85
5	4.2	19	4	10.8	58	3	15.1	73	4	11.9	45	3	14.1	75	1	30.8	167
2	21.5	97	3	16.0	86	1	24.7	119	1	19.5	74	1	16.9	90	5	5.5	76
1	38.9	176	1	29.8	160	5	10.4	50	5	9.0	34	2	16.2	86		2.2	12
	0.7	3		2.4	13		6.2	30		6.9	26		8.1	43	2	22.5	172
4	11.9	54	5	10.6	57	2	16.6	80	2	16.4	62	4	12.2	65		6.6	36
3	20.8	94	2	21.4	115		8.3	40		7.9	30	5	11.8	63		0.9	5

項目		39.			40.		
問卷選文編號		11036			16006		
分類編號		50822			50852		
篇名		勸學			正氣歌並序		
作者		戰國・荀況			宋・文天祥		
文體		論			詩		
文言白話		文			文		
調查結果		次數	%	次序	次數	%	次序
宜否作爲教材	否	30	6.6	5	16	3.3	5
	可	79	17.2	3	74	15.4	3
	中	40	8.7	4	32	6.7	4
	佳	116	25.3	2	126	26.2	2
	優	193	42.1	1	232	48.5	1
適用年級 國小	五	7	1.3		7	1.2	
	六	11	2.1		20	3.5	
國中	一	7	1.3		2	0.4	
	二	14	2.7		12	2.1	
	三	42	8.0	5	44	7.7	
高中	一	54	10.2	3	50	8.9	4
	二	50	9.5	4	87	15.3	3
	三	180	34.1	1	166	29.1	1
高職	一	15	2.8		29	3.7	
	二	18	3.4		47	8.2	5
	三	130	24.6	2	113	19.8	2
備註							

2列爲佳⑷選文之評價及定位統計表（篇名編號四一一五五〇）

本項含有二表：後表列出爲佳⑷的五一〇篇論文之評價及定位；其「評價」（宜否列爲教材），在「次序」項中均屬「佳」者，爲「1」者；其「定位」（適用年級），在「次序」中爲「1」者。如「41南丁格爾」，適用（定位）於「國小」、「六」年級。前表爲屬於「佳」的五一〇篇選文，就「文體」及「適用年級」（定位）調查結果編成。如「傳奇8」，「高三08」有選文一篇，其選文爲「550哀江南」。

年級＼文體	記敘文 1	論說文 2	抒情文 3	應用文 4	詩 5	詞 6	曲 7	傳奇 8	戲劇 9	合計
小五 01										
小六 02	4			1	1					6
國一 03	39	5	7	9	17					77
國二 04	61	17	10	6	18					112
國三 05	28	36	2	15	5	5	6			97
高一 06	30	33	6	10	38	3	3			123
高二 07	23	14	1	12	2	23	3			78
高三 08	1	9	2	2			2	1		17
職一 09										
職二 10										
職三 11										
合計	185	115	28	55	81	31	14	1		510

項目	41.	42.	43.	44.	45.
問卷選文編號	21169	21075	21049	21011	21056
分類編號	40211	40211	40211	40211	40241
篇名	南丁格爾	愛迪生	一個愛國的童子	我的生活	國父的幼年時代
作者	民・馬鳴譯	民・佚名	民・朱其焱	民・王雲五	民・吳敬恆
文體	記	記	記	記	應
文言／白話	白	白	白	白	白

調查結果	41. 次數	41. %	41. 次序	42. 次數	42. %	42. 次序	43. 次數	43. %	43. 次序	44. 次數	44. %	44. 次序	45. 次數	45. %	45. 次序
宜否作爲教材 否	53	22.3	3	50	18.9	4	43	20.9	3	38	15.3	4	44	15.5	5
可	46	19.3	4	63	23.9	2	52	25.2	1	61	24.5	2	70	24.7	2
中	54	22.7	2	53	20.1	3	38	18.4	4	57	22.9	3	48	17	3
佳	60	25.2	1	64	24.3	1	52	25.2	1	63	25.3	1	75	26.5	1
優	25	10.5	5	34	12.9	5	21	10.2	5	30	12	5	46	16.3	4
適用年級 國小 五	24	12	5	44	21.7	3	33	21.3	2	14	6.6		45	19.6	3
國小 六	36	19.5	1	54	26.6	1	39	25.2	1	38	18	1	61	26.5	1
國中 一	34	18.4	2	45	22.2	2	26	16.8	3	38	18	1	55	23.9	2
國中 二	33	17.8	3	31	15.3	4	24	15.5	4	33	15.6	3	25	10.9	4
國中 三	29	15.7	4	15	7.4	5	18	11.6	5	30	14.3	4	23	10	5
高中 一	4	2.2		1	0.5		5	3.2		27	12.8	5	6	2.6	
高中 二	5	2.7								2	0.9				
高中 三	1	0.5		1	0.5		1	0.6		3	1.4		1	0.4	
高職 一	10	5.4		10	4.9		9	5.8		24	11.4		10	4.3	
高職 二	6	3.2								2	0.9		3	1.3	
高職 三	3	1.6		2	1								1	0.4	
備註															

19016			19014			19067			21335			21081			14017		
40311			40311			40311			40311			40310			40250		
51. 王冕的少年時代			50. 王冕			49. 大明湖			48. 下雨天眞好			47. 鵝鑾鼻			46. 雜詩（君自故鄉來…）		
清・吳敬梓			清・吳敬梓			清・劉鶚			民・潘希珍			民・余光中			唐・王維		
記			記			記			記			詩			詩		
白			白			白			白								
次序	%	次數	次序	%	次數	次序	%	次數	次序	%	次數	次序	%	次數	次序	%	次數
5	6.1	25	5	12.4	43	5	7.3	28	5	8.7	33	5	17.4	60	5	3.4	15
2	21.4	87	2	21.6	75	2	20.1	77	2	21.2	80	3	23.2	80	3	21.9	97
4	18.9	77	3	18.7	65	3	19.1	73	4	14.6	55	4	16.2	56	4	14.3	63
1	34.2	139	1	31.9	111	1	36.8	141	1	38.6	146	2	27.5	45	1	31.2	138
3	19.4	79	4	15.5	54	4	16.7	64	3	16.9	64	1	45.7	54	2	27.2	129
5	7.5	29		3.8	12		2.2	8	5	3.3	11	5	6.1	17	3	15.9	69
3	14.5	56	3	14.1	44		4.6	17	3	13.7	46	3	14.4	48	1	18.2	79
1	39	150	1	31.4	98	1	30.4	112	1	42.0	141	1	32.4	90	1	18.2	79
2	19.5	75	2	21.5	67	2	26	96	2	28.3	95	2	30.2	84	4	14.5	63
4	8.6	33	4	9.9	31	3	13	48	4	8.0	27	4	40.8	30		7.2	31
	4.9	19	5	8.7	27	4	8.7	32		1.2	4		2.2	6	5	10.9	47
	0.5	2		1.9	6		3.3	12		0	0					2.5	11
				0.3	1		0.8	3		0.3	1		1.1	3		0.5	2
	49	19		6.4	20	5	8.4	31		2.7	9		3.7	6		9.0	39
				1	3		2.2	8		0	0		0.4	1		2.5	11
	0.5	2		1	3		0.5	2		0.6	2		0.4	1		0.5	2

問卷選文編號	21058	21350	21382	21383	21151
分類編號	40311	40311	40311	40311	40311
篇名	52.火鷓鴣鳥	53.平易中見偉大	54.收穫	55.禿的梧桐	56.初夏的庭院
作者	民・吳延玫	民・聯合報	民・蘇梅	民・蘇梅	民・徐蔚南
文體	記	記	記	記	記
文言 白話	白	白	白	白	白
備註					

調查結果		52 次數	52 %	52 次序	53 次數	53 %	53 次序	54 次數	54 %	54 次序	55 次數	55 %	55 次序	56 次數	56 %	56 次序
宜否作爲教材	否	42	13	5	54	17.9	3	39	17.8	4	37	10.8	5	40	19.3	3
	可	64	19.8	3	76	25.2	1	49	22.4	2	66	19.3	2	56	27.1	1
	中	75	23.2	2	51	16.9	4	41	18.7	3	63	18.4	4	34	16.4	4
	佳	89	27.6	1	76	25.2	1	59	26.9	1	110	32.2	1	56	27.1	15
	優	53	16.4	4	45	14.9	5	31	14.2	5	66	19.3	2	21	10.1	5
適用年級 國小	五	3	1.1		11	4.5		13	7.2	5	6	2.0		14	8.9	5
	六	25	8.9	3	23	9.3	3	23	12.7	4	24	7.9	4	33	20.9	2
國中	一	126	44.7	1	118	47.8	1	52	28.7	1	141	46.7	1	36	22.8	1
	二	81	28.7	2	31	12.6	2	35	19.3	2	76	25.2	2	33	20.9	2
	三	24	8.5	4	22	8.9	4	24	13.3	3	27	8.9	3	22	13.9	4
高中	一	6	2.1		14	5.7		13	7.2	5	7	2.3	5	11	7	
	二	5	1.8		6	2.4		4	2.2		7	2.3	5	1	0.6	
	三				1	0.4		2	1.1		1	0.3				
高職	一	7	2.5	5	16	6.5	5	11	6.1		7	2.3	5	6	3.8	
	二	5	1.8		4	1.6		3	1.7		5	1.7		1	0.6	
	三				1	0.4		1	0.6		1	0.3		1	0.6	

21146			21313			21098			21152			21187			21072		
40311			40311			40311			40311			40311			40311		
57. 志摩日記			58. 我的父親（我所受的庭訓）			59. 我的母親			60. 我的家			61. 我們的海			62. 爸爸的看護者		
民・徐志摩			民・蔣經國			民・胡適			民・徐鍾珮			民・陳鍈			亞米契斯著 民・夏丏尊譯		
記			記			記			記			記			記		
白			白			白			白			白			白		
次數	%	次序	次數	%	次序	次數	%	次序	次數	%	次序	次數	%	次序	次數	%	次序
63	20.3	3	47	16.5	4	23	5.9	5	39	17.6	4	55	22.6	3	51	20.7	3
58	18.7	4	52	18.2	3	80	20.6	3	51	23	2	55	22.6	3	56	22.8	2
64	20.6	2	41	14.4	5	50	12.9	4	51	23	2	51	23.5	2	43	17.5	4
80	25.8	1	84	29.5	1	126	32.5	1	55	24.8	1	61	25.1	1	65	26.4	1
45	14.5	5	61	21.4	2	109	28.1	2	26	11.7	5	15	6.2	5	31	12.6	5
10	4.1		12	5.0		29	8.1	4	22	12.7	4	6	3.4		18	9.3	5
11	4.6	5	35	14.5	4	48	13.4	2	32	18.5	3	18	10.1	3	39	20.2	2
101	41.9	1	54	22.4	1	187	52.2	1	53	30.6	1	77	43.3	1	41	21.2	1
70	29	2	49	20.3	2	38	10.6	3	33	19.1	2	43	24.2	2	33	17.1	3
16	6.6	3	46	19.1	3	24	6.7	5	12	6.9	5	15	8.4	4	22	11.4	4
15	6.2	4	19	7.9	5	10	2.8		10	5.8		2	1.1		13	6.7	
2	0.8		2	0.8		2	0.6		1	0.6		2	1.1		5	2.6	
2	0.8		2	0.8		3	0.8		1	0.6		3	1.7				
11	4.6	5	16	6.6		14	3.9		9	5.2		9	5.1	5	14	7.3	
2	0.8		4	1.7		3	0.8					3	1.7		6	3.1	
1	0.4		2	0.8								0	0		2	1	

問卷選文編號	21077			21087			18016			21122			21101		
分類編號	40311			40311			40311			40311			40311		
篇名	63.孤雁			64.草的故事			65.美猴王			66.破毛衣			67.差不多先生傳		
作者	民·佚名			民·林間			明·吳承恩			民·查顯琳			民·胡適		
文體	記			記			記			記			記		
文言白話	白			白			白			白			白		
調查結果	次數	%	次序	次數	%	次序	次數	%	次序	次數	%	次序	次數	%	次序
宜否作爲教材 否	35	10.1	5	38	12.5	5	39	10.1	5	43	13.5	4	21	4.8	5
宜否作爲教材 可	75	21.7	2	72	23.8	2	80	20.8	2	67	21	3	91	20.9	3
宜否作爲教材 中	58	16.8	4	60	19.8	3	72	18.7	3	80	25.1	2	74	17	4
宜否作爲教材 佳	116	33.6	1	91	30	1	133	34.5	1	94	29.5	1	145	33.3	1
宜否作爲教材 優	61	17.7	3	42	13.9	4	61	15.8	4	35	11	5	104	23.9	2
適用年級 國小 五	8	2.6	5	29	11.3	4	23	6.4		7	2.6		55	13.5	4
適用年級 國小 六	25	8.2	3	41	16	2	48	13.4	3	35	13	3	79	19.4	3
適用年級 國中 一	179	58.9	1	127	49.4	1	132	36.8	1	118	43.7	1	120	29.5	1
適用年級 國中 二	57	18.8	2	34	13.2	3	66	18.4	2	72	26.7	2	89	21.9	2
適用年級 國中 三	17	5.6	4	9	3.5	5	42	11.7	4	21	7.8	4	26	6.4	5
適用年級 高中 一	6	2		3	1.2		16	4.5		5	1.9		9	2.2	
適用年級 高中 二	1	0.3		2	0.8		5	1.4		1	0.4		7	1.7	
適用年級 高中 三				1	0.4		2	0.6					1	0.2	
適用年級 高職 一	8	2.6	5	7	2.7		18	5.0	5	9	3.3	5	15	3.7	
適用年級 高職 二	3	1		4	1.6		6	1.7		2	0.7		6	1.5	
適用年級 高職 三							1	0.3							
備註															

21249			21365			21183			21092			21016			21270		
40311			40311			40311			40311			40311			40311		
73.落花生			72.飲水思源			71.鄉下人家			70.第一次眞好			69.得理讓人			68.夏夜		
民・許地山			民・藍蔭鼎			民・陳醉雲			民・周素珊			民・王鼎鈞			民・楊　喚		
記			記			記			記			記			記		
白			白			白			白			白			白		
次序	%	次數	次序	%	次數	次序	%	次數	次序	%	次數	次序	%	次數	次序	%	次數
5	6.5	27	5	5.3	20	5	10.7	39	5	10.2	31	5	7	24	5	7.7	30
3	18.8	78	3	19.3	73	2	21.8	79	2	23.8	72	2	20.2	69	3	14.1	55
4	16.1	67	4	15.1	51	3	17.4	63	4	15.5	47	4	14	48	3	14.1	55
1	34.7	144	1	37.3	141	1	33.6	122	1	34.7	105	1	39.2	134	1	36.6	143
2	23.9	99	2	23.0	87	4	16.5	60	3	15.8	48	3	19.6	67	2	27.6	108
4	7.3	28		3.3	12	4	5.8	18		3	8	5	4.8	15	4	8.6	30
2	24.1	92	3	11.1	40	3	14.2	44	3	12.5	33	2	9	28	2	20.0	70
1	36.1	138	1	40.8	147	1	54.5	169	1	53.2	140	1	29.3	91	1	53.1	186
3	15.7	60	2	17.5	63	2	16.5	51	2	19	50		35.4	10	3	9.4	33
5	7.1	27	4	9.7	35	5	4.8	15	4	4.9	13	3	7.4	23	5	3.4	12
	3.7	14	5	7.8	28		1.0	3		1.9	5	4	5.1	16		1.4	5
	1.6	6		1.1	4		0.3	1		0.8	2		2.3	7		0.9	3
	0.3	1		0.6	2		0	0					0.3	1		0.3	1
	2.1	8		6.4	23		1.3	4	5	4.2	11	5	4.8	15		2.9	10
	1.0	4		0.8	3		1.6	5		0.4	1		1	3		0	0
	1.0	4		0.8	3		0	0					0.6	2		0	0

問卷選文編號	21103			21228			21067			21269			11014		
分類編號	40311			40311			40311			40311			40312		
篇名	74.最後一課			75.溪頭的竹子			76.感謝的美德			77.壓不扁的玫瑰花			78.亡鈇意鄰		
作者	民・胡適譯			民・張騰蛟			民・克朗寧			民・楊逵			列子		
文體	記			記			記			記			記		
文言白話	白			白			白			白			文		
調查結果	次數	%	次序	次數	%	次序	次數	%	次序	次數	%	次序	次數	%	次序
宜否作爲教材 否	35	9.2	5	47	14.1	4	38	18.2	3	52	17.6	4	45	12.3	5
可	71	18.6	3	72	21.6	2	54	25.8	2	62	21.0	2	92	25.1	2
中	45	11.8	4	67	20.1	3	37	17.7	4	58	19.7	3	64	17.5	3
佳	127	33.3	1	102	30.5	1	58	27.8	1	84	28.5	1	118	32.2	1
優	103	27	2	46	13.8	5	22	10.5	5	39	13.2	5	47	12.8	4
適用年級 國小 五	18	5.3	5	12	4.3		12	7.1		3	1.3		2	0.6	
六	62	18.1	3	32	11.3	3	12	7.1		26	11.2	4	16	4.8	5
國中 一	96	28.1	1	124	44.0	1	41	24.1	1	64	27.6	1	120	36.3	1
二	81	23.7	2	63	22.3	2	37	21.8	2	59	25.4	2	75	22.7	2
三	45	13.2	4	23	8.2	4	26	15.3	3	39	16.8	3	39	11.8	3
高中 一	10	2.9		13	4.6	5	18	10.6	4	20	8.6	5	23	6.9	4
二	1	0.3		2	0.7		2	1.3		7	3.0		12	3.6	
三	4	1.2		0	0					1	0.4		9	2.7	
高職 一	17	5		8	28		17	10	5	9	3.9		16	4.8	5
二	6	1.8		4	1.4		3	1.8		3	1.3		14	4.2	
三	2	0.6		1	0.4		2	1.2		1	0.4		5	1.5	
備註															

11050			12031			19021			13028			11069			14079		
40312			40312			40312			40312			40312			40312		
79. 孔子與弟子言志			80. 叔敖埋蛇			81. 兒時記趣			82. 陳元方答客問			83. 楊朱喻弟			84. 黔之驢		
論語			漢・劉向			清・沈復			六朝・劉義慶			韓非			唐・柳宗元		
記			記			記			記			記			記		
文			文			文			文			文			文		
次數	%	次序	次數	%	次序	次數	%	次序	次數	%	次序	次數	%	次序	次數	%	次序
67	15.1	4	41	9.7	5	21	5	5	40	10.8	5	48	12.9	5	31	7.2	5
80	18.0	3	110	26.0	2	70	16.8	3	73	19.8	3	87	23.4	2	79	18.2	3
49	11.0	5	67	15.8	4	55	13.2	4	73	19.8	3	64	17.2	3	64	14.8	4
125	28.1	1	133	31.4	1	145	34.8	1	106	28.7	1	113	30.4	1	149	34.4	1
124	27.9	2	72	17.0	3	126	30.2	2	77	20.9	2	60	16.1	4	110	25.4	2
10	2.6		35	9.2	5	11	2.8		4	1.2		11	3.4		10	2.4	
25	6.4		64	16.8	2	14	3.5		29	8.7	3	14	4.3	5	30	7.2	4
119	30.5	1	128	33.7	1	207	52.1	1	184	55.4	1	133	40.7	1	110	26.4	1
82	21.0	2	66	17.4	4	81	20.4	2	45	13.6	2	74	22.6	2	109	26.2	2
61	15.6	3	48	12.6	3	32	8.1	3	21	6.3	4	30	9.2	3	79	19.0	3
36	9.2	4	15	3.9		21	5.3	5	14	4.2	5	23	7.0	4	27	6.5	5
14	3.6		4	1.1		3	0.8		8	2.4		12	3.7		10	2.4	
3	0.8					2	0.5		7	2.1		3	0.9		2	0.5	
32	8.2	5	5.0	19		23	5.8	4	13	3.9		13	4.0		25	6.0	
7	1.8		0.3	1		3	0.8		7	2.1		10	3.1		12	2.9	
1	0.3											4	1.2		2	0.5	

問卷選文編號	12029			21116			21262			21031			21201		
分類編號	40312			40321			40321			40321			40321		
篇名	85. 螳螂捕蟬			86. 大好春光			87. 努力事春耕			88. 從今天起			89. 最苦與最樂		
作者	漢·劉向			民·胡兆奇			開明少年			民·甘績瑞			民·梁啓超		
文體	記			論			論			論			論		
文言白話	文			白			白			白			白		
調查結果	次數	%	次序	次數	%	次序	次數	%	次序	次數	%	次序	次數	%	次序
宜否作爲教材：否	24	5.5	5	53	22.5	2	33	10.7	5	21	5.6	5	23	5.4	5
可	95	21.6	3	51	21.6	3	71	23.1	2	93	24.6	2	91	21.3	3
中	72	16.4	4	49	20.8	4	61	19.9	3	54	14.3	4	60	14.0	4
佳	143	32.6	1	57	24.2	1	97	31.6	1	131	34.7	1	142	33.2	1
優	105	23.9	2	26	11	5	45	14.7	4	79	20.9	3	112	26.2	2
適用年級：國小五	27	6.4		7	3.9		12	4.5		29	8.3	4	13	3.2	
國小六	29	6.8	5	11	6.2	4	25	9.4	4	49	14	3	28	6.9	5
國中一	125	29.5	1	78	43.8	1	85	32.1	1	157	44.7	1	106	26.0	1
國中二	104	24.5	2	39	21.9	2	70	26.4	2	67	19.1	2	104	25.6	2
國中三	67	15.8	3	23	12.9	3	43	16.2	3	25	7.1	5	77	18.9	3
高中一	22	5.2		5	2.8		14	5.3	5	5	1.4		36	8.8	4
高中二	9	2.1		3	1.7		4	1.5		4	1.1		3	0.7	
高中三	2	0.5		1	0.6		1	0.4					2	0.5	
高職一	30	7.1	4	10	5.6	5	7	7.6		15	4.3		28	6.9	5
高職二	8	1.9		1	0.6		4	1.5					8	2.0	
高職三	1	0.2					0	0					2	0.5	
備註															

21234			21247			21236			21346			21235			11056		
40331			40331			40331			40331			40331			40322		
95. 春晨頌			94. 春的林野			93. 行道樹			92. 他活在人們的心裡			91. 小白鴿			90. 論語論學		
民・張漱涵			民・許地山			民・張曉風			民・劉心皇			民・張秀亞			論語		
抒			抒			抒			抒			抒			論		
白			白			白			白			白			文		
次序	%	次數	次序	%	次數	次序	%	次數	次序	%	次數	次序	%	次數	次序	%	次數
4	18.5	36	4	14.4	42	5	8.0	28	4	19.0	37	3	19.8	42	3	18.9	74
3	20.5	40	2	20.3	59	4	18.7	65	2	24.1	47	3	19.8	42	4	17.9	70
2	21.5	42	3	17.5	51	3	19.8	69	3	21.5	42	2	21.2	45	5	13.3	52
1	27.2	53	1	34.4	100	1	32.5	113	1	24.6	48	1	25.0	53	1	25.3	99
5	12.3	24	5	13.4	39	2	21.0	73	5	10.8	21	5	14.2	30	2	24.6	96
5	9.1	14		2.4	6	5	3.9	12		3.2	5	5	10.4	17		3.1	10
4	10.4	16	3	15.9	39	3	11.6	36	4	10.2	16	4	11.0	18		5.6	18
1	22.7	35	1	29.7	73	1	51.8	161	1	24.8	39	1	28.2	46	1	24.4	78
2	18.8	29	2	24.8	61	2	16.7	52	1	24.8	39	2	17.8	29	2	19.7	63
3	14.3	22	4	13.4	33	4	5.8	18	3	14.6	23	3	15.3	25	4	13.1	42
	8.4	13	5	4.5	11		2.9	9	5	8.3	13		6.1	10	3	15.0	48
	3.2	5		2.4	6		1.3	4		1.3	2		3.7	6		4.1	13
	1.9	3		0	0		1.0	3		1.3	2		0.6	1		1.9	6
	7.8	12	5	4.5	11		3.5	11		7.6	12		5.5	9	5	9.4	30
	3.2	5		2.4	6		1.3	4		3.8	6		1.2	2		2.8	9
	0	0		0	0		0.3	1		0	0		0	0		0.9	3

問卷選文編號	21352			21184			21086			21140			21300		
分類編號	40331			40331			40341			40341			40341		
篇名	96. 植物園就在你身邊			97. 蟬與螢			98. 父親的話			99. 立志做大事			100. 我們的校訓		
作者	民・駱元元			民・陳醉雲			民・林良			民・孫文			民・蔣中正		
文體	抒			抒			應			應			應		
文言白話	白			白			白			白			白		
調查結果	次數	%	次序	次數	%	次序	次數	%	次序	次數	%	次序	次數	%	次序
宜否作為教材 否	31	11.6	5	40	13.4	5	30	10	5	23	5.6	5	26	6.7	5
可	65	24.3	2	59	19.7	3	68	22.7	2	85	20.7	3	93	24.0	2
中	59	22.0	3	68	22.7	2	51	17	4	46	11.2	4	69	17.8	4
佳	86	32.1	1	91	30.4	1	90	30	1	136	33.2	1	107	27.6	1
優	21	10.1	4	41	13.7	4	61	20.3	3	120	29.3	2	93	24.0	2
適用年級 國小五	12	5.2	5	9	3.6	5	26	10	4	24	6.1	5	18	5.0	5
國小六	23	9.9	4	39	15.7	3	64	24.7	2	57	14.4	2	44	12.2	2
國中一	79	33.9	1	93	37.3	1	94	36.3	1	181	45.8	1	200	55.4	1
國中二	68	29.2	2	71	28.5	2	38	14.7	3	43	10.9	3	33	9.1	3
國中三	26	11.2	3	21	8.4	4	15	5.8	5	33	8.4	4	17	4.7	
高中一	8	3.4		5	2.0		5	1.9		17	4.3		18	5.0	5
高中二	6	2.6		1	0.4		1	0.4		5	1.3		2	0.6	
高中三	0	0		0	0		1	0.4		5	1.3		3	0.8	
高職一	10	4.3		7	2.8		10	3.9		22	5.6		22	6.1	4
高職二	0	0		3	1.2		4	1.5		8	2		3	0.8	
高職三	1	0.4		0	0		1	0.4					1	0.3	
備註															

21359			16081			21164			21334			21305			21308		
40342			40342			40341			40341			40341			40341		
106. 國旗歌歌詞			105. 記承天寺夜遊			104. 愛的教育序			103. 給朋友的信			102. 國民中學聯合開學典禮訓詞			101. 家書		
民・戴傳賢			宋・蘇軾			民・夏丏尊			民・蔡濯堂			民・蔣中正			民・蔣中正		
應			應			應			應			應			應		
文			文			白			白			白			白		
次序	%	次數	次序	%	次數	次序	%	次數	次序	%	次數	次序	%	次數	次序	%	次數
5	7.3	27	5	14.9	48	2	21.6	51	4	17.1	44	2	27.0	55	5	10.4	34
3	18.3	68	2	19.8	64	4	17.4	41	2	23.3	60	3	21.6	44	2	25.3	83
4	13.2	49	3	19.5	63	3	20.3	48	2	23.3	60	4	12.7	26	3	18.9	62
1	34.7	129	1	26.3	85	1	24.2	57	1	26.4	68	1	28.9	59	1	29.9	98
2	26.6	99	3	19.5	63	5	16.5	39	5	10.1	26	5	9.8	20	4	15.5	51
4	6.4	22		0.7	2		4	7		4.3	9		0.7	1	4	6.8	20
2	10.8	37		2.4	7	4	11.4	20	4	10.5	22		2.7	4	2	14.9	44
1	55.7	191	1	32.9	95	1	22.9	40	1	35.9	75	1	62.8	93	1	47.5	140
3	10.2	35	2	22.5	65	2	21.7	38	2	25.8	54	3	7.4	11	3	13.9	41
5	55	19	4	9.0	26	3	14.3	25	3	12.4	26	2	10.1	15		3.4	10
	3.5	12	3	11.1	32	5	10.9	19		2.4	5	5	4.7	7	5	4.1	12
	0.6	2		6.9	20		4.6	8		1.0	2		2.0	3		3.1	9
	0.9	3		2.1	6		0.6	1		0.5	1		1.4	2		0.3	1
	3.5	12	5	5.5	16		7.4	13	5	4.8	10	4	5.4	8		3.7	11
	2.0	7	5	5.5	16		2.3	4		1.4	3		2.0	3		2.0	6
	0.9	3		1.4	4					1.0	2		0.7	1		0.3	1

問卷選文編號		21114			14077			14069			14099			14076		
分類編號		40350			40350			40350			40350			40350		
篇名		107.月夜			108.江雪			109.秋夕			110.塞下曲二首（林漢草驚風……月黑雁飛高）			111.過故人莊		
作者		民・胡適			唐・柳宗元			唐・杜牧			唐・盧綸			唐・孟浩然		
文體		詩			詩			詩			詩			詩		
文言白話																
調查結果		次數	%	次序	次數	%	次序	次數	%	次序	次數	%	次序	次數	%	次序
宜否作爲教材	否	44	17.4	4	14	3.3	5	29	7.9	5	30	8.5	5	18	3.9	5
	可	66	26.1	2	84	19.6	3	76	20.8	3	67	18.9	3	78	17.1	3
	中	46	18.2	3	45	10.5	4	57	15.6	4	67	18.9	3	68	14.9	4
	佳	68	26.9	1	153	35.7	1	117	32.0	1	113	31.9	1	153	33.5	1
	優	29	11.5	5	133	31.0	2	87	23.8	2	77	21.8	2	140	30.6	2
適用年級 國小	五	14	7	5	41	9.5	5	17	5.0		8	2.4		24	5.4	5
	六	30	15	3	69	16.0	2	55	16.2	2	30	9.1	4	41	9.2	4
國中	一	56	28	1	116	26.9	1	60	17.7	1	123	37.4	1	145	32.6	1
	二	50	25	2	61	14.1	3	53	15.6	3	65	19.8	2	111	24.9	2
	三	24	12	4	44	10.2	4	38	11.2	5	31	9.4	3	48	10.8	3
高中	一	5	2.5		41	9.5	5	44	13.0	4	29	8.8	5	22	4.9	
	二	6	3		9	2.1		15	4.4		11	3.3		12	2.7	
	三				2	0.5		5	1.5		2	0.6		2	0.4	
高職	一	10	5		35	8.1		26	7.7		20	6.1		24	5.4	5
	二	4	2		9	2.1		19	5.6		8	2.4		14	3.1	
	三	1	0.5		5	1.2		7	2.1		2	0.6		2	0.4	
備註																

14045			21376			14047			14011			14005			14001		
40350			40350			40350			40350			40350			40350		
112. 獨坐敬亭山			113. 水稻之歌			114. 黃鶴樓送孟浩然之廣陵			115. 九月九日憶山東兄弟			116. 出塞			117. 出塞		
唐・李白			民・羅青哲			唐・李白			唐・王維			唐・王昌齡			唐・王之渙		
詩			詩			詩			詩			詩			詩		
次序	%	次數	次序	%	次數	次序	%	次數	次序	%	次數	次序	%	次數	次序	%	次數
5	6.9	27	5	11.6	35	5	3.4	15	5	4.3	19	5	4.6	20	5	3.3	15
3	19.8	77	3	21.1	64	3	18.9	83	3	19.7	87	3	19.8	87	3	20.2	93
4	14.9	58	2	21.5	65	4	9.1	40	4	9.4	41	4	13.0	57	4	10.9	50
1	30.3	118	1	29.7	90	1	36.1	158	1	37.5	164	1	36.9	162	1	38.7	178
2	28.0	109	4	16.2	49	2	32.4	142	2	28.8	126	2	25.7	113	2	27.0	124
5	10.3	38		3.4	9		3.8	17		5.8	26		3.9	17		5.4	25
2	16.3	60	3	17.4	46	5	7.6	34	3	15.0	67		10.2	44	4	10.9	51
1	17.1	63	1	40.8	108	1	36.5	163	1	18.1	81	1	23.1	100	1	26.6	124
3	12.2	45	2	22.6	60	2	12.1	54	5	12.3	55	2	16.4	71	2	17.0	79
	9.8	36	4	6.8	18		5.8	26		8.5	38	3	13.0	56		9.4	44
4	12.0	44	5	2.6	7	3	10.7	48	2	16.8	75	4	13.2	57	4	10.9	51
	5.2	19		0.4	1		6.9	31		3.1	14		3.7	16		3.4	16
	0.5	2		1.1	3		0.9	4		1.3	6		0.9	4		1.1	5
5	10.3	38	5	2.6	7	4	8.3	37	4	14.3	64	5	10.9	47	3	11.6	54
	4.1	15		1.5	4		5.8	26		3.8	17		3.7	16		2.8	13
	2.2	8		0.8	2		1.6	7		0.9	4		0.9	4		0.9	4

問卷選文編號		14010			14009			14002			14016			21345	
分類編號		40350			40350			40350			40350			40350	
篇名		118. 鳥鳴磵			119. 鹿柴			120. 登鸛鵲樓			121. 觀獵			122. 自然的微笑	
作者		唐・王維			唐・王維			唐・王之渙			唐・王維			民・劉大白	
文體		詩			詩			詩			詩			詩	
文言 白話															
調查結果		次數	%	次序	次數	%	次序	次數	%	次序	次數	%	次序	次數	%	次序
宜否作爲教材	否	24	6.5	5	20	4.5	5	11	2.2	5	40	11.3	5	33	10.5	5
	可	83	22.5	3	93	21.0	3	92	18.0	3	84	23.8	2	73	23.3	2
	中	48	13.0	4	57	12.9	4	34	6.7	4	57	16.1	4	55	17.6	3
	佳	128	34.7	1	157	35.4	1	198	38.8	1	105	27.7	1	97	31.0	1
	優	86	23.3	2	116	26.2	2	175	34.3	2	67	19.0	3	55	17.6	3
適用年級 國小	五	30	8.7	4	51	11.8	4	60	12.4	3	11	3.6		10	3.7	
	六	51	4.8	3	59	13.6	2	74	15.3	2	9	2.9		43	15.8	3
國中	一	110	31.9	1	152	35.0	1	174	36.0	1	85	27.5	1	80	29.4	1
	二	49	14.2	2	55	12.7	3	56	11.6	4	81	26.2	2	72	26.5	2
	三	22	6.4		35	8.1	5	26	5.4		41	13.3	4	30	11.0	4
高中	一	27	7.8	5	26	6.0		43	8.9	5	27	8.7	3	15	5.5	5
	二	11	3.2		8	1.8		21	4.3		11	3.6		3	1.1	
	三	8	2.3		9	2.1		3	0.6		8	2.6		1	0.4	
高職	一	25	7.2		25	5.8		43	8.9	5	27	8.7	5	12	4.4	
	二	7	2.0		11	2.5		20	4.1		6	1.9		4	1.5	
	三	5	1.4		3	0.7		2	0.4		3	1.0		2	0.7	
備註																

123. 負荷			124. 鄉愁四韻			125. 插秧女			126. 觀刈麥			127. 一朵小花			128. 一張小小的橫幅		
21057			21082			19043			14036			21174			21035		
40350			40410			40410			40410			40411			40411		
民・吳勝雄			民・余光中			清・陳文述			唐・白居易			民・殷穎			民・朱自清		
詩			詩			詩			詩			記			記		
			白									白			白		
次序	%	次數	次序	%	次數	次序	%	次數	次序	%	次數	次序	%	次數	次序	%	次數
5	13	41	5	8.5	30	4	16.3	42	5	10.8	33	5	10.9	36	4	17	52
2	22.5	71	3	21.8	77	2	23	59	2	19.7	60	4	17.6	58	2	22	67
4	18.7	59	4	14.4	51	3	17.9	46	3	17.7	54	3	18.8	62	3	21	64
1	25.6	81	1	33.1	117	1	31.1	80	1	35.7	109	1	31.8	105	1	29.8	91
3	20.3	64	2	22.3	79	5	11.7	30	4	16.1	49	2	20.9	69	5	10.2	31
5	3	8		2.2	7		3.6	8		0.4	1	5	5.6	16		2.9	7
3	12.2	33		3.8	12	5	6.8	15		3.7	10	4	8.3	24	4	5.3	13
1	56.1	152	2	18.2	57	3	17.6	39	3	12.2	33	2	25.7	74	2	21.6	53
2	17.7	48	1	46.6	146	1	30.2	67	1	38.7	105	1	37.5	108	1	40	98
4	3.3	9	3	14.4	45	2	19.4	43	2	18.8	51	3	15.6	45	3	17.1	42
5	3	8	5	5.1	16		6.3	14	4	11.8	32		2.4	7	4	5.3	13
	1.1	3		1	3		3.2	7		2.2	6		0.7	2		1.6	4
	0.4	1		1	3		1.4	3		1.1	3		0.3	1			
	1.8	5	4	5.4	17	4	7.2	16	5	7.7	21		2.4	7	4	5.3	13
	1.1	3		2.2	7		3.2	7		2.6	7		1	3		0.4	1
	0.4	1					1.4	3		0.7	2		0.3	1		0.4	1

問卷選文編號	21194			21336			21173			21079			21212		
分類編號	40411			40411			40411			40411			40411		
篇名	129.居里夫人小傳			130.故鄉的桂花雨			131.品泉			132.貞德與南丁格爾			133.記張自忠將軍		
作者	民・陳衡哲			民・潘希珍			民・殷穎			民・佚名			民・梁實秋		
文體	記			記			記			記			記		
文言白話	白			白			白			白			白		
調查結果	次數	%	次序	次數	%	次序	次數	%	次序	次數	%	次序	次數	%	次序
宜否作爲教材：否	48	13.6	4	36	11.3	5	45	16.1	4	47	20	3	38	11.4	4
可	75	21.2	3	57	17.9	3	55	19.7	3	56	23.8	2	70	21.0	3
中	78	22.0	2	60	18.8	2	57	20.4	2	36	15.3	4	73	21.9	2
佳	111	31.4	1	119	37.3	1	83	29.7	1	67	28.5	1	116	34.7	1
優	42	11.9	5	47	14.7	4	39	14	5	29	12.3	5	37	11.1	5
適用年級：國小 五	9	3.0		4	1.4		4	1.7		17	9		4	1.4	
國小 六	33	11.0	4	21	7.6	4	9	3.9	5	35	18.5	2	21	7.1	4
國中 一	44	14.7	2	57	20.7	2	49	21.4	2	24	12.7	4	80	27.1	2
國中 二	143	47.7	1	120	43.5	1	99	43.2	1	44	23.3	1	118	40.0	1
國中 三	37	12.3	3	46	16.7	3	34	14.8	3	20	10.6	5	34	11.5	3
高中 一	14	4.7	5	8	2.9		14	6.1	4	10	5.3		13	4.4	5
高中 二	2	0.7		3	1.1		3	1.3		1	0.5		5	1.7	
高中 三	1	0.3		13	4.7	5	1	0.4		1	0.5		3	1.0	
高職 一	14	4.7	5	0	0		9	3.9	5	28	14.8	3	10	3.4	
高職 二	1	0.3		4	1.4		4	1.7		6	3.2		5	1.7	
高職 三	2	0.7		0	0		3	1.3		3	1.6		2	0.7	
備註															

21182			21211			21258			19068			21170			21148		
40411			40411			40411			40411			40411			40411		
139.碧沈西瓜			138.鳥			137.魚			136.黃河結冰記			135.國父的四大盛德			134.康橋的早晨		
民・陳幸蕙			民・梁實秋			民・黃春明			清・劉鶚			民・馬超俊			民・徐志摩		
記			記			記			記			記			記		
白			白			白			白			白			白		
次序	%	次數	次序	%	次數	次序	%	次數	次序	%	次數	次序	%	次數	次序	%	次數
4	15.4	44	5	8.3	30	3	21.9	60	5	8.3	33	2	23.6	46	4	15.4	49
2	22.0	63	4	18.3	66	1	22.6	62	4	18.1	72	3	19.5	38	3	18.6	59
2	22.0	63	3	19.4	70	4	19.0	52	2	20.6	82	4	17.9	35	5	12.9	41
1	29.4	84	1	34.3	124	1	22.6	62	1	33.9	135	1	26.2	51	1	28.9	92
5	11.2	32	2	19.7	71	5	13.9	38	3	19.1	76	5	12.8	25	2	24.2	77
	2.2	5		1.2	4		4.0	8		1.6	6		2.6	4		3.6	10
4	6.6	15	4	5.5	18	4	13.0	26	5	6.5	24		5.3	8		5.1	14
2	18.9	43	2	20.6	67	2	26.0	52	2	21.2	79	4	11.2	17	3	12.8	35
1	51.8	118	1	50.6	165	1	28.0	56	1	36.8	137	1	23	35	1	32.1	88
3	11.8	27	3	14.1	46	3	15.5	31	3	14.5	54	3	17.8	27	2	17.5	48
5	3.1	7		3.1	10		3.5	7	4	8.1	30	2	19.1	29	4	11.3	31
	1.3	3		1.2	4	5	4.5	9		3	11		5.3	8		2.6	7
	0	0		0	0		0.5	1		0.3	1		1.3	2		0.7	2
	2.6	6	5	3.4	11		1.0	2		5.9	22	5	9.2	14	5	9.9	27
	1.8	4		0.3	1		2.0	4		1.6	6		3.9	6		4.2	11
	0	0		0	0		2.0	4		0.5	2		1.3	2		0.4	1

問卷選文編號	21227			21172			21226			21157			21159		
分類編號	40411			40411			40411			40411			40411		
篇名	140.子產論政			141.三峽記遊			142.孔子的人格			143.白馬湖之冬			144.生活的藝術		
作者	民・張蔭麟			民・高一涵			民・張蔭麟			民・夏丏尊			民・夏丏尊		
文體	記			記			記			記			記		
文言白話	白			白			白			白			白		
調查結果	次數	%	次序	次數	%	次序	次數	%	次序	次數	%	次序	次數	%	次序
宜否作爲教材 否	49	15.6	4	55	22.2	2	33	9.2	5	45	15.4	4	43	12.2	5
可	59	18.7	3	52	21	3	70	19.4	3	59	20.2	2	60	17	3
中	80	25.4	2	49	19.8	4	78	21.7	2	55	18.8	3	60	17	3
佳	90	28.6	1	64	25.8	1	116	32.2	1	95	32.5	1	125	35.5	1
優	37	11.7	5	28	11.3	5	63	17.5	4	38	13	5	64	18.2	2
適用年級 國小 五	1	0.4		8	4.2		6	1.8		3	1.2		3	1	
六	3	1.1		18	9.4	5	13	3.9		13	5.4		12	3.9	
國中 一	24	9.0	4	29	15.1	3	36	10.8	3	44	18.2	3	33	10.7	3
二	87	32.6	1	42	21.9	1	138	41.3	1	68	28.1	1	97	31.4	1
三	68	25.5	2	42	21.9	1	52	15.6	2	53	21.9	2	84	27.2	2
高中 一	33	12.4	3	22	11.5	4	29	8.7	4	23	9.5	4	33	10.7	3
二	13	4.9	5	8	4.2		14	4.2		12	5		13	4.2	
三	9	3.4		3	1.6		5	1.5		2	0.8		2	0.6	
高職 一	12	4.5		15	7.8		26	7.8	5	14	5.8	5	22	7.1	5
二	10	3.7		3	1.6		10	3.0		8	3.3		7	2.3	
三	7	2.6		2	1		5	1.5		2	0.8		3	1	
備註															

21380			21123			21147			21120			21271			21145		
40411			40411			40411			40411			40411			40411		
150. 愛因斯坦的學校生活			149. 詹天佑			148. 我所知道的康橋			147. 我的父親			146. 阿里山五奇			145. 西湖風光		
羅吉爾勃林姆著曾協譯			科學的中國			民・徐志摩			民・段永瀾			民・楊一峰			民・徐志摩		
記			記			記			記			記			記		
白			白			白			白			白			白		
次序	%	次數	次序	%	次數	次序	%	次數	次序	%	次數	次序	%	次數	次序	%	次數
4	15.2	40	4	14.5	47	5	10.2	40	5	13.1	35	4	11.6	42	5	12.3	32
2	25.1	66	2	24.4	79	3	17.3	68	2	22.1	59	2	22.6	82	3	20.8	54
3	21.3	56	3	19.4	63	4	15.5	61	4	18.4	49	3	20.9	76	2	21.9	57
1	28.1	74	1	29.6	96	1	31.3	123	1	27.3	73	1	35.5	128	1	28.1	73
5	10.3	27	5	12	39	2	25.7	101	3	19.1	51	5	9.6	35	4	16.9	44
	3.7	8	4	15	42		1.7	6		4.4	10	5	5.7	18	5	7.2	16
4	12.4	27	2	16.4	46		5.7	20	4	12.2	28	4	16.2	51	4	10	22
2	21.7	47	2	16.4	46	3	11.9	42	2	24.9	57	3	18.5	58	2	24	53
1	27.2	59	1	26.1	73	1	44.3	156	1	28.4	65	1	29.3	92	1	27.6	61
3	16.6	36	5	13.6	38	2	18.5	65	3	14.4	33	2	20.7	65	3	12.7	28
5	7.4	16		2.5	7	5	6.5	23		4.4	10		4.1	13		6.3	14
	1.4	3					2.3	8		1.7	4		0.3	1		2.3	5
	0.9	2					0.3	1		0.9	2		0	0		0.9	2
	4.6	10		8.2	23	4	6.8	24	5	6.6	15		4.5	14		6.8	15
	2.3	5		0.7	2		1.4	5		1.3	3		0	0		2.3	5
	1.8	4		1.1	3		0.6	2		0.9	2		0.6	2			

問卷選文編號	21343			21338			21379			21361			21158		
分類編號	40411			40411			40411			40411			40411		
篇名	151.翡翠屏風			152.緹縈救父			153.樂聖貝多芬			154.蘆溝橋的獅子			155.鋼鐵假山		
作者	民・劉俠			民・潘重規			羅曼羅蘭著 宗侃譯			民・謝冰瑩			民・夏丏尊		
文體	記			記			記			記			記		
文言白話	白			白			白			白			白		
調查結果	次數	%	次序	次數	%	次序	次數	%	次序	次數	%	次序	次數	%	次序
宜否作為教材 否	37	12.8	4	34	11.5	5	45	16.5	4	40	11.8	5	56	19	4
可	58	20.0	3	67	22.7	2	60	22.0	2	74	21.8	2	65	22	2
中	61	21.0	2	64	21.7	3	60	22.0	2	63	18.6	3	62	21	3
佳	97	33.4	1	94	31.9	1	74	27.1	1	108	31.9	1	76	25.8	1
優	37	12.8	4	36	12.2	4	34	12.5	5	54	15.9	4	36	12.2	5
適用年級 國小 五	6	2.5		26	10.1	5	8	3.6		6	2.0		2	0.9	
國小 六	26	10.7	4	56	21.7	2	26	11.6	4	38	12.5	5	7	3	5
國中 一	72	29.5	2	38	14.7	4	43	19.2	2	42	13.9	3	73	31.5	2
國中 二	75	30.7	1	63	24.4	1	63	28.1	1	74	24.4	1	83	35.8	1
國中 三	39	16.0	3	41	15.9	3	39	17.4	3	53	17.5	2	40	17.2	3
高中 一	8	3.3	5	11	4.3		15	6.7	5	40	13.2	4	12	5.2	4
高中 二	5	2.0		3	1.2		5	2.2		7	2.3		2	0.9	
高中 三	2	0.8		1	0.4		1	0.4		1	0.3		1	0.4	
高職 一	7	2.9		8	3.1		13	5.8		32	10.6		7	3	5
高職 二	3	1.2		10	3.9		9	4.0		7	2.3		4	1.7	
高職 三	1	0.4		1	0.4		2	0.9		3	1.0		1	0.4	
備註															

17029			13026			13011			11062			19004			21333		
40412			40412			40412			40412			40412			40411		
161. 孔明借箭			160. 王藍田忿食雞子			159. 五柳先生傳			158. 不食嗟來食			157. 日觀峰觀日出			156. 廬山憶遊		
元·羅貫中			六朝·劉義慶			晉·陶潛			禮記			清·孔貞			民·蔡濯堂		
記			記			記			記			記			記		
文			文			文			文			文			白		
次序	%	次數	次序	%	次數	次序	%	次數	次序	%	次數	次序	%	次數	次序	%	次數
5	8.3	36	4	17.1	57	5	7.8	35	5	8.4	39	3	20.4	56	4	15.7	47
3	17.9	78	2	22.5	75	3	15.7	71	2	21.6	100	2	24.4	67	2	23.1	69
4	17.5	76	3	22.2	74	4	10.4	47	4	15.5	72	4	18.5	51	3	21.4	64
1	32.6	142	1	25.4	85	1	34.8	157	1	37.7	175	1	26.9	74	1	30.8	92
2	23.7	103	5	12.9	43	2	31.3	141	3	16.8	78	5	9.8	27	5	9.0	27
	6.2	27		2.4	7		1.2	5		1.8	8		1.7	4		0.4	1
	9.4	41	5	6.3	18		2.6	11	4	6.2	27		2.2	5		4.0	10
5	11.9	52	2	30.4	87	2	28.8	124	3	15.5	67		3	7	3	14.5	36
1	17.8	78	1	32.2	92	1	32.7	141	1	35.3	153	1	27.2	63	1	34.5	86
2	15.8	69	3	8.7	25	3	14.6	63	2	20.3	88	2	25.9	60	2	24.1	60
2	15.8	69	4	7.7	22	5	7.0	30		4.8	21	3	20.3	47	4	7.2	18
	5.3	23		2.8	8		2.6	11		4.8	21	5	4.3	10		4.4	11
	1.1	5		1.7	5		0.7	3		1.4	6		1.7	4		1.2	3
4	12.1	53	5	6.3	18	4	7.4	32	5	5.1	22	4	8.2	19	5	6.0	15
	3.7	16		1.4	4		1.9	8		4.4	19		3.4	8		3.2	8
	1.1	3					0.7	3		0.2	1		2.2	5		0.4	1

問卷選文編號	11068			19078			19040			18012			11070		
分類編號	40412			40412			40412			40412			40412		
篇名	162.老馬識途			163.沈百五			164.沈雲英			165.金絲猿			166.和氏璧		
作者	韓非			清·錢泳			清·夏之蓉			明·宋濂			韓非		
文體	記			記			記			記			記		
文言／白話	文			文			文			文			文		
調查結果	次數	%	次序	次數	%	次序	次數	%	次序	次數	%	次序	次數	%	次序
宜否作爲教材 否	36	8.8	5	45	17.8	4	41	14.6	4	37	11.1	5	41	10.4	5
宜否作爲教材 可	91	22.4	2	59	23.3	2	62	22.1	3	64	19.2	2	95	24.1	2
宜否作爲教材 中	67	16.5	4	59	23.3	2	72	25.6	2	61	18.3	4	76	19.3	3
宜否作爲教材 佳	137	33.7	1	68	26.9	1	76	27	1	108	32.4	1	126	32.0	1
宜否作爲教材 優	76	18.7	3	22	8.7	5	30	10.7	5	63	18.9	3	56	14.2	4
適用年級 國小 五	7	1.8		2	1.0		2	0.8		1	0.3		14	3.8	
適用年級 國小 六	16	4.2		5	2.4		3	1.2		14	4.6		26	7.1	5
適用年級 國中 一	86	22.7	2	30	14.5	4	30	12.1	4	59	19.3	3	45	12.3	3
適用年級 國中 二	146	38.5	1	51	24.6	1	82	33.2	1	82	26.8	1	84	23.0	1
適用年級 國中 三	48	12.7	3	51	24.6	1	70	28.3	2	71	23.2	2	77	21.1	2
適用年級 高中 一	19	5.0	4	31	15	3	31	12.6	3	28	9.2	4	43	11.8	4
適用年級 高中 二	12	3.2		8	3.9		8	3.2		11	3.6		17	4.7	
適用年級 高中 三	7	1.8		4	1.9		3	1.2		6	2.0		10	2.7	
適用年級 高職 一	18	4.7	5	20	9.7	5	12	4.9	5	19	6.2	5	24	6.6	
適用年級 高職 二	14	3.7		4	1.9		4	1.6		13	4.2		13	3.6	
適用年級 高職 三	6	1.6		1	0.5		2	0.8		2	0.7		12	3.3	
備註															

21198			17028			16038			11030			21197			16082		
40412			40412			40412			40412			40412			40412		
167. 武訓			168. 空城計			169. 良馬對			170. 奕喻			171. 納爾遜軼事			172. 記先夫人不殘鳥雀		
民・梁啓超			元・羅貫中			宋・岳飛			孟子			民・梁啓超			宋・蘇軾		
記			記			記			記			記			記		
文			文			文			文			文			文		
次數	%	次序	次數	%	次序	次數	%	次序	次數	%	次序	次數	%	次序	次數	%	次序
40	13.7	5	40	10.2	5	25	6.7	5	58	13.3	5	49	15.7	4	46	15.4	4
65	22.3	2	71	18.1	3	61	16.3	3	96	22.0	2	64	20.5	3	54	18.1	3
59	20.3	3	60	15.3	4	51	13.6	4	61	14.0	4	69	22.1	2	62	20.7	2
81	27.8	1	136	34.7	1	137	36.5	1	137	31.4	1	91	29.2	1	91	30.4	1
46	15.8	4	85	21.7	2	101	26.9	2	85	19.5	3	39	12.5	5	46	15.4	4
30	12.3	5	17	4.5		2	0.6		7	1.8		16	6.2	5	1	0.4	
39	16.0	4	21	5.6		4	1.1		17	4.3		23	8.9	4	5	1.9	
40	16.5	3	77	20.5	2	20	5.6		77	19.4	3	67	26.0	2	37	14.2	3
55	22.6	1	98	26.1	1	194	54.8	1	94	23.7	1	85	32.9	1	79	30.3	1
45	18.5	2	61	16.2	3	72	20.3	2	81	20.5	2	33	12.8	3	56	21.5	2
7	2.9		38	10.1	4	20	5.6	3	44	11.1	4	14	5.4		30	11.5	4
7	2.9		12	3.2		12	3.4		14	3.5		3	1.2		16	6.1	5
0	0		6	1.6		3	0.8	5	5	1.3		2	0.8		6	2.3	
15	6.2		30	8.0	5	13	3.7	4	31	7.8	5	9	3.5		14	5.4	
3	1.2		12	3.2		11	3.1		20	5.1		3	1.2		14	5.4	
2	0.8		4	1.1		3	0.8		6	1.5		3	1.2		3	1.1	

項目		173. 書荀巨伯事			174. 脣亡齒寒			175. 張自忠傳			176. 張劭與范式			177. 張釋之執法		
問卷選文編號		13027			11066			21242			13025			12010		
分類編號		40412			40412			40412			40412			40412		
作者		六朝・劉義慶			韓非子			民・國防部史政局			六朝・范曄			漢・司馬遷		
文體		記			記			記			記			記		
文言白話		文			文			文			文			文		
調查結果		次數	%	次序	次數	%	次序	次數	%	次序	次數	%	次序	次數	%	次序
宜否作爲教材	否	39	10.8	5	33	7.7	5	54	21.8	3	45	12.7	5	35	8.8	5
	可	71	19.7	3	103	24.0	2	59	23.8	2	70	19.8	2	66	16.6	3
	中	78	21.6	2	58	13.5	4	48	19.4	4	68	19.3	3	64	16.1	4
	佳	113	31.3	1	150	35.0	1	68	27.4	1	112	31.7	1	135	34.0	1
	優	60	16.6	4	85	19.8	3	19	7.7	5	58	16.4	4	97	24.4	2
適用年級 國小	五	11	3.3		11	2.6		6	3.0		8	2.5		2	0.5	
	六	18	5.4	5	19	4.5		11	5.6		18	5.6		3	0.8	
國中	一	94	28.4	2	52	12.3	3	21	10.7	4	86	26.7	2	31	8.4	3
	二	101	30.5	1	104	24.6	1	50	25.4	1	90	28.0	1	195	52.6	1
	三	45	13.6	3	90	21.3	2	38	19.3	2	53	16.5	3	50	13.5	2
高中	一	17	5.1		41	9.7	4	30	15.2	3	23	7.1	4	24	6.5	4
	二	14	4.2		30	7.1	5	8	4.1		11	3.4		22	5.9	5
	三	2	0.6		12	2.8		4	2.0		4	1.2		8	2.2	
高職	一	19	5.7	4	29	6.9		16	8.1	5	19	5.9	5	12	3.2	
	二	9	2.7		28	6.6		10	5.1		5	1.6		17	4.6	
	三	1	0.3		6	1.4		3	1.5		5	1.6		7	1.9	
備註																

12030			19079			11019			11024			11015			18033		
40412			40412			40412			40412			40412			40412		
183. 緹縈救父			182. 貓捕雀			181. 燕雀偷安			180. 齊人章			179. 愚公移山			178. 賈人渡河		
漢・劉向			清・薛福成			呂氏春秋			孟子			列子			明・劉基		
記			記			記			記			記			記		
文			文			文			文			文			文		
次序	%	次數	次序	%	次數	次序	%	次數	次序	%	次數	次序	%	次數	次序	%	次數
5	8.6	36	2	20.7	17	5	9.7	32	4	17.0	74	5	7.5	37	5	9.5	32
2	22.9	96	3	17.1	14	2	25.5	84	2	21.1	92	3	22.0	108	2	21.6	73
4	18.4	77	4	14.6	12	3	17.6	58	5	14.5	63	4	11.0	54	3	19.2	65
1	30.1	126	1	35.4	29	1	33.4	110	1	29.0	126	1	35.6	175	1	32.2	109
3	20.0	84	5	12.2	10	4	13.7	45	3	18.4	80	2	23.8	117	4	17.5	59
	6.8	27		1.5	1		1.6	5		1.9	7	4	9.2	42		3.5	11
4	8.9	35		3	2		2.3	7		1.3	5	5	8.3	38		5.0	16
3	18.2	72	2	24.2	16	4	9.3	29	3	8.6	32	2	15.9	73	2	20.4	65
1	27.1	107	1	33.3	22	1	24.1	75	1	43.0	161	1	44.9	206	1	29.6	94
2	20.0	79	3	16.7	11	2	23.2	72	2	23.0	86	3	10.7	49	3	14.5	46
	6.6	26	4	6.1	4	3	12.9	40	5	5.1	19		3.1	14	4	11.9	38
	2.3	9		4.5	3		5.8	18		4.8	18		0.7	3		1.9	6
	0.5	2		3	2		4.5	14		1.6	6		0.7	3		0	0
5	7.3	29	4	6.1	4	5	7.4	23	4	5.9	22		5.2	24	5	10.7	34
	1.8	7		1.5	1		7.1	22		3.5	13		1.3	6		1.9	6
	0.5	2					1.9	6		1.3	5		0.2	1		0.6	2

問卷選文編號	12032			21353			21218			21023			21288		
分類編號	40412			40421			40421			40421			40421		
篇名	184.蘇代諫趙王			185.克己			186.坦白與說謊			187.音樂與人生			188.爲學作人與復興民族		
作者	漢・劉向			勵志文粹			民・梁容若			民・王光祈			民・蔣中正		
文體	記			論			論			論			論		
文言白話	文			白			白			白			白		
調查結果	次數	%	次序	次數	%	次序	次數	%	次序	次數	%	次序	次數	%	次序
宜否作爲教材 否	56	21.2	3	42	23.5	2	44	22.7	2	37	17.3	4	54	19.6	3
可	52	19.7	4	34	19.0	4	38	19.6	4	73	27	1	64	23.2	2
中	61	23.1	2	38	21.2	3	39	20.1	3	56	20.7	3	49	17.8	4
佳	72	27.3	1	49	27.4	1	58	29.9	1	73	27	1	72	26.1	1
優	23	8.7	5	16	8.9	5	15	7.7	5	31	11.5	5	37	13.4	5
適用年級 國小 五	2	0.9		4	2.9		11	7.3		16	6.7		5	2.2	
六	6	2.7		8	5.8		24	15.9	2	25	10.5	5	5	2.2	
國中 一	36	16.2	3	14	10.1	5	19	12.6	5	29	12.1	3	5	2.2	
二	46	20.7	1	29	21.0	1	32	21.2	1	48	20.1	1	84	36.2	1
三	33	14.9	4	25	18.1	3	20	13.2	4	42	17.6	2	49	21.1	2
高中 一	39	17.6	2	26	18.8	2	23	15.2	3	24	10		25	10.8	3
二	21	9.5	5	5	3.6		2	1.3		5	2.1		13	5.6	
三	6	2.7		3	2.2		0	0		7	2.9		9	3.9	
高職 一	15	6.8		14	10.1	5	12	7.9		29	12.1	3	18	7.8	4
二	16	7.2		5	3.6		7	4.6		11	4.6		15	6.5	5
三	2	0.9		5	3.6		1	0.7		3	1.3		4	1.7	
備註															

21044			21166			21370			21051			21133			19065		
40421			40421			40421			40421			40421			40421		
194. 說話			193. 運動最補			192. 運動家的風度			191. 科學的頭腦			190. 恢復中國固有道德			189. 問說		
民・朱自清			民・夏承楹			民・羅家倫			民・王鴻雋			民・孫文			清・劉開		
論			論			論			論			論			論		
白			白			白			白			白			白		
次序	%	次數	次序	%	次數	次序	%	次數	次序	%	次數	次序	%	次數	次序	%	次數
5	16	44	4	15.5	43	5	5.4	32	4	18	48	5	13	40	5	9.9	35
4	18.5	51	2	23.5	65	3	19.8	80	2	22.8	61	4	18.2	56	2	25.6	90
2	18.9	52	3	21.7	60	4	15.3	62	3	21	56	2	20.8	64	3	18.8	66
1	27.6	76	1	26.7	74	1	36.8	149	1	25.5	68	1	29	89	1	31	109
2	18.9	52	5	12.6	35	2	22.7	92	5	12.7	34	3	18.9	58	4	14.8	52
	1.8	4		3.2	7		2.1	8		3.8	8		1.8	5		1.2	4
5	4.4	10	4	6.8	15		3.9	15		6.6	14		2.8	8		2.1	7
3	20.4	46	3	20.4	45	2	24.0	92	3	15.6	33	5	8.2	23		4.3	14
1	40.7	92	1	30.3	67	1	36.7	141	1	31.8	67	1	36.9	104	1	25.2	83
2	22.1	50	2	27.6	61	3	17.2	66	2	18.5	39	2	16.3	46	2	24.3	80
4	4.9	11	5	6.3	14	5	5.2	20	5	8.1	17	3	11.3	32	3	15.5	51
	0.4	1		0.9	2		1.0	4		0.9	2		5	14	5	8.5	28
	0.9	2					1.0	4		0.5	1		2.1	6		1.2	4
	3.1	7		3.6	8	4	6.5	25	4	10.9	23	4	8.9	25	4	11.6	38
	1.3	3		0.5	1		2.1	8		3.3	7		5.3	15		5.2	17
				0.5	1		0.3	1					1.4	4		0.9	3

問卷選文編號		21189			21107			18030			19070			11053		
分類編號		40421			40421			40422			40422			40422		
篇名		195.雙手萬能			196.讀書			197.書付尾箕兩兒			198.習慣說			199.論孝弟		
作者		民・陳立夫			民・胡適			明・楊繼盛			清・劉蓉			論語		
文體	體	論			論			論			論			論		
	文言 白話	白			白			文			文			文		
調查結果		次數	%	次序	次數	%	次序	次數	%	次序	次數	%	次序	次數	%	次序
宜否作爲教材	否	46	17.8	4	39	16.0	5	42	14.2	4	24	6	5	79	21.4	2
	可	61	23.6	2	47	19.3	3	56	18.9	3	69	17.2	2	63	17.0	4
	中	50	19.3	3	51	20.9	2	73	24.7	2	59	14.7	4	55	14.9	5
	佳	65	25.1	1	67	27.5	1	84	28.4	1	151	37.7	1	99	26.8	1
	優	37	14.3	5	40	16.4	4	41	13.9	5	98	24.4	2	74	20.0	3
適用年級	國小五	15	7.1		11	5.2		1	0.4		7	1.9		11	3.7	
	國小六	36	17.0	3	20	9.4		3	1.2		10	2.7		18	6.1	
	國中一	25	11.8	5	29	13.7	2	23	8.9	4	61	16.3	3	68	23.1	2
	國中二	44	20.8	1	51	24.1	1	94	36.3	1	155	41.3	1	82	27.9	1
	國中三	38	17.9	2	27	12.7	4	66	25.5	2	79	21.1	2	32	10.9	4
	高中一	15	7.1		29	13.7	2	27	10.4	3	17	4.5	5	35	11.9	3
	高中二	1	0.5		9	4.2		12	4.6		10	2.7		11	3.7	
	高中三	1	0.5		3	1.4		7	2.7		7	1.9		1	0.3	
	高職一	26	12.3	4	25	11.8	5	11	4.2		20	5.3	4	26	8.8	5
	高職二	9	4.2		6	2.8		13	5.0	5	8	2.1		10	3.4	
	高職三	2	0.9		2	0.9		2	0.8		1	0.3		0	0	
備註																

21363			21150			21278			21085			11054			11055		
40431			40431			40431			40431			40422			40422		
205. 兩塊不平凡的刺繡			204. 迎上前去			203. 路			202. 中國的月亮			201. 論禮義			200. 論忠信		
民・謝冰瑩			民・徐志摩			民・熊崑珍			民・林良			論語			論語		
抒			抒			抒			抒			論			論		
白			白			白			白			文			文		
次序	%	次數	次序	%	次數	次序	%	次數	次序	%	次數	次序	%	次數	次序	%	次數
3	21.6	42	2	20.9	50	5	6.9	23	5	9.3	33	2	23.9	85	2	24.6	85
2	22.2	43	5	16.3	39	3	19.7	66	2	22	78	4	17.2	61	4	16.2	56
4	17.5	34	2	20.9	50	4	14.9	50	4	15	53	5	14.4	51	5	13.9	48
1	26.8	52	1	23	55	1	36.1	121	1	34.2	121	1	25.6	91	1	24.9	86
5	11.9	23	4	18.8	45	2	22.4	75	3	19.5	69	3	18.9	67	3	20.3	70
	3.3	5		3.2	6	5	4.2	13	5	7.6	24		3.3	9		3.8	10
4	9.9	15		3.8	7	4	6.8	21	3	13.7	43		6.2	17		3.8	10
3	19.1	29	3	19.9	37	2	32.9	101	2	29.5	93	4	10.1	28	4	11.7	31
1	24.3	37	1	26.3	49	1	37.8	116	1	29.8	94	1	26.1	72	1	29.1	77
2	23.0	35	2	21.5	40	3	10.7	33	4	9.5	30	2	20.3	56	2	17.4	46
5	7.9	12	4	9.7	18		1.6	5		3.5	11	3	14.1	39	3	14.3	38
	2.6	4		4.3	8		1.0	3		0.6	2		5.8	16		4.9	13
	0	0		0.5	1		0.3	1					1.1	3		1.5	4
	6.6	10	5	7	13		2.6	8		4.4	14	5	7.2	20	5	7.5	20
	3.3	5		2.7	5		1.6	5		1	3		5.1	14		3.8	10
	0	0		1.1	2		0.3	1		0.3	1		0.7	2		2.3	6

問卷選文編號	21255			21186			21229			21356			21042		
分類編號	40431			40431			40431			40431			40431		
篇名	206. 秋—聽說你已來到			207. 哀思			208. 諦聽			209. 鄉居情趣			210. 荷塘月色		
作者	民・曾虛白			民・陳源			民・張騰蛟			民・鍾梅音			民・朱自清		
文體	抒			抒			抒			抒			抒		
文言白話	白			白			白			白			白		
調查結果	次數	%	次序	次數	%	次序	次數	%	次序	次數	%	次序	次數	%	次序
宜否作爲教材 否	43	19.3	4	42	13.2	5	20	20.0	3	30	9.7	5	26	6.2	5
可	44	19.7	2	67	21.0	2	21	21.0	2	72	23.2	2	65	15.4	3
中	44	19.7	2	67	21.0	2	16	16.0	4	61	19.7	3	54	12.8	4
佳	55	24.7	1	89	27.9	1	30	30.0	1	92	29.7	1	143	33.9	1
優	37	16.6	5	54	16.9	4	13	13.0	5	55	17.7	4	134	31.8	2
適用年級 國小 五	8	4.5		1	0.4		4	5.1		7	2.5		11	2.8	
國小 六	13	7.3		12	4.4	5	6	7.7	4	26	9.4	4	33	8.4	4
國中 一	30	16.9	3	59	21.8	2	25	32.1	2	68	24.6	2	95	24.3	2
國中 二	47	26.4	1	134	49.4	1	26	33.3	1	89	32.2	1	142	36.3	1
國中 三	32	18.0	2	31	11.4	3	8	10.3	3	38	13.8	3	60	15.3	3
高中 一	19	10.7	4	13	4.8	4	5	6.4	5	20	7.2	5	21	5.4	
高中 二	3	1.7		4	1.5		1	1.3		6	2.2		2	0.5	
高中 三	4	2.2		2	0.7		2	2.6		2	0.7				
高職 一	14	7.9	5	9	3.3		1	1.3		14	5.1		24	6.1	5
高職 二	4	2.2		5	1.8		0	0		6	2.2		1	0.3	
高職 三	4	2.2		1	0.4		0	0		0	0		2	0.5	
備註															

19073			21163			21059			21315			18026			21314		
40442			40441			40441			40441			40441			40431		
216. 寄弟墨書			215. 觸發——一封家書			214. 麥帥爲子祈禱文			213. 守父靈日記			212. 甲申日記二則			211. 梅臺思親		
清·鄭燮			民·夏丏尊			民·吳奚眞譯			民·蔣經國			明·黃淳耀			民·蔣經國		
應			應			應			應			應			抒		
文			白			白			白			白			白		
次序	%	次數	次序	%	次數	次序	%	次數	次序	%	次數	次序	%	次數	次序	%	次數
5	9.5	36	5	14.4	45	5	9.2	39	4	16.8	55	4	15.8	52	5	13.2	42
2	20.3	77	3	17.9	56	3	20.3	86	3	17.1	56	2	20.4	67	2	20.4	65
4	14	53	2	24	75	4	13.9	59	5	16.2	53	2	20.4	67	4	14.4	46
1	35.9	136	1	28.1	88	1	29.1	123	1	28.7	94	1	29.5	97	1	32.3	103
2	20.3	77	4	15.7	49	2	27.4	116	2	21.1	69	5	14.0	46	3	19.7	63
	0.8	3		1.1	3		0.5	2		3.2	9		1.1	3		5.9	17
	1.1	4		3.4	9		6.1	24		5.8	16		2.2	6		8.3	24
5	4.2	15	2	26.8	71	3	13.2	52	3	17.0	47	3	13.4	37	3	14.5	42
1	37.2	133	1	41.5	110	1	33.9	134	1	31.0	86	1	43.0	119	1	21.8	63
2	33.2	119	3	13.6	36	2	17.5	69	2	22.4	62	2	23.5	65	2	15.2	44
3	7.8	28	4	6.8	18	5	8.6	34	4	7.9	22	4	4.7	13	4	14.2	41
	3.6	13		0.8	2		3	12		2.9	8	5	4.3	12		3.5	10
	1.1	4		0.8	2		1.5	6		0	0		2.2	6		1.7	5
4	7.3	26	5	4.5	12	4	10.4	41	5	6.9	19		3.6	10	5	9.7	28
	3.4	12		0.8	2		3.8	15		2.2	6		2.2	6		3.1	9
	0.3	1					1.5	6		0.7	2		0	0		2.1	6

問卷選文編號	19011	14100	14032	14057	14033
分類編號	40442	40450	40450	40450	40450
篇名	217. 越縵堂日記四則	218. 田家雜興	219. 早秋獨夜	220. 後出塞（朝進東門營……）二首	221. 望月有感
作者	清・李慈銘	唐・儲光羲	唐・白居易	唐・杜甫	唐・白居易
文體	應	詩	詩	詩	詩
文言白話	文				

調查結果		217 次數	217 %	217 次序	218 次數	218 %	218 次序	219 次數	219 %	219 次序	220 次數	220 %	220 次序	221 次數	221 %	221 次序
宜否作爲教材	否	30	9.1	5	35	12.6	5	32	15.7	4	28	7.8	5	23	7.5	5
	可	61	18.6	2	52	18.8	3	49	24.0	2	83	23.1	2	63	20.6	2
	中	61	18.6	2	54	19.5	2	46	22.5	3	71	19.8	4	38	12.4	4
	佳	119	36.3	1	89	32.1	1	61	29.9	1	101	28.1	1	131	42.8	1
	優	57	17.4	4	47	17.0	4	16	7.8	5	76	21.2	3	51	16.7	3
適用年級 國小	五	2	0.6		4	1.6		3	1.8		3	0.9		6	2.0	
	六				12	4.9		11	6.4		8	2.3		21	7.0	5
國中	一	10	3.2		29	11.9	3	15	8.8	5	29	8.3	4	25	8.3	4
	二	120	39	1	70	28.8	1	43	25.1	1	130	37.2	1	62	20.6	1
	三	88	28.6	2	58	23.9	2	40	23.4	2	55	15.8	2	43	14.3	
高中	一	25	8.1	3	25	10.3	4	24	14.0	3	37	10.6	3	62	20.6	1
	二	19	6.2	4	13	5.3		9	5.3		18	5.2		20	6.6	
	三	9	2.9		4	1.6		0	0		8	2.3		2	0.7	
高職	一	17	5.5	5	15	6.2	5	17	9.9	4	27	7.7	5	39	13.0	3
	二	14	4.5		11	4.5		8	4.7		26	7.4		19	6.3	
	三	4	1.3		2	0.8		1	0.6		8	2.3		2	0.7	
備註																

13023			14012			14015			14058			14091			14056		
40450			40450			40450			40450			40450			40450		
227. 木蘭詩			226. 少年行			225. 山居秋暝			224. 聞官軍收河南河北			223. 登幽州臺歌			222. 前出塞（挽弓當挽強……）		
六朝・佚名			唐・王維			唐・王維			唐・杜甫			唐・陳子昂			唐・杜甫		
詩			詩			詩			詩			詩			詩		
次序	%	次數	次序	%	次數	次序	%	次數	次序	%	次數	次序	%	次數	次序	%	次數
5	5.7	26	5	7.7	24	5	11.1	32	5	5.2	22	5	6.3	27	5	14.0	41
3	16.6	76	2	23.3	73	2	23.5	68	3	19.4	82	3	19.8	85	2	23.2	68
4	15.3	70	4	12.8	40	4	16.6	48	4	14.7	62	4	12.8	55	3	17.4	51
1	34.4	157	1	37.1	116	1	29.8	86	1	30.5	129	1	31.4	135	1	29.4	86
2	28.0	128	3	19.2	60	3	19.0	55	2	30.3	128	2	29.8	128	4	16.0	47
	3.7	17		4.5	13		5.5	14		1.9	8		2.7	11		2.2	6
	4.0	18	5	12.2	35		5.9	15		3.5	15		5.3	22		1.5	4
3	9.5	43	2	15.7	45	5	7.8	20	2	16.2	70	4	13.8	57		6.9	19
1	38.2	174	1	19.2	55	1	21.1	54	1	30.6	132	1	30.9	128	1	18.9	52
2	21.5	98	3	15.0	43	2	17.2	44	3	14.1	61	2	14.3	59	3	14.2	39
5	5.7	26	4	13.6	39	3	16.4	42	4	12.0	52	2	14.3	59	1	18.9	52
	2.9	13		3.5	10		5.5	14		5.1	22		3.1	13	5	9.8	27
	2.0	9		1.4	4		3.5	9		2.5	11		1.4	6		3.3	9
4	6.4	29		9.1	26	4	10.5	27	5	8.1	35	5	8.9	37	4	13.1	36
	3.5	16		4.9	14		5.1	13		4.4	19		3.1	13		9.1	25
	2.6	12		0.7	2		1.6	4		1.6	7		2.2	9		2.2	6

問卷選文編號		14008			21015			14006			14007			13009		
分類編號		40450			40450			40450			40450			40450		
篇名		228. 出塞作			229. 只要我們有根			230. 從軍行			231. 渭川田家			232. 詠荊軻		
作者		唐・王維			民・王蓉芷			唐・王昌齡			唐・王維			晉・陶潛		
文體		詩			詩			詩			詩			詩		
文言白話																
調查結果		次數	%	次序	次數	%	次序	次數	%	次序	次數	%	次序	次數	%	次序
宜否作為教材	否	34	10.2	5	38	11	5	34	10.9	5	22	5.9	5	46	12.6	5
	可	75	22.5	2	79	22.8	2	70	22.4	2	74	19.7	3	66	18.1	3
	中	58	17.4	3	58	16.8	3	49	15.7	4	52	13.9	4	73	20.1	2
	佳	112	33.6	1	113	32.7	1	101	32.4	1	144	38.4	1	118	32.4	1
	優	54	16.2	4	58	16.8	4	58	18.6	3	83	22.1	2	61	16.8	4
適用年級	國小五	12	4.0		15	4.9	5	10	3.5		11	3.1		5	1.5	
	國小六	18	5.9		23	7.5	4	20	7.0		24	6.7	5	4	1.2	
	國中一	64	21.1	2	95	31.1	2	51	17.8	2	59	16.5	2	10	3.0	
	國中二	79	26.1	1	104	34.1	1	65	22.7	1	99	27.7	1	104	30.8	1
	國中三	35	11.6	4	30	9.8	3	31	10.8	5	61	17.0	3	91	26.9	2
	高中一	38	12.5	3	10	3.3		36	12.6	3	39	10.9	4	37	10.9	3
	高中二	8	2.6		6	2		17	5.9		13	3.6		25	7.4	5
	高中三	5	1.7		1	0.3		4	1.4		4	1.1		13	3.8	
	高職一	27	8.9	5	14	4.6		34	11.9	4	32	8.9		27	8.0	4
	高職二	11	3.6		4	1.3		15	5.2		11	3.1		16	4.7	
	高職三	6	2.0		3	1		3	1.0		5	1.4		6	1.8	
備註																

21230			21348			17006			13008			14013			14004		
40511			40511			40511			40450			40450			40450		
238. 藺相如			237. 陽明成學前的一番經歷			236. 武松打虎			235. 歸園田居			234. 渭城曲			233. 從軍行（青海長雲暗雪山……）		
民·張本善			民·錢穆			元·施耐庵			晉·陶潛			唐·王維			唐·王昌齡		
記			記			記			詩			詩			詩		
白			白			白											
次序	%	次數	次序	%	次數	次序	%	次數	次序	%	次數	次序	%	次數	次序	%	次數
2	24.3	54	3	20.7	57	5	9.8	38	5	8.5	36	5	5.0	22	5	11.7	36
3	20.3	45	2	22.5	62	2	24.4	94	3	15.5	66	3	19.6	86	2	23.1	71
4	17.1	38	4	16.7	46	4	16.6	64	4	11.8	50	4	9.4	41	3	18.2	56
1	27.5	61	1	29.5	81	1	30.3	117	1	34.8	148	1	34.7	152	1	30.5	94
5	10.8	24	5	10.5	29	3	18.9	73	2	29.4	125	2	31.3	137	4	16.6	51
5	7.5	12		2.7	6		9.5	35		1.2	5		5.7	25		2.5	7
2	21.9	35		0.9	2	2	16.6	61		2.4	10	5	10.4	46		6.9	19
4	11.9	19		3.1	7		7.9	29		6.6	28	2	15.4	68	2	17.0	47
3	13.8	22	3	16.9	38	4	12.3	45	1	24.3	103	1	19.5	86	1	17.7	49
1	22.5	36	1	32.4	73	1	21.0	77	2	16.7	71	3	12.7	56	3	15.5	43
5	7.5	12	2	18.7	42	3	13.4	49	3	14.2	60	3	12.7	56	4	14.4	40
	1.9	3	4	8.4	19		4.6	17	4	9.7	41		3.8	17		6.9	19
	1.3	2		2.7	6		0.5	2		5.2	22		1.8	8		1.8	5
	6.9	11	5	7.1	16	5	9.8	36	5	8.7	37		11.5	51	5	10.5	29
	3.8	6		4.4	10		3.8	14		7.3	31		5.4	24		5.8	16
	1.3	2		2.7	6		0.5	2		3.8	16		1.1	5		1.1	3

問卷選文編號	12021	17030	19023	18017	16039
分類編號	40512	40512	40512	40512	40512
篇名	239. 卜式輸財報國	240. 三訪諸葛亮	241. 口技	242. 文天祥從容就義	243. 五嶽祠盟記
作者	班固	元・羅貫中	清・林嗣環	明・胡廣	宋・岳飛
文體	記	記	記	記	記
文言 白話	文	文	文	文	文

調查結果		239 次數	239 %	239 次序	240 次數	240 %	240 次序	241 次數	241 %	241 次序	242 次數	242 %	242 次序	243 次數	243 %	243 次序
宜否作爲教材	否	45	15.0	4	48	13.2	5	51	22.6	2	29	8.0	5	48	20.6	2
	可	63	20.9	2	68	18.8	3	46	20.4	4	67	18.5	3	45	19.3	3
	中	59	19.6	3	65	18.0	4	49	21.7	3	54	14.9	4	40	17.2	4
	佳	89	27.6	1	101	28.0	1	56	24.8	1	120	33.1	1	61	26.2	1
	優	45	15.0	4	79	21.9	2	24	10.6	5	92	25.4	2	39	16.7	5
適用年級	國小 五	2	0.8		16	4.7		1	0.6		4	1.1		3	1.5	
	國小 六	8	3.0		23	6.7		3	1.7		10	2.8		0	0	
	國中 一	16	6.0		32	9.4	5	19	11	4	11	3.0		4	2.0	
	國中 二	53	19.9	2	49	14.4	3	36	20.8	2	73	20.2	2	24	12.2	3
	國中 三	76	28.6	1	66	19.4	1	41	23.7	1	155	42.9	1	65	33.0	1
	高中 一	34	12.8	3	59	17.3	2	36	20.8	2	39	10.8	3	43	21.8	2
	高中 二	21	7.9	5	21	6.2		8	4.6		20	5.5	5	15	7.6	5
	高中 三	6	2.3		5	1.5		3	1.7		8	2.2		7	3.6	
	高職 一	13	4.9		44	12.9	4	15	8.7	5	22	6.1	4	19	9.6	4
	高職 二	27	10.2	4	18	5.3		9	5.2		16	4.4		14	7.1	
	高職 三	10	3.8		8	2.3		2	1.2		3	0.8		3	1.5	
備註																

17003			11051			18027			12012			12008			12014		
40512			40512			40512			40512			40512			40512		
249. 岳飛之少年時代			248. 季氏將伐顓臾			247. 李龍眠畫羅漢記			246. 西門豹治鄴			245. 田單以火牛攻燕			244. 田單復國		
元・托克托			論語			明・黃淳耀			漢・司馬遷			漢・司馬遷			漢・司馬遷		
記			記			記			記			記			記		
文			文			文			文			文			文		
次序	%	次數	次序	%	次數	次序	%	次數	次序	%	次數	次序	%	次數	次序	%	次數
4	15.1	42	2	25.0	94	2	22.6	51	5	15.2	51	5	13.6	51	5	9.0	39
2	21.9	61	3	20.7	78	4	19.5	44	3	20.3	68	2	21.7	81	3	20.9	90
2	21.9	61	4	14.9	56	3	19.9	45	2	20.6	69	3	21.4	80	4	19.3	83
1	31.7	88	1	25.5	96	1	29.2	66	1	27.5	92	1	28.9	108	1	28.3	122
5	9.4	26	5	13.8	52	5	8.8	20	4	16.4	55	4	14.4	54	2	22.5	97
	2.4	6		1.0	3		0	0		1.6	5	4	6.0	20	5	5.9	24
	6.1	15		0.7	2		1.1	2		2.6	8		5.1	17		5.2	21
3	13.8	34		4.1	12		2.2	4	6	7.2	22		3.0	10		4.4	18
2	23.2	57	3	13.4	39	3	16.8	31	3	16.1	49	2	13.0	43	2	10.8	44
1	28.5	70	1	37.9	110	1	28.3	52	1	20.0	61	1	42.2	140	1	41.6	169
4	13.0	32	2	19.0	55	2	17.4	32	2	19.3	59	3	9.3	31	3	9.6	39
	2.0	5	5	6.2	18	5	8.7	16	4	11.5	35		6.3	21	4	6.4	26
	0.4	1		3.8	11		2.7	5		2.0	6		1.5	5		2.5	10
5	7.3	18	4	9.0	26	4	10.9	20	5	10.2	31		5.7	19		5.7	23
	2.0	5		4.5	13		7.6	14		7.2	22	4	6.0	20		5.2	21
	1.2	3		0.3	1		4.3	8		2.3	7		1.8	6		2.7	11

問卷選文編號	21240			18039			21048			16008			12034		
分類編號	40512			40512			40512			40512			40512		
篇名	250. 丘逢甲傳			251. 核舟記			252. 瘞菊記			253. 郭子儀單騎退敵			254. 趙氏孤兒		
作者	民・連橫			明・魏學洢			民・朱惺公			宋・司馬光			漢・劉向		
文體	記			記			記			記			記		
文言白話	文			文			文			文			文		
調查結果	次數	%	次序	次數	%	次序	次數	%	次序	次數	%	次序	次數	%	次序
宜否作為教材 否	52	21.9	3	40	12.6	5	46	16.4	4	59	16.7	5	66	23.2	3
可	48	20.3	4	61	19.2	2	62	22.1	2	60	17.0	4	56	19.7	4
中	56	23.6	2	56	17.7	3	54	19.2	3	64	18.1	2	67	23.6	2
佳	57	24.1	1	109	34.4	1	83	29.5	1	108	30.6	1	70	24.6	1
優	24	10.1	5	51	16.1	4	36	12.8	5	62	17.6	3	25	8.8	5
適用年級 國小 五	4	2.1		0	0		2	0.9		2	0.7		8	3.5	
國小 六	13	6.8		3	1.1		3	1.3		5	1.6		18	7.9	5
國中 一	11	5.8		8	2.8		27	11.5	4	9	2.9		14	6.1	
國中 二	17	8.9	5	47	16.7	3	54	23	2	60	19.5	2	33	14.4	3
國中 三	35	18.4	1	77	27.3	1	70	29.8	1	133	43.3	1	47	20.5	1
高中 一	30	15.8	2	64	22.7	2	37	15.7	3	23	7.5	4	41	17.9	2
高中 二	28	14.7	3	26	9.2	5	16	6.8	5	28	9.1	3	16	7.0	
高中 三	9	4.7		6	2.1		3	1.3		5	1.6		11	4.8	
高職 一	22	11.6	4	33	11.7	4	10	4.3		18	5.9		22	9.6	4
高職 二	12	6.3		13	4.6		9	3.8		21	6.8	5	13	5.7	
高職 三	9	4.7		5	1.8		4	1.7		3	1.0		6	2.6	
備註															

18032			11057			12009			17027			12015			12033		
40512			40512			40512			40512			40512			40512		
260. 賣柑者言			259. 論廉恥			258. 澠池之會			257. 群英會			256. 廉頗藺相如列傳			255. 鄒忌諷齊王		
明·劉基			論語			漢·司馬遷			元·羅貫中			漢·司馬遷			漢·劉向		
記			論			記			記			記			記		
文			文			文			文			文			文		
次序	%	次數	次序	%	次數	次序	%	次數	次序	%	次數	次序	%	次數	次序	%	次數
5	7.4	27	2	22.1	80	4	15.6	56	2	21.6	54	5	10.6	46	5	12.8	46
2	20.8	76	4	17.4	63	2	22.3	80	3	19.2	48	3	21.2	92	2	20.4	73
4	18.9	69	5	13.8	50	3	21.5	77	5	15.6	39	4	15.4	67	4	16.2	58
1	33.3	122	1	24.6	89	1	29.6	106	1	25.6	64	1	33.4	145	1	32.1	115
3	19.7	72	2	22.1	80	5	10.9	39	4	18.0	45	2	19.4	84	3	18.4	66
	0.8	3		3.9	12		0.9	3		2.3	5		4.3	18		0.6	2
	3.1	11		6.3	19		1.9	6		2.3	5		5.0	21		1.2	4
5	6.9	25	5	7.9	24		1.6	5		5.5	12		3.1	13		4.3	14
2	21.4	77	2	17.1	52	2	22.0	70	4	10.1	22	4	10.6	44	2	28.1	91
1	28.3	102	1	22.0	67	1	30.8	98	1	22.5	49	1	23.0	96	1	29.6	96
3	16.9	61	3	15.1	46	4	11.3	36	2	19.7	43	2	14.4	60	3	13.0	42
	5.0	18		5.6	17	3	12.3	39	4	10.1	22	3	12.7	53	4	8.3	27
	1.7	6		2.3	7		3.1	10		2.8	6		4.8	20		2.5	8
4	11.4	41	4	13.5	41		4.7	15	3	14.7	32	5	10.1	42	5	6.2	20
	3.9	14		4.6	14	5	9.1	29		6.4	14		6.7	28		4.3	14
	0.6	2		1.6	5		2.2	7		3.7	8		5.3	22		1.9	6

項目		261 次數	261 %	261 次序	262 次數	262 %	262 次序	263 次數	263 %	263 次序	264 次數	264 %	264 次序	265 次數	265 %	265 次序
問卷選文編號		16067			14078			19080			21287			21260		
分類編號		40512			40512			40512			40521			40521		
篇名		261. 賣油翁			262. 種樹郭橐駝傳			263. 觀巴黎油畫院記			264. 力行的要旨			265. 孔子與教師節		
作者		宋・歐陽修			唐・柳宗元			清・薛福成			民・蔣中正			民・程天放		
文體		記			記			記			論			論		
文言白話		文			文			文			白			白		
調查結果		次數	%	次序	次數	%	次序	次數	%	次序	次數	%	次序	次數	%	次序
宜否作為教材	否	37	11.5	5	37	9.7	5	56	15.9	4	42	12.2	5	52	23.4	2
	可	76	23.5	2	75	19.6	3	76	21.5	2	88	25.6	2	50	22.5	3
	中	56	17.3	3	56	14.7	4	76	21.5	2	62	18.0	3	42	18.9	4
	佳	99	30.7	1	138	36.1	1	95	26.9	1	96	27.9	1	53	23.9	1
	優	55	17.0	4	76	19.9	2	50	14.2	5	56	16.3	4	25	11.3	5
適用年級	國小 五	5	1.7		5	1.3		2	0.7		6	1.9		6	3.5	
	國小 六	17	5.7		7	1.9		3	1		7	2.2		18	10.5	5
	國中 一	51	17.2	3	21	5.6		20	6.7	5	9	2.8		21	12.3	4
	國中 二	64	21.5	2	54	14.5	3	72	24.2	2	40	12.7	2	24	14.0	3
	國中 三	69	23.2	1	94	25.2	1	126	42.3	1	133	42.1	1	34	19.9	1
	高中 一	28	9.4	4	72	19.3	2	30	10.1	3	38	12.0	3	27	15.8	2
	高中 二	17	5.7		39	10.5	4	10	3.4		22	7.0	4	9	5.3	
	高中 三	5	1.7		12	3.2		6	2		10	3.2		4	2.3	
	高職 一	27	9.1	5	34	9.1	5	21	7	4	20	6.3	5	18	10.5	5
	高職 二	10	3.4		23	6.2		6	2		19	6.0		7	4.1	
	高職 三	4	1.3		12	3.2		2	0.7		12	3.8		3	1.8	
備註																

21294			21253			21275			21328			21069			21062		
40521			40521			40521			40521			40521			40521		
266. 四維的意義			267. 自由與民主			268. 我心目中的世界			269. 我的新生活觀			270. 享福與吃苦			271. 青年的三大修養		
民·蔣中正			民·陶希聖			愛因斯坦著			民·蔡元培			民·何仲英			民·李石岑		
論			論			論			論			論			論		
白			白			白			白			白			白		
次數	%	次序	次數	%	次序	次數	%	次序	次數	%	次序	次數	%	次序	次數	%	次序
41	16.6	4	42	17.9	4	40	11.6	5	45	19.2	3	32	9.2	5	50	14.7	5
50	20.2	3	47	20.1	3	65	18.9	3	56	23.9	2	76	21.8	2	74	21.7	2
51	20.6	2	50	21.4	2	68	19.8	2	43	18.4	4	61	17.5	3	65	19.1	3
72	29.1	1	63	26.9	1	121	35.2	1	61	26.1	1	119	34.1	1	100	29.3	1
33	13.4	5	32	13.7	5	50	14.5	4	29	12.4	5	61	17.5	3	52	15.2	4
7	3.3		3	1.5		4	1.3		3	1.5		7	2.3		3	1	
12	5.7		10	5.0		19	6.2	4	6	3.0		17	6.1	4	4	1.3	
20	9.4	5	12	6.0		25	8.2	3	18	9.0	5	31	11.9	3	10	3.4	5
28	13.2	3	27	13.4	3	94	30.8	2	34	17.1	2	14	23.9	2	40	13.4	3
42	19.8	1	49	24.4	1	100	32.8	1	44	22.1	1	137	44.2	1	145	48.7	1
34	16.0	2	37	18.4	2	26	8.5		32	16.7	3	12	3.9		49	16.4	2
16	7.5		17	8.5	5	10	3.3		13	6.5		5	1.6		10	3.4	5
5	2.4		7	3.5		2	0.7		7	3.5					2	0.7	
26	12.3	4	24	11.9	4	17	5.6	5	23	11.6	4	13	4.2	5	26	8.7	4
18	8.5		6	3.0		4	1.3		13	6.5		4	1.3		6	2	
4	1.9		9	4.5		4	1.3		6	3.0		2	0.6		3	1	

問卷選文編號	21329			21340			21330			21339			21181		
分類編號	40521			40521			40521			40521			40521		
篇名	272. 美育與人生			273. 爲什麼要愛國			274. 怎樣纔配稱做現代學生			275. 報紙的言論			276. 結善緣		
作者	民·蔡元培			潘大道			民·蔡元培			民·潘公弼			民·陳幸蕙		
文體	論			論			論			論			論		
文言 白話	白			白			白			白			白		
調查結果	次數	%	次序	次數	%	次序	次數	%	次序	次數	%	次序	次數	%	次序
宜否作爲教材 否	48	13.6	5	35	17.2	3	49	21.7	3	52	16.8	4	41	13.8	5
可	63	17.9	3	50	24.6	2	51	22.6	2	61	19.7	3	61	20.5	2
中	84	23.9	2	34	16.7	4	35	15.5	4	67	21.6	2	47	15.8	4
佳	101	28.7	1	56	27.6	1	60	26.5	1	87	28.1	1	96	32.3	1
優	56	15.9	4	28	13.8	5	31	13.7	5	43	13.9	5	52	17.5	3
適用年級 國小 五	8	2.6		17	10.1	5	5	2.7		3	1.1		8	3.2	
六	10	3.2		19	11.3	4	9	4.8		9	3.4		12	4.8	
國中 一	14	4.5		30	17.9	2	29	15.6	3	8	3.0		42	16.9	3
二	79	25.3	2	22	13.1	3	35	18.8	2	28	10.6	2	70	28.1	2
三	97	31.1	1	32	19.0	1	40	21.5	1	134	50.8	1	78	31.3	1
高中 一	30	9.6	3	13	7.7		23	12.4	4	26	9.8	3	16	6.4	4
二	17	5.4	5	6	3.6		12	6.5		11	4.2		4	1.6	
三	4	1.3		3	1.8		3	1.6		9	3.4		4	1.6	
高職 一	30	9.6	3	16	9.5		21	11.3	5	17	6.4	4	13	5.2	5
二	17	5.4	5	6	3.6		8	4.3		12	4.5	5	1	0.4	
三	6	1.9		4	2.4		1	0.5		7	2.7		1	0.4	
備註															

21215			21263			21371			21214			21374			21272		
40521			40521			40521			40521			40521			40521		
282. 舊			281. 學問與遊歷			280. 論自我實現			279. 論散文			278. 榮譽與愛榮譽			277. 智慧的累積		
民・梁實秋			開明少年			民・羅家倫			民・梁實秋			民・羅家倫			民・楊宗珍		
論			論			論			論			論			論		
白			白			白			白			白			白		
次序	%	次數	次序	%	次數	次序	%	次數	次序	%	次數	次序	%	次數	次序	%	次數
2	25.9	49	4	18.1	41	5	11.5	37	2	21.6	59	3	17.8	35	5	10.3	32
4	16.4	31	3	18.9	43	2	19.9	64	3	19.8	54	2	23.4	46	3	19.7	61
3	19.0	36	2	24.2	55	3	18.6	60	4	19.0	52	4	16.2	32	2	20.0	62
1	30.2	57	1	27.3	62	1	31.4	101	1	30.0	82	1	28.9	57	1	35.2	109
5	8.5	16	5	11.5	26	3	18.6	60	5	9.5	26	5	13.7	27	4	14.8	46
	0.7	1		2.7	5		1.0	3		0.4	1		4.2	7		1.1	3
	4.3	6		4.4	8		1.3	4		2.2	5		7.1	12		3.3	9
	10.6	15	3	13.7	25	5	4.4	13		5.3	12		6.5	11	3	7.4	20
3	14.2	20	2	22.4	41	2	19.9	59	2	18.7	42	2	17.3	29	2	34.3	93
1	18.4	26	1	33.9	62	1	40.7	121	1	25.3	57	1	23.2	39	1	38.7	105
2	16.3	23	4	8.7	16	3	12.8	38	3	17.8	40	4	11.3	19	4	5.9	16
4	12.8	18		2.7	5		2.7	8	5	7.1	16		4.8	8		2.2	6
	2.8	4		1.1	2		3.4	10		2.7	6		2.4	4		0	0
4	12.8	18	5	6.6	12	4	8.8	26	4	13.3	30	3	14.3	24	5	4.4	12
	6.4	9		3.3	6		2.4	7		5.8	13	5	7.7	13		1.8	5
	0.7	1		0.5	1		2.7	8		1.3	3		1.2	2		0.7	2

問卷選文編號	21289			11028			16092			11047			19053		
分類編號	40521			40522			40522			40522			40522		
篇名	283. 禮義廉恥的精義			284. 大丈夫之志節			285. 日喻			286. 四維			287. 口立說		
作者	民・蔣中正			孟子			宋・蘇軾			春秋・管仲			清・張士元		
文體	論			論			論			論			論		
文言 白話	白			文			文			文			文		
調查結果	次數	%	次序	次數	%	次序	次數	%	次序	次數	%	次序	次數	%	次序
宜否作爲教材 否	43	19.8	2	76	22.8	2	43	11.7	5	27	6.4	5	34	11	5
可	43	19.8	2	61	18.3	4	76	20.7	2	85	20.3	3	60	19.5	3
中	34	15.7	5	45	13.5	5	58	15.8	4	59	14.1	4	61	19.8	2
佳	58	26.7	1	83	24.9	1	125	34.1	1	147	35.1	1	102	33.1	1
優	39	18.0	4	69	20.7	3	65	17.7	3	101	24.1	2	51	16.6	4
適用年級 國小 五	8	4.4		7	2.4		1	0.3		7	1.8		3	1.1	
六	8	4.4		1	0.3		5	1.5		19	4.9		3	1.1	
國中 一	25	13.9	3	15	5.2		4	1.2		20	5.1		11	4.2	
二	18	10.0	5	27	9.3	4	54	15.7	3	60	15.4	3	51	19.3	2
三	32	17.8	1	56	19.4	1	145	42.3	1	92	23.6	1	113	42.8	1
高中 一	28	15.6	2	55	19.0	2	55	16.0	2	82	21.0	2	31	11.7	3
二	16	8.9		36	12.5	3	27	7.9	4	43	11.0	5	18	6.8	4
三	6	3.3		25	8.7	5	6	1.7		13	3.3		10	3.8	
高職 一	23	12.8	4	25	8.7	5	25	7.3	5	60	15.4	3	18	6.8	4
二	10	5.6		24	8.3		16	4.7		30	7.7		14	5.3	
三	6	3.3		18	6.2		5	1.5		7	1.8		10	3.8	
備註															

18024			11023			19020			21324			11073			21326		
40522			40522			40522			40522			40522			40522		
293. 幽夢影選			292. 紀孝行章			291. 治生說			290. 舍己爲群			289. 孝經六章			288. 自由與放縱		
明·張潮			孝經			清·汪琬			民·蔡元培			戰國·曾子弟子			民·蔡元培		
論文			論文			論文			論文			論文			論文		
次序	%	次數	次序	%	次數	次序	%	次數	次序	%	次數	次序	%	次數	次序	%	次數
5	12.1	39	3	16.1	55	2	22.6	52	2	20.7	42	5	11.8	47	5	10.2	38
3	18.7	60	2	25.5	87	4	17.8	41	4	19.2	39	2	21.6	86	2	21.2	79
4	15.9	51	3	16.1	55	3	21.3	49	2	20.7	42	4	15.8	63	4	16.9	63
1	31.8	102	1	27.0	92	1	27.8	64	1	26.1	53	1	30.7	122	1	30.9	115
2	21.5	69	5	15.2	52	5	10.4	24	5	13.3	27	3	20.1	80	3	20.7	77
	0.3	1		1.6	5					0.6	1		0.7	3		1.4	5
	0.7	2		2.0	6					2.3	4		2.2	9		2.8	10
	3.3	10		5.9	18		2.7	5		4.5	8		1.7	7		2.3	8
2	22.8	70	2	17.7	54	3	14.1	26	3	14.2	25		3.9	16	2	16.9	60
1	24.8	76	1	35.1	107	1	30.8	57	1	23.3	41	1	15.4	63	1	40.0	142
3	14.7	45	3	11.8	36	2	17.3	32	2	19.3	34	5	13.9	57	3	13.5	48
5	7.8	24	4	7.5	23	3	14.1	26	4	11.9	21	3	14.1	58		3.9	14
	5.5	17		5.2	16		3.2	6		2.8	5	3	14.1	58		2.3	8
4	8.1	25	5	6.6	20	5	8.6	16		8.5	15		8.5	35	4	9.6	34
5	7.8	24		4.6	14		7	13	5	9.1	16		10.5	43	5	4.8	17
	4.2	13		2.0	6		2.2	4		3.4	6	2	14.9	61		2.5	9

問卷選文編號	19077			19013			16003			11026			21200		
分類編號	40522			40522			40522			40522			40522		
篇名	294. 弈喻			295. 勤訓			296. 傷仲永			297. 舜發於畎畝之中章			298. 論毅力		
作者	清・錢大昕			清・李文炤			宋・王安石			孟子			民・梁啓超		
文體	論			論			論			論			論		
文言／白話	文			文			文			文			文		
調查結果	次數	%	次序	次數	%	次序	次數	%	次序	次數	%	次序	次數	%	次序
宜否作爲教材 否	35	10	5	29	8.1	5	49	16.5	4	71	19.5	4	66	20.0	3
宜否作爲教材 可	74	21.1	2	56	15.6	3	57	19.2	3	75	20.6	3	68	20.6	2
宜否作爲教材 中	56	16	3	45	12.6	4	64	21.5	2	49	13.5	5	63	19.1	4
宜否作爲教材 佳	131	37.3	1	128	35.8	1	80	26.9	1	90	24.7	1	85	25.8	1
宜否作爲教材 優	55	15.7	4	100	27.9	2	47	15.8	5	79	21.7	2	48	14.5	5
適用年級 國小 五	1	0.3		4	1.2		3	1.1		5	1.6		5	1.8	
適用年級 國小 六	8	2.5		3	0.9		7	2.6		4	1.3		5	1.8	
適用年級 國中 一	37	11.5	4	21	6.2	4	21	7.8		19	6.1		19	7.0	5
適用年級 國中 二	64	19.8	2	99	29.3	2	52	19.3	2	44	14.1	2	65	23.8	2
適用年級 國中 三	106	32.8	1	135	39.9	1	64	23.7	1	109	34.8	1	87	31.9	1
適用年級 高中 一	42	13	3	22	6.5	3	37	13.7	3	38	12.1	3	33	12.1	3
適用年級 高中 二	22	6.8	5	10	3		26	9.6	4	25	8.0	5	15	5.5	
適用年級 高中 三	4	1.2		6	1.8		13	4.8		9	2.9		6	2.2	
適用年級 高職 一	19	5.9		20	5.9	5	23	8.5	5	31	9.9	4	21	7.7	4
適用年級 高職 二	13	4		15	4.4		18	6.7		24	7.7		13	4.8	
適用年級 高職 三	7	2.2		3	0.9		6	2.2		5	1.6		4	1.5	
備註															

18007			21362			21153			21302			18031			21050		
40522			40531			40531			40541			40541			40541		
299. 藺相如完璧歸趙論			300. 故鄉			301. 興奮和惆悵			302. 弘揚孔孟學說與復興中華文化			303. 論子書			304. 索忍尼辛的讜論		
明·王世貞			民·謝冰瑩			民·徐鍾珮			民·蔣中正			明·楊繼盛			自立晚報		
論			抒			抒			應			應			應		
文			白			白			白			白			白		
次數	%	次序	次數	%	次序	次數	%	次序	次數	%	次序	次數	%	次序	次數	%	次序
45	13.0	5	34	13.6	5	38	18.8	4	55	18.5	3	38	15.0	4	54	14.9	5
70	20.2	3	48	19.2	3	42	20.8	3	67	22.6	2	50	19.8	3	75	20.7	2
72	20.7	2	52	20.8	2	44	21.8	2	55	18.5	3	53	20.9	2	69	19.1	3
111	32.0	1	79	31.6	1	54	26.7	1	78	26.3	1	79	31.2	1	96	26.5	1
49	14.1	4	37	14.8	4	24	11.9	5	42	14.1	5	33	13.0	5	68	18.8	4
7	2.2		9	4.2		3	1.8		1	0.4		3	1.3		3	1	
9	2.8		25	11.6	4	9	5.3		4	1.6		13	5.7		6	1.9	
7	2.2		44	20.5	3	25	14.8	4	6	2.4		15	6.6	5	17	5.4	
18	5.6		46	21.4	2	29	17.2	2	32	12.6	3	39	17.0	3	55	17.5	2
68	21.2	1	49	22.8	1	38	22.5	1	105	41.3	1	59	25.8	1	103	32.7	1
67	20.9	2	18	8.4	5	26	15.4	3	42	16.5	2	48	21.0	2	48	15.2	3
50	15.6	3	3	1.4		6	3.6		19	7.5	4	12	5.2		21	6.7	5
32	10.0	4	4	1.9		1	0.6		10	3.9		6	2.6		13	4.1	
17	5.3		13	6.0		23	13.6	5	19	7.5	4	18	7.9	4	27	8.6	4
27	8.4	5	2	0.9		8	4.7		11	4.3		14	6.1		13	4.1	
19	5.9		2	0.9		1	0.6		5	2.0		2	0.9		9	2.9	

問卷選文編號	21156			21207			19006			14019			18037		
分類編號	40541			40541			40542			40542			40542		
篇名	305. 給自由中國			306. 敬業與樂業			307. 示子孝威孝寬			308. 山中與裴迪秀才書			309. 告諸將士屯田書		
作者	(蘇)索忍尼辛			民·梁啓超			清·左宗棠			唐·王維			明·鄭成功		
文體	應			應			應			應			應		
文言白話	白			白			文			文			文		
調查結果	次數	%	次序	次數	%	次序	次數	%	次序	次數	%	次序	次數	%	次序
宜否作爲教材 否	51	13.2	5	33	9.6	5	41	14.9	4	28	6.8	5	46	17.7	4
可	76	19.6	3	68	19.8	3	60	21.7	2	77	18.7	3	51	19.6	2
中	55	14.2	4	68	19.8	3	44	15.9	3	63	15.3	4	51	19.6	2
佳	126	32.6	1	92	26.8	1	92	33.3	1	143	34.8	1	81	31.2	1
優	79	20.4	2	82	23.9	2	39	14.1	5	100	24.3	2	31	11.9	5
適用年級 國小 五	5	1.3		4	1.2		1	0.4		3	0.8		0	0	
六	10	2.7		6	1.9					6	1.5		2	0.9	
國中 一	15	4		6	1.9		13	5.3		16	4.1		5	2.1	
二	36	9.7	5	35	10.9	4	46	18.9	2	75	19.0	2	27	11.6	3
三	94	25.3	1	141	43.9	1	78	32	1	124	31.4	1	71	30.5	1
高中 一	78	21	2	36	11.2	3	43	17.6	3	61	15.4	3	47	20.2	2
二	45	12.1	3	13	4.0		19	7.8	5	34	8.6	4	25	10.7	4
三	7	1.9		5	1.6		3	1.2		8	2.0		7	3.0	
中高職 一	42	11.3	4	37	11.5	2	22	9	4	33	8.4	5	21	9.0	5
二	29	7.8		23	7.2		16	6.6		31	7.8		21	9.0	5
三	11	3		15	4.7	5	3	1.2		4	1.0		7	3.0	
備註															

19012			21113			18038			13024			19059			12022		
40542			40542			40542			40542			40542			40542		
315.儉訓			314.興趣			313.與荷蘭守將書			312.與宋元思書			311.與諸弟書			310.座右銘		
清·李文炤			民·胡適			明·鄭成功			六朝·吳均			清·曾國藩			崔瑗		
應			應			應			應			應			應		
文			文			文			文			文			文		
次序	%	次數	次序	%	次數	次序	%	次數	次序	%	次數	次序	%	次數	次序	%	次數
5	7.2	27	2	24.3	44	5	9.5	33	4	15.0	51	4	12.5	37	5	6.2	26
3	17.4	65	4	17.7	32	3	18.7	65	3	17.9	61	3	22.4	66	3	17.2	72
4	12	45	3	19.3	35	4	18.2	63	5	12.4	42	2	23.4	69	4	12.0	50
1	34.8	130	1	28.2	51	1	30.0	104	1	33.2	113	1	30.8	91	1	33.0	138
2	28.6	107	5	10.5	19	2	23.6	82	2	21.5	73	5	10.8	32	2	31.6	132
	0.8	3		3.5	5		0	0		1.0	3		1.1	3		2.7	11
	1.4	5		5.6	8		0.3	1					1.8	5		4.4	18
5	6.7	24	5	8.5	12		2.1	7	5	5.0	15		3.9	11	5	5.1	21
2	31.8	114	2	16.9	24	2	12.7	42	2	32.1	97	2	14.1	40	2	18.6	77
1	35.7	128	1	21.1	30	1	53.5	177	1	35.1	106	1	18.3	52	1	38.5	159
3	7	25	4	12.7	18	3	8.5	28	4	7.0	21	1	18.3	52	3	11.4	47
	3.1	11	5	8.5	12	4	7.3	24	3	7.3	22	5	9.9	28		3.4	14
	1.7	6					2.1	7		3.3	10		6	17		1.9	8
3	7	25	3	14.1	20	5	6.6	22		3.3	10	4	12.7	36	4	8.2	34
	3.1	11	5	8.5	12		5.7	19		4.3	13	5	9.9	28		3.6	15
	1.9	7		0.7	1		1.2	4		1.7	5		4.2	12		2.2	9

問卷選文編號	19062			16007			17010			16041			14031		
分類編號	40542			40550			40550			40550			40550		
篇名	316. 論子紀鴻			317. 過零丁洋			318. 四時讀書樂			319. 四時田園雜興並引			320. 買花		
作者	清・曾國藩			宋・文天祥			元・翁森			宋・范成大			唐・白居易		
文體	應			詩			詩			詩			詩		
文言白話	文														
調查結果	次數	%	次序	次數	%	次序	次數	%	次序	次數	%	次序	次數	%	次序
宜否作為教材 否	42	15.3	4	43	11.4	5	30	7.3	5	42	18.3	3	39	14.9	4
可	58	21.2	2	67	17.8	3	69	16.8	3	44	19.2	2	68	26.0	2
中	51	18.6	3	57	15.1	4	53	12.9	4	40	17.5	4	48	18.3	3
佳	94	34.3	1	118	31.3	1	150	36.6	1	70	30.6	1	80	30.5	1
優	29	10.6	5	92	24.4	2	108	26.3	2	33	14.4	5	27	10.3	5
適用年級 國小 五	1	0.4		2	0.5		6	1.5		3	1.5		7	3.2	
國小 六				10	2.7		26	6.6	5	6	3.0		25	11.3	5
國中 一	13	5.4		14	3.7		18	4.6		12	6.1		25	11.3	5
國中 二	58	24.1	2	38	10.2	5	87	22.1	2	17	8.6	4	42	18.9	2
國中 三	81	33.6	1	81	21.7	1	158	40.2	1	54	27.4	1	45	20.3	1
高中 一	30	12.4	3	77	20.6	2	39	9.9	3	43	21.8	2	28	12.6	4
高中 二	15	6.2	4	39	10.4	3	12	3.1		16	8.1	5	9	4.1	
高中 三	8	3.3		18	4.8		7	1.8		7	3.6		3	1.4	
高職 一	15	6.2	4	42	11.2		28	7.1	4	27	13.7	3	30	13.5	3
高職 二	14	5.8		39	10.4	3	8	2.0		11	5.6		3	1.4	
高職 三	6	2.5		14	3.7		4	1.0		1	0.5		5	2.3	
備註															

19074			14035			15003			16016			16018			14018		
40560			40560			40560			40560			40560			40550		
326. 四時田家苦樂歌			325. 憶江南			324. 虞美人			323. 相見歡			322. 西江月			321. 輞川閒居贈裴秀才迪		
清·鄭燮			唐·白居易			五代·李煜			宋·朱敦儒			宋·辛棄疾			唐·王維		
詞			詞			詞			詞			詞			詩		
次序	%	次數	次序	%	次數	次序	%	次數	次序	%	次數	次序	%	次數	次序	%	次數
5	7.7	28	5	4.6	18	5	4.3	20	5	12.1	38	5	8.5	32	5	5.7	21
2	22.3	81	3	20.6	80	3	17.4	80	2	25.2	79	3	22.4	84	3	21.9	80
4	15.7	57	4	15.7	61	4	10.7	49	3	15.7	49	4	14.9	56	4	16.1	59
1	33.1	120	1	36.9	143	1	36.3	167	1	32.3	101	1	31.5	118	1	33.6	123
3	21.2	77	2	22.2	86	2	31.3	144	4	14.7	46	2	22.7	85	2	22.7	83
	2.6	9		6.0	23		0.6	3		1.7	5		1.1	4		1.6	6
	4.7	16	3	13.6	52		3.0	15		1.3	4		2.4	9		3.8	14
4	7.3	25	4	13.1	50		1.8	9		1.3	4		2.4	9		6.9	25
2	20.7	71	2	16.7	64	5	7.8	39	5	8.4	25	2	15.6	58	2	17.0	62
1	38.8	133	1	17.8	68	1	21.7	109	1	19.4	58	1	28.5	106	1	21.7	79
3	8.5	29	5	12.0	46	4	13.3	67	3	15.1	45	5	8.9	33	3	16.8	61
	3.5	17		5.7	22	2	19.5	98	2	18.7	56	3	12.9	48	5	8.5	31
	2	7		0.8	3		5.0	25		6.0	18		6.2	23		2.2	8
4	7.3	25		9.1	35		7.6	38		9.0	27		5.1	19	4	12.4	45
	4.1	14		3.9	15	3	15.3	77	4	14.4	43	4	11.8	44		8.2	30
	0.6	2		1.3	5		4.6	23		4.7	14		5.1	19		0.8	3

問卷選文編號	17017	19075	17022	17025	17021
分類編號	40570	40570	40570	40570	40570
篇名	327.水仙子(春晚)	328.道情二首	329.水仙子	330.四塊玉	331.梧葉兒
作者	元·張可久	清·鄭燮	元·張養浩	元·關漢卿	元·張可久
文體	曲	曲	曲	曲	曲
文言·白話					

調查結果		327 次數	327 %	327 次序	328 次數	328 %	328 次序	329 次數	329 %	329 次序	330 次數	330 %	330 次序	331 次數	331 %	331 次序
宜否作爲教材	否	35	13.1	5	39	11.9	5	37	12.8	5	46	14.4	4	46	15.4	5
	可	67	25.1	2	61	18.6	2	65	22.6	2	64	20.0	2	65	21.8	2
	中	48	18.0	3	56	17.1	4	51	17.7	3	62	19.4	3	48	16.1	3
	佳	75	28.1	1	112	34.1	1	86	29.9	1	104	32.5	1	91	30.5	1
	優	42	15.7	4	60	18.3	3	49	17.0	4	44	13.7	5	48	16.1	3
適用年級 國小	五	2	0.8		4	1.4		3	1.1		0	0		1	0.4	
	六	0	0		9	3		0	0		4	1.4		0	0	
國中	一	2	0.8		17	5.7		2	0.8		4	1.4		1	0.4	
	二	7	2.7		47	15.9	2	34	12.8	2	27	9.3	5	32	12.0	2
	三	69	26.4	1	115	38.9	1	108	40.8	1	102	35.1	1	118	44.2	1
高中	一	34	13.0	3	35	11.8	3	22	8.3	4	30	10.3	2	19	7.1	5
	二	37	14.2	2	13	4.4		22	8.3	4	21	7.2		30	11.2	3
	三	34	13.0	3	11	3.7		28	10.6	3	29	10.0	4	23	8.6	4
高職	一	21	8.0		19	6.4	4	8	3.0		19	6.5		6	2.2	
	二	26	10.0		18	6.1	5	16	6.0		25	8.6		19	7.1	5
	三	29	11.1	5	8	2.7		22	8.3	4	30	10.3	2	18	6.7	
備註																

19015			21319			19069			21312			21311			17015		
40611			40611			40611			40611			40611			40570		
337. 范進中舉			336. 故都的回憶			335. 明湖居聽書			334. 永遠與自然同在			333. 一位平凡的偉人			332. 秋思		
清·吳敬梓			民·蔣夢麟			清·劉鶚			民·蔣經國			民·蔣經國			元·馬致遠		
記			記			記			記			記			曲		
白			白			白			白			白					
次序	%	次數	次序	%	次數	次序	%	次數	次序	%	次數	次序	%	次數	次序	%	次數
5	9.1	34	5	12.1	35	5	6.5	25	5	9.9	31	5	9.3	33	5	11.2	28
3	19.6	73	2	19.3	56	3	19.2	74	2	23.0	72	2	23.4	83	3	20.0	50
2	19.9	74	2	19.3	56	4	16.9	65	4	15.3	48	4	15.3	54	4	12.4	31
1	32.8	122	1	34.5	100	1	31.9	123	1	31.9	100	1	30.2	107	1	30.0	75
4	18.5	69	4	14.8	43	2	25.5	98	3	19.8	62	3	21.8	77	2	26.4	66
	1.1	4		1.1	3		0.5	2		2.9	9		4.1	14		1.6	4
	4.8	18		2.5	7		3.2	13		5.2	16	5	10.2	35		1.6	4
5	9.6	36		5.0	14		4.7	19	5	9.4	29	4	14.9	51		2.0	5
4	12.5	47	4	8.2	23	4	11.1	45	3	15.2	47	2	16.0	55		7.6	19
3	13.9	52	3	14.2	40	3	14	57	4	11.0	34		8.2	28	1	19.3	48
1	23.5	88	1	33.3	94	1	34.2	139	1	27.2	84	1	18.4	63	2	14.5	36
	7.2	27	5	6.4	18	5	6.4	26		5.5	17		5.0	17	5	10.4	26
	1.3	5		3.2	9		1.5	6		0	0		0.9	3	4	13.7	34
2	18.1	68	2	18.1	51	2	19.7	78	2	18.1	56	2	16.0	55		8.0	20
	7.7	29		5.7	16		4.9	20		4.5	14		6.4	22		7.2	18
	0.3	1		2.5	7		0.5	2		1.0	3		0	0	3	14.1	35

問卷選文編號		17007			17005			21037			19041			21213	
分類編號		40611			40611			40611			40611			40611	
篇名		338. 高太尉計害林沖			339. 魯智深大鬧桃花村			340. 槳聲燈影裡的秦淮河			341. 劉老老			342. 曬書記	
作者		元・施耐庵			元・施耐庵			民・朱自清			清・曹霑			民・梁實秋	
文體		記			記			記			記			記	
文言白話		白			白			白			白			白	
調查結果		次數	%	次序	次數	%	次序	次數	%	次序	次數	%	次序	次數	%	次序
宜否作為教材	否	63	22.7	2	46	14.6	4	58	22.1	2	32	8.7	5	40	13.2	5
	可	59	21.3	4	70	22.3	2	58	22.1	2	82	22.4	3	60	19.9	2
	中	62	22.4	3	67	21.3	3	50	19.1	4	83	22.7	2	59	19.5	3
	佳	69	24.9	1	102	32.5	1	72	27.5	1	108	29.5	1	101	33.4	1
	優	24	8.7	5	29	9.2	5	24	9.2	5	61	16.7	4	42	13.9	4
適用年級 國小	五	4	1.7		4	1.4		2	0.9		6	1.6		3	1.1	
	六	12	5.0		17	5.7		9	4.1		22	5.9		14	5.2	
國中	一	13	5.4		19	6.4		17	7.8		26	7	5	26	9.7	5
	二	26	10.8	4	30	10.1	4	30	13.7	3	32	8.6	4	50	18.6	2
	三	44	18.3	2	51	17.2	2	32	14.6	2	49	13.1	3	50	18.6	2
高中	一	60	25.0	1	72	24.3	1	36	16.4	1	114	30.5	1	60	22.3	1
	二	20	8.3	5	28	9.5	5	25	11.4	4	26	7	5	15	5.6	
	三	4	1.7		6	2.0		21	9.6		6	1.6		0	0	
高職	一	41	17.1	3	49	16.6	3	23	10.5	5	68	18.7	2	34	12.6	4
	二	13	5.4		17	5.7		11	5		16	4.3		14	5.2	
	三	3	1.3		3	1.0		13	5.9		9	2.4		3	1.1	
備註																

11013			19010			19001			13016			11008			19039		
40612			40612			40612			40612			40612			40612		
348. 列子寓言選			347. 北堂侍膳圖記			346. 左忠毅公軼事			345. 世說新語五則			344. 少康中興			343. 口技		
列子			清・朱琦			清・方苞			南朝・宋 劉義慶			左傳			清・蒲松齡		
記			記			記			記			記			記		
文			文			文			文			文			文		
次序	%	次數	次序	%	次數	次序	%	次數	次序	%	次數	次序	%	次數	次序	%	次數
5	7.8	29	2	25	56	5	5.5	24	5	5.5	24	5	12.4	42	2	22.2	47
2	23.7	88	4	20.1	45	3	17.9	78	4	16.2	71	2	24.4	83	3	21.2	45
3	18.1	67	3	21.4	48	4	17	74	3	17.3	76	4	15.6	53	4	20.8	44
1	33.2	123	1	25.4	57	1	36.1	157	1	38.3	168	1	31.2	106	1	24.1	51
4	17.3	64	5	8	18	2	23.4	102	2	22.8	100	3	16.5	56	5	11.8	25
	1.9	7					0.4	2		1.3	6		3.6	12		0.6	1
	4.6	17					0.2	1		0.9	4	4	12.0	40		1.7	3
	5.4	20		1.7	3		0.8	4		8.0	37		3.6	12		4.4	8
3	14.0	52		8.4	15		3.0	15	4	15.1	70		9.0	30	4	10.5	19
2	17.0	63	3	18	32	4	8.8	44	3	15.5	72	3	12.6	42	2	23.2	42
1	18.1	67	1	21.3	38	1	43.9	220	1	21.3	99	1	17.1	57	1	27.6	50
5	10.2	38	1	21.3	38	3	10	50	5	9.5	44	2	16.5	55		7.2	13
	4.6	17		6.7	12		3	10		1.3	6		6.3	21		2.2	4
	10.0	37	4	10.1	18	2	26.3	132	2	16.6	77		8.1	27	3	13.3	24
4	10.5	39	4	10.1	18	5	3.6	18	5	9.5	44	5	8.4	28	5	7.7	14
	3.8	14		2.2	4		1	5		1.3	6		3.0	10		1.7	3

問卷選文編號	18041			19050			12027			16009			14080		
分類編號	40612			40612			40612			40612			40612		
篇名	349.先妣事略			350.先妣事略			351.孟母			352.肥水之戰			353.始得西山宴遊記		
作者	明·歸有光			清·張惠言			漢·劉向			宋·司馬光			唐·柳宗元		
文體	記			記			記			記			記		
文言白話	文			文			文			文			文		
調查結果	次數	%	次序	次數	%	次序	次數	%	次序	次數	%	次序	次數	%	次序
宜否作爲教材 否	46	12.1	5	45	17.9	4	47	17.5	4	58	18.1	3	29	7.1	5
可	71	18.6	2	57	22.6	2	59	22.0	2	58	18.1	3	72	17.6	3
中	65	17.1	4	52	20.6	3	58	21.6	3	60	18.7	2	60	14.7	4
佳	128	33.6	1	61	24.2	1	63	23.5	1	92	28.7	1	137	33.6	1
優	71	18.6	2	37	14.7	5	41	15.3	5	53	16.5	5	110	27.0	2
適用年級 國小 五	2	0.5								4	1.3		4	0.9	
六	2	0.5		2	0.9		3	1.0		10	3.4		2	0.5	
國中 一	4	1.0		1	0.4		3	1.0		2	0.7		6	1.4	
二	8	2.0		8	3.4		16	5.3		15	5.0		22	5.0	
三	33	8.4	5	22	9.4	5	18	5.9		40	13.4	3	34	7.7	5
高中 一	113	28.7	1	58	24.8	1	85	28.1	1	68	22.8	1	108	24.3	1
二	84	21.3	2	51	21.8	2	56	18.5	2	62	20.8	2	93	20.9	2
三	19	4.8		19	8.1		28	9.2	5	21	7.0		29	6.5	
高職 一	71	18.0	3	34	14.5	3	39	12.9	3	22	7.4	5	66	14.9	3
二	42	10.7	4	34	14.5	3	38	12.5	4	35	11.7	4	64	14.4	4
三	16	4.1		5	2.1		17	5.6		19	6.4		16	3.6	
備註															

354. 爲書掔肘			355. 范滂傳			356. 袁家渴記			357. 梅花嶺記			358. 黃花岡烈士事略序			359. 遊褒禪山記		
11020			13015			14081			19008			21129			16001		
40612			40612			40612			40612			40612			40612		
呂氏春秋			南朝・宋　范曄			唐・柳宗元			清・全祖望			民・孫文			宋・王安石		
記			記			記			記			記			記		
文			文			文			文			文			文		
次序	%	次數	次序	%	次數	次序	%	次數	次序	%	次數	次序	%	次數	次序	%	次數
3	21.7	53	2	25.4	62	4	16.6	51	5	9.5	36	5	7.4	27	5	10.9	39
2	23.8	58	4	18.0	44	2	22.4	69	3	19.7	75	3	19.8	72	2	23.2	83
4	19.7	48	3	22.1	54	3	22.1	68	2	22.1	84	4	16	58	3	21.3	76
1	27.0	66	1	25.4	62	1	24.7	76	1	31.8	121	1	30.6	111	1	30.8	110
5	7.8	19	5	9.0	22	5	14.3	44	4	16.8	64	2	26.2	95	4	13.7	49
	1.4	3					0.4	1		0.2	1		0.7	3		0	0
	1.9	4		0.5	1		0	0		0.5	2		1.2	5		0.5	2
	4.3	9		1.0	2		0.4	1		0.2	1		3.2	13		1.9	7
3	13.0	27		2.5	5		3.9	11		3.3	14	5	5	20		1.9	7
2	17.8	37		6.0	12	5	9.9	28	5	7.6	32	3	10.4	42	5	10.6	39
1	24.5	51	1	24.0	48	1	27.3	77	1	30.1	126	1	42.8	173	1	37.8	139
4	11.5	24	2	23.5	47	2	18.4	52	2	21.7	91	4	5.7	23	3	13.3	49
	5.8	12	4	11.5	23		5.7	16		3.3	14		1.2	5		1.4	5
5	9.1	19	5	8.5	17	3	17.7	50	3	19.3	81	2	25.5	103	2	19.8	73
5	9.1	19	3	15.5	31	4	12.8	36	4	11.5	48		3	12	4	11.4	42
	1.4	3		7.0	14		3.5	10		2.1	9		1.2	5		1.4	5

問卷選文編號	12028			12011			18034			16073			14025		
分類編號	40612			40612			40612			40620			40620		
篇名	360. 說苑四則（建本、復思、正諫、善說）			361. 鴻門之宴			362. 靈丘丈人			363. 採桑子			364. 欲與元八卜鄰先有是贈		
作者	漢・劉向			漢・司馬遷			明・劉基			宋・歐陽修			唐・白居易		
文體（文言）	記文			記文			記文			詞			詩		
文體（白話）															
調查結果	次數	%	次序	次數	%	次序	次數	%	次序	次數	%	次序	次數	%	次序
宜否作爲教材：否	38	12.5	4	54	13.8	5	43	14.2	4	48	21.8	2	48	20.3	3
宜否作爲教材：可	67	22.1	2	74	18.9	2	63	20.8	2	41	18.6	3	46	19.5	4
宜否作爲教材：中	62	20.5	3	74	18.9	2	63	20.8	2	34	15.5	4	52	22.0	2
宜否作爲教材：佳	104	34.3	1	126	32.2	1	92	30.4	1	70	31.8	1	60	25.4	1
宜否作爲教材：優	32	10.6	5	63	16.1	4	42	13.9	5	23	12.3	5	30	12.7	5
適用年級：國小五				1	0.3		1	0.3		1	0.5		1	0.5	
適用年級：國小六	3	1.0		12	3.2		1	0.3		8	0		3	1.4	
適用年級：國中一	3	1.0		5	1.3		6	2.0		2	1.0		3	1.4	
適用年級：國中二	16	5.3		30	8.0		14	4.6		11	5.6		13	6.0	5
適用年級：國中三	18	5.9		64	17.2	2	21	6.9	5	24	12.3	5	11	5.1	
適用年級：高中一	85	28.1	1	67	18.0	1	125	40.8	1	47	24.7	1	60	27.8	1
適用年級：高中二	56	18.5	2	60	16.1	3	24	7.8	3	35	17.9	2	50	23.1	2
適用年級：高中三	28	9.2	5	34	9.1	5	5	1.6		16	8.2		9	4.2	
適用年級：高職一	39	12.9	3	30	8.0		82	26.8	2	16	13.3	3	39	18.0	3
適用年級：高職二	38	12.5	4	44	11.8	4	23	7.5	4	25	12.8	4	25	11.6	4
適用年級：高職三	17	5.6		26	7.0		4	1.3		8	4.1		2	0.9	
備註															

21106			21290			21373			21216			21372			21064		
40621			40621			40621			40621			40621			40621		
370. 社會的不朽論			369. 我們國家的立場和國民的精神			368. 求學			367. 早起			366. 中國的出路—現代化			365. 山水與人生		
民・胡適			民・蔣中正			民・羅家倫			民・梁實秋			民・羅家倫			民・李霖燦		
論			論			論			論			論			論		
白			白			白			白			白			白		
次序	%	次數	次序	%	次數	次序	%	次數	次序	%	次數	次序	%	次數	次序	%	次數
1	24.5	48	3	18.5	49	3	16.1	35	4	16.5	44	1	25.0	45	5	12.2	33
3	20.9	41	2	22.6	60	2	22.1	48	3	19.2	51	3	21.1	38	3	21	57
4	18.9	37	5	15.8	42	3	16.1	35	2	20.3	54	4	19.4	35	2	22.5	61
1	24.5	48	1	25.7	68	1	35.0	76	1	29.3	78	1	25.0	45	1	30.3	82
5	11.2	22	4	17.4	46	5	10.6	23	5	14.7	39	5	9.4	17	4	14	38
	0.6	1		1.6	4		3.1	6		3.6	8		1.3	2		2.4	6
	0.6	1		2.0	5		5.7	11	3	12.6	28		3.3	5		2.4	6
	5.7	9		4.1	10	3	15.5	30	2	18.5	41		3.3	5		5.5	14
5	10.2	16		3.3	8	5	14.0	27	4	11.3	25	5	9.3	14	5	7.5	19
3	16.6	26	4	10.2	25	4	15.0	29	4	11.3	25	3	16.7	25	4	11.8	30
1	19.7	31	1	30.9	76	1	20.2	39	1	24.8	55	1	21.3	32	1	25.6	65
4	11.5	18	5	9.8	24		5.2	10		3.2	7	4	10.7	16	3	14.6	37
	4.5	7		4.9	12		0	0		0.9	2		3.3	5		0.8	3
2	19.1	30	2	19.5	48	2	16.6	32	4	11.3	25	2	17.3	26	2	18.5	47
	9.6	15	3	11.0	27		3.1	6		2.3	5		8.7	13	5	7.5	19
	1.9	3		2.8	7		1.6	3		0.5	1		4.7	7		3.5	9

問卷選文編號	21202			21179			21291			21046			21284		
分類編號	40621			40621			40621			40621			40621		
篇名	371. 爲學與做人			372. 哲學家皇帝			373. 時代考驗青年青年創造時代			374. 理想的白話文			375. 報國與思親		
作者	民・梁啓超			民・陳之藩			民・蔣中正			民・朱自清			民・蔣中正		
文體	論			論			論			論			論		
文言／白話	白			白			白			白			白		
調查結果	次數	%	次序	次數	%	次序	次數	%	次序	次數	%	次序	次數	%	次序
宜否作為教材 否	28	7.5	5	34	9.8	5	45	18.1	4	46	17.6	4	56	18.2	4
宜否作為教材 可	71	20.8	3	61	17.5	3	49	19.8	2	56	21.4	2	67	21.8	2
宜否作為教材 中	68	18.3	4	57	16.4	4	49	19.8	2	49	18.7	3	45	14.7	5
宜否作為教材 佳	101	28.8	1	106	30.5	1	65	26.2	1	71	27.1	1	81	26.4	1
宜否作為教材 優	91	24.5	2	90	25.9	2	40	16.1	5	40	15.3	5	58	18.9	3
適用年級 國小 五	10	2.6		3	0.9		4	1.7		4	1.7		5	1.8	
適用年級 國小 六	26	6.7		8	2.3		8	3.5		12	5.2		9	3.3	
適用年級 國中 一	36	9.3		16	4.5		7	3.0		18	7.9	5	7	2.5	
適用年級 國中 二	52	13.4	3	45	12.8	4	17	7.4	4	43	18.8	3	25	9.1	
適用年級 國中 三	57	14.7	2	60	17	3	43	18.7	2	45	19.7	2	34	12.3	4
適用年級 高中 一	59	15.2	1	106	30.1	1	68	29.6	1	52	22.7	1	69	25.0	1
適用年級 高中 二	43	11.1	5	20	5.7	5	14	6.1	5	11	4.8		36	13.0	3
適用年級 高中 三	18	4.6		3	0.9		7	3.0		2	0.9		13	4.7	
適用年級 高職 一	50	12.9	4	70	19.9	2	43	18.7	2	34	14.8	4	26	9.4	5
適用年級 高職 二	22	5.7		18	5.1		14	6.1	5	6	2.6		37	13.4	2
適用年級 高職 三	15	3.9		3	0.9		5	2.2		2	0.9		15	5.4	
備註															

21162			18020			21052			21206			21185			21161		
40621			40621			40621			40621			40621			40621		
381. 讀者可以自負之處			380. 陽明語錄一則（知行合一）			379. 藝術與人生			378. 學問之趣味			377. 過去現在與未來			376. 意念的表出		
民・夏丏尊			明・徐愛			民・吳經熊			民・梁啓超			民・陳立夫			民・夏丏尊		
論			論			論			論			論			論		
白			白			白			白			白			白		
次序	%	次數	次序	%	次數	次序	%	次數	次序	%	次數	次序	%	次數	次序	%	次數
2	22.9	56	2	23.6	54	5	12.1	35	5	9.8	35	3	22.0	59	2	21.2	57
3	18.4	45	4	19.2	44	2	24.5	71	2	22.5	80	4	21.3	57	4	19.3	52
4	16.7	41	3	20.1	46	3	21.7	63	3	19.4	69	1	22.4	60	3	20.8	56
1	29.8	73	1	24.9	57	1	27.6	80	1	29.8	106	1	22.4	60	1	26.4	71
5	12.2	30	5	12.2	28	4	14.1	41	4	18.5	66	5	11.9	32	5	12.3	33
	0.5	1		3.6	7		1.8	5		2.5	9		1.4	3		0.9	2
	2	4		6.3	12		3.3	9		2.5	9		6.3	14		0.9	2
	4	8		4.2	8		4	11		5.1	18	5	6.8	15		3	7
5	8.5	17		4.7	9	4	10.9	30	4	9.0	32	4	13.5	30	4	12.6	29
3	18.1	36	2	17.7	34	2	16.4	45	3	17.1	61	2	19.8	44	4	12.6	29
1	23.6	47	1	19.8	38	1	25.5	70	1	27.8	99	1	22.5	50	1	22.9	53
4	11.6	23	3	10.9	21	5	9.5	26		7.6	27		5.4	12	3	17.3	40
	2.5	5	5	8.9	17		1.1	3		0.8	3		1.8	4		2.2	5
2	21.1	42	4	9.4	18	3	16.1	44	2	18.3	65	3	16.7	37	2	17.7	41
	7.5	15		7.8	15		9.1	25	5	8.1	29		4.5	10		7.8	18
	0.5	1		6.8	13		2.2	6		1.1	4		1.4	3		2.2	5

項目		382 次數	382 %	382 次序	383 次數	383 %	383 次序	384 次數	384 %	384 次序	385 次數	385 %	385 次序	386 次數	386 %	386 次序
問卷選文編號		18004			19044			16053			18035			18001		
分類編號		40622			40622			40622			40622			40622		
篇名		382. 示弟立志說			383. 朱子讀書法			384. 君子喻於義 小人喻於利			385. 尚節亭記			386. 指喻		
作者		明・王守仁			清・陳澧			宋・陸九淵			明・劉基			明・方孝孺		
文體		論			論			論			論			論		
文言 白話		文			文			文			文			文		
調查結果		次數	%	次序	次數	%	次序	次數	%	次序	次數	%	次序	次數	%	次序
宜否作爲教材	否	47	21.9	3	47	20.8	3	48	15.9	5	38	13.8	4	35	10.3	5
	可	48	22.3	2	52	23	2	50	16.6	4	56	20.4	3	74	21.8	2
	中	31	14.4	4	37	16.4	4	56	18.6	2	65	23.6	2	50	14.7	4
	佳	63	29.3	1	59	26.1	1	93	30.9	1	81	29.5	1	119	35.0	1
	優	26	12.1	5	31	13.7	5	54	17.9	3	35	12.7	5	62	18.2	3
適用年級 國小	五	2	1.1		3	1.5		1	0.4		1	0.4		3	0.8	
	六	2	1.1		2	1		3	1.1		0	0		2	0.5	
國中	一	6	3.2		9	4.5		5	1.8		5	1.8		5	1.3	
	二	16	8.6	5	18	9	5	9	3.2		8	2.9		12	3.2	
	三	36	19.4	2	31	15.4	2	39	14.0	3	27	9.8	5	26	7.0	5
高中	一	53	28.5	1	52	25.9	1	62	22.2	1	79	28.7	1	119	31.9	1
	二	22	11.8	3	25	12.4	3	49	17.6	2	60	21.8	2	70	18.8	3
	三	8	4.3		13	6.5		24	8.6		8	2.9		9	2.4	
高職	一	22	11.8	3	25	12.4	3	34	12.2	5	45	16.4	3	73	19.6	2
	二	14	7.5		15	7.5		35	12.5	4	38	13.8	4	53	14.2	4
	三	5	2.7		8	4		18	6.5		4	1.5		1	0.3	
備註																

11033			16091			11006			21327			19056			16011		
40622			40622			40622			40622			40622			40622		
392. 國殤			391. 教戰守策			390. 曹劌論戰			389. 理信與迷信			388. 原才			387. 魯仲連義不帝秦		
屈原			宋・蘇軾			春秋・左丘明			民・蔡元培			清・曾國藩			宋・司馬光		
論文			論文			論文			論文			論文			論文		
次序	%	次數	次序	%	次數	次序	%	次數	次序	%	次數	次序	%	次數	次序	%	次數
5	10.6	44	5	7.7	32	5	6.3	29	5	15.9	46	5	15.5	43	5	11.1	41
2	22.7	74	3	18.1	75	2	22.1	101	2	19.7	57	3	18	50	2	20.5	76
4	15.9	66	4	16.1	67	4	13.1	60	2	19.7	57	2	19.8	55	3	17.0	63
1	32.5	135	1	32.5	135	1	39.8	182	1	28.7	83	1	30.9	86	1	35.6	132
3	18.3	76	2	25.5	106	3	18.6	85	4	15.9	46	4	15.8	44	4	15.9	59
	0.5	2		0	0		0.6	3		1.1	3					0.3	1
	2.1	1		0.2	1		2.1	11		1.5	4		0.4	1		0.5	2
	0.2	1		0	0		0.8	4		2.2	6		1.1	3		0.5	2
	2.5	11		1.1	5		4.3	22	4	12.6	34		4.6	12		3.0	12
4	9.0	37		5.2	24	5	10.1	52	2	18.5	50	2	17.9	47	5	8.9	35
1	29.0	126	1	27.5	128	1	26.9	139	1	29.6	80	1	18.6	49	1	27.6	109
2	18.9	82	2	24.9	116	2	18.2	94	5	7.8	21	3	16.7	44	3	17.5	69
5	7.6	33	5	7.3	34		5.8	30		2.6	7	4	13.3	35		4.8	19
3	15.9	61	3	15.2	71	4	13.6	70	3	14.8	40	5	9.5	25	2	20.0	79
	9.4	41	4	14.4	67	3	14.7	76		6.3	17		8.4	22	4	11.9	47
	4.8	21		4.3	20		2.9	15		3.0	8	5	9.5	25		5.1	20

問卷選文編號	18043			11049			16002			21368			21149		
分類編號	40622			40622			40622			40631			40631		
篇名	393. 廉恥			394. 論仁			395. 讀孟嘗君傳			396. 對吳稚暉先生致最崇高的哀敬			397. 翡冷翠山居閒話		
作者	明·顧炎武			論語			宋·王安石			民·羅家倫			民·徐志摩		
文體	論			論			論			抒			抒		
文言白話	文			文			文			白			白		
調查結果	次數	%	次序	次數	%	次序	次數	%	次序	次數	%	次序	次數	%	次序
宜否作爲教材 否	18	4.4	5	75	24.2	2	62	18.3	4	58	25.3	2	53	18.7	3
可	76	18.6	3	47	15.2	4	71	21.0	2	52	22.7	3	57	20.1	2
中	43	10.5	4	36	11.6	5	65	19.2	3	36	15.7	4	47	16.6	5
佳	142	34.8	1	90	29.0	1	88	26.0	1	64	27.9	1	78	27.6	1
優	129	31.6	2	62	20.0	3	52	15.4	5	19	8.3	5	48	17	4
適用年級 國小 五	2	0.4		5	2.0		1	0.3		2	1.1		4	1.6	
六	6	1.3		9	3.6		3	1.0		6	3.3		5	2	
國中 一	13	2.8		17	6.7		8	2.6		8	4.4		23	9.3	
二	18	3.9		36	14.3	3	26	8.4		22	12.2	4	44	17.9	3
三	52	11.2	3	42	16.7	2	52	16.9	3	24	13.3	3	36	14.6	2
高中 一	174	37.3	1	49	19.4	1	68	22.1	1	50	27.6	1	53	21.5	1
二	46	9.9	4	24	9.5	4	55	17.9	2	20	11.0	5	24	9.8	5
三	20	4.3		21	8.3		13	4.2		4	2.2		8	3.3	
高職 一	100	21.5	2	23	9.1	5	36	11.7	4	29	16.0	2	31	12.6	4
二	25	5.4	5	15	6.0		36	11.7	4	11	6.1		15	6.1	
三	10	2.1		11	4.4		10	3.2		5	2.8		3	1.2	
備註															

14037			14050			18003			18040			19029			21337		
40640			40640			40632			40632			40632			40631		
403. 與元微之書			402. 春夜宴桃李園序			401. 瘞旅文			400. 項脊軒志			399. 祭妹文			398. 靈山秀水挹清芬		
唐·白居易			唐·李白			明·王守仁			明·歸有光			清·袁枚			民·潘琦君		
應			應			抒文			抒文			抒文			抒白		
次序	%	次數	次序	%	次數	次序	%	次數	次序	%	次數	次序	%	次數	次序	%	次數
5	7.1	28	5	10.3	39	4	18.9	54	5	11.2	38	5	7.7	32	4	14.6	37
4	17.0	67	3	19.3	73	2	23.8	68	2	23.6	80	3	18.6	77	2	19.3	49
3	18.5	73	4	11.1	42	3	19.6	56	3	18.0	61	4	11.8	49	3	21.3	54
1	35.5	140	1	30.4	115	1	28.3	81	1	30.7	104	1	34.8	144	1	30.3	77
2	21.8	86	2	28.8	109	5	9.4	27	4	16.5	56	2	27.1	112	4	14.6	37
	0.2	1		1.3	5		0	0		0.3	1					0.8	2
	0.5	2		1.6	6		0.4	1		0.3	1		0.4	2		3.3	8
	0.9	4		2.1	8		0	0		1.2	4		0.4	2		7.1	17
	6.8	29		8.3	32		4.0	11		3.8	13		1.7	8	3	15.5	37
5	8.2	35	2	18.3	71	5	11.4	31	5	9.4	32		4.1	19	2	18.0	43
1	31.1	133	1	20.4	79	1	23.8	65	1	26.6	91	1	35.8	168	1	20.1	48
2	17.5	75	3	14.5	56	2	22.0	60	2	24.3	83	3	17.5	82	5	8.8	21
	3.3	14		6.2	24		8.8	24		3.5	12	5	4.9	23		3.3	8
3	17.3	74	4	12.4	48	3	13.2	36	3	17.8	61	2	20.7	97	4	11.3	27
4	12.1	52	5	10.6	41	4	12.8	35	4	11.1	38	4	13	61		8.4	20
	2.1	9		4.4	17		3.7	10		1.8	6		1.5	7		3.3	8

問卷選文編號	21112			21318			21317			16012			17023		
分類編號	40641			40641			40641			40642			40642		
篇名	404.科學的人生觀			405.這一代青年的新希望			406.寫給青年們的一封信			407.白鹿洞書院學規			408.春聯		
作者	民・胡適			民・蔣經國			民・蔣經國			宋・朱熹			元・趙孟頫		
文體	應			應			應			應			應		
文言白話	白			白			白			文			文		
調查結果	次數	%	次序	次數	%	次序	次數	%	次序	次數	%	次序	次數	%	次序
宜否作爲教材 否	44	18.5	4	40	15.6	5	38	12.8	5	50	12.3	5	37	17.4	3
可	46	19.3	3	50	19.5	3	67	22.6	3	79	19.4	3	45	21.1	2
中	55	23.1	2	44	17.1	4	40	13.5	4	67	16.5	4	31	14.6	5
佳	63	26.5	1	70	27.2	1	82	27.7	1	123	30.2	1	67	31.5	1
優	30	12.6	5	53	20.6	2	69	23.3	2	88	21.6	2	33	15.5	4
適用年級 國小 五	4	1.9		5	2.0		4	1.4		0	0		4	2.0	
六	2	1		9	3.6		5	1.7		3	0.7		8	4.0	
國中 一	13	6.2		13	5.3		20	6.8	5	1	0.2		6	3.0	
二	28	13.4	4	24	9.7	4	35	11.9	4	12	2.9		13	6.5	
三	41	19.6	2	27	10.9	3	40	13.6	3	32	7.6		29	14.5	3
高中 一	42	20.1	1	69	27.9	1	89	30.3	1	101	24.0	1	41	20.5	1
二	15	7.2		24	9.7	4	17	5.8		86	20.5	2	22	11.0	4
三	8	3.8		2	0.8		3	1.0		49	11.7	5	18	9.0	5
高職 一	32	15.3	3	56	22.7	2	62	21.1	2	53	12.6	3	30	15.0	2
二	19	9.1	5	18	7.3		13	4.4		53	12.6	3	17	8.5	
三	5	2.4		0	0		6	2.0		30	7.1		12	6.0	
備註															

14043			14062			14040			18011			21331			18005		
40650			40650			40650			40642			40642			40642		
414. 玉階怨			413. 月夜憶舍弟			412. 下終南山過斛斯山人宿置酒			411. 遺書			410. 祭中山先生文			409. 教條示龍場諸生		
唐・李白			唐・杜甫			唐・李白			明・史可法			民・蔡元培			明・王守仁		
詩			詩			詩			應文			應文			應文		
次序	%	次數	次序	%	次數	次序	%	次數	次序	%	次數	次序	%	次數	次序	%	次數
5	12.4	43	5	6.5	24	5	11.1	35	2	23.7	51	4	16.5	41	5	11.2	42
3	18.5	64	3	20.5	76	2	20.1	63	3	20.0	43	2	23.7	59	2	21.9	82
4	15.0	52	4	14.3	53	4	13.7	43	4	17.7	38	3	17.3	43	3	17.9	67
1	33.5	116	1	35.6	132	1	36.9	116	1	24.2	52	1	26.9	67	1	31.3	117
2	20.5	71	2	23.2	86	3	18.2	57	5	14.4	31	5	15.7	39	4	17.6	66
	1.2	4		3.0	11		1.0	3		0	0		0.4	1		0.3	1
	4.7	15		5.4	20		1.7	5		0.6	1		1.7	4		0.8	3
	8.7	28	5	9.1	34		4.8	14		1.1	2		3.0	7		0.5	2
3	15.6	50	4	14.0	52	2	19.5	57		7.9	14	5	9.4	22		2.3	9
4	11.2	36	2	16.4	61	3	17.1	50	3	17.4	31	2	18.0	42	5	10.1	39
1	23.7	76	1	20.7	77	1	21.8	64	1	19.7	35	1	27.9	65	1	29.5	114
5	9.3	30		8.9	33	5	9.9	29	2	18.5	33	4	10.7	25	3	17.9	69
	0.9	3		0.8	3		2.7	8		7.9	14		6.0	14		5.4	21
2	15.9	51	2	14.5	54	4	13.0	38	5	8.4	15	3	11.6	27	2	18.9	73
	8.1	26		7.0	26		6.5	19	4	14.6	26		7.7	18	4	11.4	44
	0.6	2		0.3	1		2.0	6		3.9	7		3.4	8		2.8	11

問卷選文編號	14055	14064	14034	14070	14049
分類編號	40650	40650	40650	40650	40650
篇名	415. 白雪歌送武判官歸京	416. 江南逢李龜年	417. 江樓聞砧	418. 泊秦淮	419. 長干行
作者	唐・岑參	唐・杜甫	唐・白居易	唐・杜牧	唐・李白
文體	詩	詩	詩	詩	詩
文言 白話					
備註					

調查結果		415 次數	415 %	415 次序	416 次數	416 %	416 次序	417 次數	417 %	417 次序	418 次數	418 %	418 次序	419 次數	419 %	419 次序
宜否作爲教材	否	53	20.1	3	38	10.4	5	22	6.9	5	28	7.7	5	34	8.6	5
	可	60	22.7	2	77	21.1	3	63	19.9	2	72	19.8	3	74	18.7	3
	中	47	17.8	4	43	11.8	4	50	15.8	3	58	15.9	4	49	12.4	4
	佳	71	26.9	1	129	35.3	1	137	43.2	1	124	34.1	1	128	32.4	1
	優	33	12.5	5	78	21.4	2	45	14.2	4	82	22.5	2	110	27.8	2
適用年級 國小	五	2	0.8		7	2.0		3	0.9		12	3.4		12	3.0	
	六	1	0.4		19	5.4		13	4.1		28	7.8		29	7.2	
國中	一	1	0.4		21	5.9		33	10.4	5	41	11.5	4	36	8.9	3
	二	23	9.5	5	41	11.6	4	67	21.2	2	42	11.8	3	35	8.7	4
	三	19	7.9		48	13.6	3	37	11.7	4	60	16.8	2	32	7.9	5
高中	一	67	27.8	1	90	25.5	1	68	21.5	1	77	21.6	1	113	28.0	1
	二	40	16.6	3	32	9.1	5	23	7.3		23	6.4		25	6.2	
	三	12	5.0		4	1.1		3	0.9		8	2.2		8	2.0	
高職	一	45	18.7	2	56	15.9	2	55	17.4	3	40	11.2	5	77	19.1	2
	二	25	10.4	4	31	8.8		11	3.5		20	5.6		29	7.2	
	三	6	2.5		4	1.1		3	0.9		6	1.7		7	1.7	

14042			14067			14086			14061			14065			14044		
40650			40650			40650			40650			40650			40650		
425. 送友人			424. 旅夜書懷			423. 秋夜寄丘二十二員外			422. 春日憶李白			421. 客至			420. 客至		
唐·李白			唐·杜甫			唐·韋應物			唐·杜甫			唐·杜甫			唐·李白		
詩			詩			詩			詩			詩			詩		
次序	%	次數	次序	%	次數	次序	%	次數	次序	%	次數	次序	%	次數	次序	%	次數
5	5.7	20	5	5.4	21	3	19.3	47	5	10.1	33	5	5.7	20	5	8.7	25
3	18.6	65	3	20.8	81	2	23.5	57	2	20.8	68	3	20.5	72	3	20.9	60
4	13.2	46	4	11.8	46	4	16.0	39	4	15.6	51	4	12.0	42	4	15.3	44
1	35.0	122	1	31.6	123	1	27.2	66	1	34.3	112	1	34.2	120	1	33.1	95
2	27.5	96	2	30.3	118	5	14.0	34	3	19.3	63	2	27.6	97	2	22.0	63
	3.2	11		1.0	4		3.5	7		1.6	5		2.5	9		4.0	11
	7.8	27		3.0	12		11.4	23		3.8	12		4.4	16		6.6	18
3	12.7	44		4.2	17	3	11.9	24		4.7	15		5.5	20	5	9.9	27
2	14.7	51	3	14.6	59	2	14.9	30	5	11.9	38	2	14.9	54	2	16.2	44
4	11.6	40	2	16.3	66		9.4	19	3	14.7	47	3	14.0	51	4	13.2	36
1	17.3	60	1	21.3	86	1	15.8	32	1	22.6	72	1	25.9	94	1	18.0	49
4	11.6	40		10.1	41	3	11.9	24	4	12.9	41		9.1	33		9.6	26
	2.0	7		2.5	10		2.5	5		1.9	6		1.1	4		1.5	4
	9.2	32	4	15.1	61	3	11.9	24	2	16.0	51	4	13.5	49	3	13.6	37
	8.4	29	5	10.6	43		5.9	12		8.8	28	5	8.3	30		6.3	17
	1.4	5		1.2	5		1.0	2		1.3	4		0.8	3		1.1	3

問卷選文編號		16051			14085			14075			14087			14096		
分類編號		40650			40650			40650			40650			40650		
篇名		426.書憤			427.望薊門			428.宿建德江			429.淮上喜會梁川故人			430.從軍行（烽火照西涼……）		
作者		宋·陸游			唐·祖詠			唐·孟浩然			唐·韋應物			唐·楊炯		
文體		詩			詩			詩			詩			詩		
文言白話																
調查結果		次數	%	次序	次數	%	次序	次數	%	次序	次數	%	次序	次數	%	次序
宜否作爲教材	否	47	21.0	3	41	20.5	3	41	16.0	4	47	21.2	3	38	16.7	4
	可	48	21.4	2	48	24.0	2	60	23.3	2	58	26.1	1	46	20.3	3
	中	37	16.5	4	32	16.0	4	58	22.6	3	32	14.4	4	53	23.3	2
	佳	55	24.6	1	53	26.5	1	72	28.0	1	58	26.1	1	58	25.6	1
	優	37	16.5	4	26	13.0	5	26	10.1	5	27	12.2	5	32	14.1	5
適用年級 國小	五	2	1.0		5	3.1		4	1.7		2	1.0		4	2.1	
	六	0	0		8	5.0		12	5.2		9	4.7		10	5.1	
國中	一	6	3.1		15	9.4		15	6.5		10	5.2		20	10.3	5
	二	12	6.2		24	15.0	2	26	11.3	4	23	11.9	4	30	15.4	2
	三	35	18.0	2	19	11.9	4	25	10.8	5	22	11.4	5	30	15.4	2
高中	一	50	25.8	1	32	20.0	1	60	26.0	1	41	21.2	1	42	21.5	1
	二	25	12.9	3	16	10.0	5	29	12.6	3	27	14.0	3	15	7.7	
	三	15	7.7		4	2.5		6	2.6		10	5.2		5	2.6	
高職	一	20	10.3	5	21	13.1	3	33	14.3	2	32	16.6	2	23	11.8	4
	二	23	11.9	4	11	6.9		16	6.9		12	6.2		14	7.2	
	三	6	3.1		5	3.1		5	2.2		5	2.6		2	1.0	
備註																

14039			14066			14052			14063			14041			14054		
40650			40650			40650			40650			40650			40650		
436. 憶秦娥			435. 夢李白（二首，死別已吞聲、浮雲終日行）			434. 無題			433. 登高（風急天高猿嘯哀……）			432. 登金陵鳳凰臺			431. 逢入京使		
唐·李白			唐·杜甫			唐·李商隱			唐·杜甫			唐·李白			唐·岑參		
詩			詩			詩			詩			詩			詩		
次序	%	次數	次序	%	次數	次序	%	次數	次序	%	次數	次序	%	次數	次序	%	次數
5	13.2	38	5	14.8	43	4	17.6	57	5	11.7	36	5	6.0	24	5	6.6	24
4	17.7	51	2	22.4	65	3	18.5	60	2	21.7	67	3	16.9	67	2	12.2	80
2	18.4	53	4	16.9	49	5	12.0	39	4	16.5	51	4	11.6	46	4	16.9	61
1	32.3	93	1	26.9	78	1	29.6	96	1	29.8	92	1	33.8	134	1	34.3	124
2	18.4	53	3	19.0	55	2	22.2	72	3	20.4	63	2	31.7	126	3	19.9	72
	0.8	2		1.1	3		0.7	2		1.4	4		1.4	6		3.6	13
	2.7	7		1.5	4		3.7	11		4.5	13		1.9	8		8.1	29
	4.6	12		3.7	10		2.7	8		3.4	10		3.7	16		10.3	37
2	15.0	39		7.3	20		6.7	20		8.6	25	4	13.0	56	2	13.6	49
5	8.1	21	5	10.3	28	3	12.8	38	3	14.1	41		9.7	42	4	10.8	39
1	23.8	62	1	23.8	65	1	21.8	65	1	24.7	72	1	22.5	97	1	22.5	81
3	14.6	38	2	20.1	55	4	11.7	35	2	15.5	45	3	16.0	69		6.4	23
	5.8	15		5.1	14	5	10.4	31		4.8	14		2.6	11		1.7	6
4	13.1	34	3	12.8	35		8.7	26	4	12.7	37	2	16.7	72	3	12.5	45
	6.9	18	4	12.1	33	2	13.8	41	5	9.3	27	5	11.4	49	5	9.4	34
	4.6	12		2.2	6		7.0	21		1.0	3		1.2	5		1.1	4

項目	437			438			439			440			441		
問卷選文編號	14051			14068			14060			14014			14003		
分類編號	40650			40650			40650			40650			40650		
篇名	437. 蟬（本以高難飽……）			438. 贈孟浩然			439. 贈衛八處士			440. 終南別業			441. 閨怨		
作者	唐・李商隱			唐・杜甫			唐・杜甫			唐・王維			唐・王昌齡		
文體	詩			詩			詩			詩			詩		
文言白話															
調查結果	次數	%	次序	次數	%	次序	次數	%	次序	次數	%	次序	次數	%	次序
宜否作為教材 否	56	21.0	2	21	6.1	5	36	10.8	5	25	7.1	5	51	14.6	5
可	49	18.4	4	76	22.2	2	66	19.8	3	72	20.5	3	78	22.3	2
中	53	19.9	3	53	15.5	4	54	16.2	4	52	14.8	4	63	18.1	3
佳	74	27.7	1	117	34.1	1	98	29.4	1	130	36.9	1	99	28.4	1
優	35	13.1	5	76	22.2	2	79	23.7	2	73	20.7	2	58	16.6	4
適用年級 國小 五	5	2.2		11	3.2		3	0.9		8	2.3		12	3.8	
六	7	3.0		12	3.5		6	1.8		17	4.9		12	3.8	
國中 一	13	5.6		24	7.1		9	2.7		27	7.8	5	37	11.9	5
二	25	10.8	5	65	19.2	2	32	9.4	5	47	13.6	4	44	14.1	3
三	27	11.6	4	50	14.7	3	45	13.3	3	63	18.2	2	38	12.2	4
高中 一	46	19.8	1	72	21.2	1	96	28.3	1	64	18.5	1	70	22.4	1
二	30	12.9	2	27	8.0		40	11.8	4	24	6.9		12	3.8	
三	18	7.8		3	0.9		17	5.0		12	3.5		12	3.8	
高職 一	30	12.9	2	44	13.0	4	58	17.1	2	52	15.0	3	49	15.7	2
二	20	8.6		29	8.6	5	22	6.5		25	7.2		18	5.8	
三	11	4.7		2	0.6		11	3.2		7	2.0		8	2.6	
備註															

12036			12038			12002			12017			12003			14021		
40652			40652			40652			40652			40652			40650		
447. 飲馬長城窟行			446. 陌上桑			445. 行行重行行、庭中有奇樹			444. 孔雀東南飛			443. 上山採蘼蕪			442. 遣悲懷		
漢・樂府詩			漢・樂府詩			漢・古詩十九首			漢・佚名			漢・古詩			唐・元稹		
詩			詩			詩			詩			詩			詩		
文			文			文			文			文					
次序	%	次數	次序	%	次數	次序	%	次數	次序	%	次數	次序	%	次數	次序	%	次數
5	8.6	33	5	8.9	32	5	5.3	21	4	18.0	74	5	12.6	46	3	22.0	56
4	17.9	69	2	20.3	73	3	19.8	79	2	21.2	87	2	21.6	79	1	25.1	64
3	19.2	74	4	16.7	60	4	16.0	6	5	14.1	58	3	19.1	70	4	14.9	38
1	30.9	119	1	34.7	125	1	37.3	149	1	28.3	116	1	27.6	101	1	25.1	64
2	23.4	90	3	19.4	70	2	21.6	86	3	18.3	75	3	19.1	70	5	12.9	33
	0.7	3		1.3	5		1.1	5		1.0	4		1.1	4		0.9	2
	1.9	8		1.6	6		2.2	10		1.3	5		1.4	5		0.9	2
	1.7	7		1.0	4		1.1	5		2.5	10		1.1	4		3.3	7
	5.1	21		3.9	15		4.7	21		2.0	8	5	7.1	26		3.8	8
4	11.2	46	5	10.2	39	4	12.2	55		8.8	35		11.2	41		8.5	18
1	27.7	114	1	26.2	100	1	24.6	111	1	19.9	79	1	24.9	91	1	23.6	50
3	17.5	72	2	19.9	76	3	16.4	74	3	14.1	56	2	17.0	62	2	20.8	44
	2.9	12		4.2	16		5.3	24	2	16.4	65		4.9	18	5	9.4	20
2	18.2	75	3	16.8	64	2	17.3	78		8.1	32	3	16.4	60	3	12.3	26
	10.0	41	4	12.3	47	5	12.0	54	5	12.4	49	4	11.5	42	4	10.8	23
	2.9	12		2.6	10		3.1	14	4	13.4	53		3.3	12		5.7	12

問卷選文編號	12016			12037			16026			14097			15004		
分類編號	40652			40652			40660			40660			40660		
篇名	448. 漢代歌謠選（東門行、孤兒行）			449. 豔歌行			450. 如夢令			451. 菩薩蠻			452. 憶昔		
作者	漢・佚名			漢・樂府詩			宋・李清照			唐・溫庭筠			五代・韋莊		
文體	詩			詩			詞			詞			詞		
文言／白話	文			文											
調查結果	次數	%	次序	次數	%	次序	次數	%	次序	次數	%	次序	次數	%	次序
宜否作為教材：否	58	19.7	3	41	14.3	4	41	12.5	5	43	13.0	5	50	23.5	2
宜否作為教材：可	63	21.4	2	65	22.7	2	75	22.8	3	74	22.4	2	44	20.7	4
宜否作為教材：中	57	19.3	4	55	19.2	3	44	13.4	4	62	18.7	4	45	21.1	3
宜否作為教材：佳	78	26.4	1	86	30.1	1	91	27.7	1	91	27.5	1	53	24.9	1
宜否作為教材：優	39	13.2	5	39	13.6	5	78	23.7	2	61	18.4	3	21	9.9	5
適用年級：國小五	8	3.2		3	1.1		4	1.2		6	1.9		1	0.6	
適用年級：國小六	13	5.1		4	1.4		4	1.2		4	1.3		3	1.7	
適用年級：國中一	12	4.7		5	1.8		5	1.5		6	1.9		3	1.7	
適用年級：國中二	19	7.5	5	12	4.2		23	7.1		29	9.2	5	14	8.1	5
適用年級：國中三	42	16.6	2	22	7.7	5	42	13.0	4	47	15.0	3	21	12.1	4
適用年級：高中一	58	22.9	1	81	28.5	1	60	18.6	1	62	19.7	1	40	23.1	1
適用年級：高中二	40	15.8	3	53	18.7	2	54	16.7	2	58	18.5	2	38	22.0	2
適用年級：高中三	7	2.8		14	4.9		28	8.7		19	6.1		6	3.5	
適用年級：高職一	21	8.3		50	17.6	3	31	9.6	5	23	7.3		13	7.5	
適用年級：高職二	28	11.1	4	32	11.3	4	43	13.3	3	47	15.0	3	25	14.5	3
適用年級：高職三	5	2.0		8	2.8		29	9.0		13	4.1		9	5.2	
備註															

17019			17004			17008			11031			16079			13022		
40670			40670			40670			40712			40712			40712		
453. 迎仙客			454. 落梅風(江天暮雪)			455. 憑闌人(寄征衣)			456. 卜居			457. 六國論			458. 水經江水注		
元·張可久			元·佚名			元·姚燧			戰國·屈原			宋·蘇洵			北魏·酈道元		
曲			曲			曲			記文			記文			記文		
次數	%	次序	次數	%	次序	次數	%	次序	次數	%	次序	次數	%	次序	次數	%	次序
48	23.3	2	42	21.4	3	43	18.8	3	85	24.9	2	49	13.0	5	66	17.6	3
48	23.3	2	46	23.5	2	44	19.2	2	82	24.0	3	70	18.6	3	85	22.7	2
36	17.5	4	35	17.9	4	41	17.9	4	54	15.8	4	70	18.6	3	58	15.5	5
53	25.7	1	57	29.1	1	68	29.7	1	87	25.4	1	112	29.8	1	105	28.1	1
21	10.2	5	16	8.2	5	33	14.4	5	34	9.9	5	75	19.9	2	60	16.0	4
1	0.6		0	0		1	0.5		1	0.3		0	0				
0	0		4	2.3		1	0.5		2	0.7		1	0.3		1	0.3	
0	0		3	1.7		6	2.8		0	0		2	0.5				
8	4.6		14	8.1		17	7.8		6	1.7		3	0.8		4	1.1	
23	13.1	4	23	13.3	3	30	13.8	2	15	5.2		5	1.3		11	3.0	
35	20.0	1	36	20.8	1	43	19.8	1	47	16.9	3	32	8.1	5	49	13.4	4
31	17.7	2	27	15.6	2	30	13.8	2	12	24.8	1	120	30.5	1	108	29.4	1
18	10.3	5	13	7.5		18	8.3		65	21.7	2	95	24.2	2	63	17.2	3
17	9.7		17	9.8	5	29	13.4	4	19	6.6		15	3.8		32	8.7	5
24	13.7	3	15	8.7		18	8.3		27	9.3	5	62	15.8	3	73	19.9	2
18	10.3	5	21	12.1	4	24	11.1	5	31	12.8	4	58	14.8	4	26	7.1	

問卷選文編號	分類編號	篇名	作者	文體	文言白話
11039	40712	459. 句踐復國	國語	記	文
11065	40712	460. 外儲說左上四則	戰國・韓非	記	文
19019	40712	461. 先母鄒孺人靈表	清・汪中	記	文
16087	40712	462. 刑賞忠厚之至論	宋・蘇軾	記	文
14072	40712	463. 虬髯客傳	唐・杜光庭	記	文

調查結果		459 次數	459 %	459 次序	460 次數	460 %	460 次序	461 次數	461 %	461 次序	462 次數	462 %	462 次序	463 次數	463 %	463 次序
宜否作爲教材	否	38	9.4	5	55	16.2	4	49	15.6	4	65	23.4	2	64	19.3	3
	可	86	21.3	2	84	24.7	2	64	20.4	2	48	17.3	3	68	20.5	2
	中	78	19.4	3	72	21.2	3	52	16.6	3	47	16.9	5	56	16.9	4
	佳	123	30.5	1	89	26.2	1	102	32.5	1	70	25.2	1	107	32.3	1
	優	78	19.4	3	40	11.8	5	47	15	5	48	17.3	3	36	10.9	5
適用年級 國小	五	16	3.8								1	0.4		0	0	
	六	33	7.9		2	0.6					2	0.8		4	1.3	
國中	一	11	2.6		2	0.6					0	0		1	0.3	
	二	21	5.0		6	1.8		6	1.9		2	0.8		14	4.7	
	三	45	10.8	5	17	5.1		20	6.3	5	6	2.4		20	6.6	
高中	一	48	11.5	2	57	17.0	3	54	17	3	29	11.7	5	60	19.9	2
	二	68	16.3	1	97	29.0	1	114	35.8	1	63	25.5	1	66	21.9	1
	三	53	12.7	2	39	11.6	4	14	4.4		55	22.3	2	30	10.0	5
高職	一	31	7.4		27	8.1	5	32	10.1	4	14	5.7		37	12.3	4
	二	43	10.3	5	65	19.4	2	69	21.7	2	32	13.0	4	51	16.9	3
	三	48	11.5	2	23	6.9		9	2.8		43	17.4	3	18	6.0	
備註																

16084			16097			14106			12007			12006			14092		
40712			40712			40712			40712			40712			40712		
469.超然臺記			468.黃州快哉亭記			467.張中丞傳後敘			466.荊軻傳			465.信陵君列傳			464.長恨歌傳		
宋·蘇軾			宋·蘇轍			唐·韓愈			漢·司馬遷			漢·司馬遷			唐·陳鴻		
記			記			記			記			記			記		
文			文			文			文			文			文		
次序	%	次數	次序	%	次數	次序	%	次數	次序	%	次數	次序	%	次數	次序	%	次數
2	19.8	53	5	11.8	45	4	18.1	63	4	16.1	68	2	25.6	80	2	23.3	70
3	17.9	48	4	17.3	66	3	20.1	70	2	21.0	89	3	18.9	59	3	18.9	57
4	16.8	45	3	17.8	68	2	21.2	74	3	17.7	75	4	17.3	54	5	15.9	48
1	29.1	78	1	30.7	117	1	26.4	92	1	29.1	123	1	26.3	82	1	23.6	71
5	16.4	44	2	22.3	85	5	14.3	50	4	16.1	68	5	11.9	37	4	18.3	55
	0	0		0.5	2		0.3	1		1.5	6		0.8	2		1.2	3
	0.4	1		0	0		0.6	2		5.2	21		0.8	2		2.0	5
	1.6	4		0.2	1		0.3	1		1.2	5		0.4	1		2.0	5
	2.8	7		2.0	8		1.2	4		4.0	16		2.3	6		2.3	6
	5.6	14		3.7	15		2.7	9	4	13.2	53		8.0	21		9.0	23
3	14.1	35	3	18.3	74	3	17.8	59	3	13.9	56	2	19.0	50	2	17.2	44
1	29.4	73	1	33.8	137	1	27.5	91	1	22.6	91	1	25.1	66	1	22.7	58
4	12.1	30	5	5.7	23	4	14.5	48	5	11.2	45	4	12.9	34	4	13.3	34
5	7.7	19	4	10.1	41		6.9	23		5.0	20		6.8	18		5.5	14
2	19.8	49	2	22.0	89	2	19.3	64	2	14.6	59	3	15.2	40	3	13.7	35
	6.5	16		3.7	15	5	8.8	29		7.7	31	5	8.7	23	5	11.3	29

問卷選文編號	19071			21241			11011			12041			16069		
分類編號	40712			40712			40712			40712			40712		
篇名	470. 鳴機夜課圖記			471. 臺灣通史序			472. 燭之武退秦師			473. 檀弓選			474. 縱囚論		
作者	清・蔣士銓			民・連橫			左傳			漢・禮記			宋・歐陽修		
文體	記			記			記			記			記		
文言 白話	文			文			文			文			文		
調查結果	次數	%	次序	次數	%	次序	次數	%	次序	次數	%	次序	次數	%	次序
宜否作爲教材 否	52	15.6	5	26	6.5	5	39	10.2	5	37	10.1	5	29	7.8	5
宜否作爲教材 可	72	21.6	2	81	20.4	3	76	19.8	2	82	22.5	2	63	16.9	4
宜否作爲教材 中	58	17.4	3	58	14.6	4	74	19.3	3	55	15.1	4	66	17.7	3
宜否作爲教材 佳	97	29	1	122	30.7	1	132	34.5	1	123	33.7	1	138	37.0	1
宜否作爲教材 優	55	16.5	4	111	27.9	2	62	16.2	4	68	18.6	3	77	20.6	2
適用年級 國小 五	1	0.3		0	0		1	0.2		2	0.5		0	0	
適用年級 國小 六	5	1.5		5	1.1		2	0.5		2	0.5		1	0.2	
適用年級 國中 一	5	1.5		3	0.7		2	0.5		1	0.3		0	0	
適用年級 國中 二	12	3.7		13	2.9		6	1.5		15	3.8		4	1.0	
適用年級 國中 三	41	12.6	4	38	8.5	5	14	3.4		33	8.3	5	16	3.8	
適用年級 高中 一	69	21.2	2	92	20.7	2	76	18.6	2	87	21.9	2	58	13.9	3
適用年級 高中 二	83	25.5	1	139	31.2	1	137	33.5	1	91	22.9	1	141	33.9	1
適用年級 高中 三	18	5.5		15	3.4		44	10.8	4	28	7.1		49	11.8	4
適用年級 高職 一	34	10.4	5	41	9.2	4	34	8.3	5	47	11.8	4	24	5.8	
適用年級 高職 二	50	15.3	3	84	18.9	3	72	17.6	3	75	18.9	3	96	23.1	2
適用年級 高職 三	8	2.5		15	3.4		21	5.1		16	4.0		27	6.5	5
備註															

16065			19002			12020			16068			13012			12042		
40722			40722			40712			40712			40712			40712		
480. 不朽論			479. 人間詞話（節）			478. 蘇武傳			477. 瀧岡阡表			476. 歸去來辭並序			475. 韓詩外傳選		
宋・劉敞			清・王國維			漢・班固			宋・歐陽修			晉・陶潛			漢・韓嬰		
論			論			記			記			記			記		
文			文			文			文			文			文		
次序	%	次數	次序	%	次數	次序	%	次數	次序	%	次數	次序	%	次數	次序	%	次數
2	21.4	46	5	15.2	50	5	12.2	47	5	14.2	55	4	10.6	44	5	7.9	36
3	20.9	45	3	16.2	53	2	24.4	94	2	19.9	77	3	15.2	63	2	21.5	78
4	19.5	42	3	16.2	53	3	18.4	71	4	15.8	61	4	10.6	44	3	19.8	72
1	27.9	60	1	31.1	102	1	29.3	113	1	31.3	121	1	34.1	141	1	34.4	125
5	10.2	22	2	21.3	70	4	15.8	61	3	18.9	73	2	29.5	122	4	14.3	52
	1.1	2		0.3	1		3.1	12		0	0		0.9	4			
	0.5	1		0.3	1		4.9	19		0.5	2		0.2	1		0.5	2
	0.5	1		0.3	1		1.8	7		0	0		2.3	10		1.2	5
	2.6	5		3.7	12		3.9	15		2.1	8		5.7	25		2.5	10
3	14.7	28	5	11.5	37	5	10.6	41		3.1	12	5	11.0	48		8.7	35
2	18.4	35	2	16.5	53	5	10.6	41	4	11.5	44	2	16.2	71	3	19.9	80
1	24.2	46	1	26.5	85	1	20.9	81	1	28.9	111	1	17.4	76	1	22.1	89
4	13.2	25	3	13.1	42	2	15.2	59	2	22.9	88	4	13.3	58	5	8.9	36
	7.4	14		8.1	26		4.6	18		3.6	14		8.7	38	4	10.4	42
5	11.1	21	4	12.5	40	4	11.9	46	3	16.1	62	3	13.5	59	2	20.3	82
	6.3	12		7.2	23	3	12.6	49	5	11.2	43		10.8	47		5.5	22

問卷選文編號	11017	11042	11046	11048	16072
分類編號	40722	40722	40722	40722	40722
篇名	481. 去私	482. 召公諫厲王止謗	483. 牧民	484. 兼愛	485. 送徐無黨南歸序
作者	呂氏春秋	國語	管子	墨子	宋·歐陽修
文體	論	論	論	論	論
文言／白話	文	文	文	文	文

調查結果		481 次數	481 %	481 次序	482 次數	482 %	482 次序	483 次數	483 %	483 次序	484 次數	484 %	484 次序	485 次數	485 %	485 次序
宜否作爲教材	否	49	16.3	4	53	19.4	3	43	12.7	5	72	22.0	2	51	21.2	4
	可	69	23.0	2	69	25.3	2	72	21.3	2	65	19.8	3	53	22.0	2
	中	59	19.7	3	49	17.9	4	58	17.2	4	65	19.8	3	52	21.6	3
	佳	83	27.7	1	71	26.0	1	105	31.1	1	86	26.2	1	61	25.3	1
	優	40	13.3	5	31	11.4	5	60	17.8	3	40	12.2	5	24	10.0	5
適用年級 國小	五	5	1.7		0	0		2	0.6		3	1.0		0	0	
	六	1	0.3		2	0.8		6	1.8		10	3.4		0	0	
國中	一	5	1.7		3	1.2		8	2.4		7	2.4		1	0.5	
	二	7	2.4		9	3.5		18	5.3		10	3.4		0	0	
	三	22	7.5		19	7.5		28	8.3		35	11.9	4	7	3.2	
高中	一	49	16.8	2	53	20.9	2	53	15.7	2	46	15.7	3	49	23.5	2
	二	68	23.3	1	78	30.7	1	69	20.4	1	55	18.8	1	55	25.2	1
	三	33	11.3	4	25	9.8	5	43	12.7	3	49	16.7	2	33	15.1	4
高職	一	27	9.2	5	26	10.2	4	40	11.8	4	27	9.2	5	21	9.6	5
	二	48	16.4	3	28	11.0	3	38	11.2	5	24	8.2		37	17.0	3
	三	27	9.2	5	11	4.3		33	9.8		27	9.2	5	15	6.9	
備註																

14101			12025			11021			11058			18002			16093		
40722			40722			40722			40722			40722			40722		
491. 諫太宗十思疏			490. 論貴粟書			489. 貴公			488. 馮諼客孟嘗君			487. 深慮論			486. 留侯論		
唐·魏徵			漢·鼂錯			呂氏春秋			戰國策			明·方孝孺			宋·蘇軾		
論			論			論			記			論			論		
文			文			文			文			文			文		
次序	%	次數	次序	%	次數	次序	%	次數	次序	%	次數	次序	%	次數	次序	%	次數
5	7.1	29	4	18.6	67	4	15.5	49	5	8.6	36	5	14.0	42	5	8.5	35
3	16.7	68	2	21.7	78	2	23.0	73	3	20.3	85	2	19.3	58	3	16.1	66
4	10.8	44	3	20.3	73	3	20.2	64	4	16.7	70	2	19.3	58	4	13.2	54
1	35.6	145	1	26.7	96	1	29.0	92	1	30.9	129	1	30.6	92	1	34.4	141
2	29.7	121	5	12.8	64	5	12.3	39	2	23.4	98	4	16.9	51	2	27.8	114
	0.2	1					0.7	2		1.3	6		0	0		0	0
	0.2	1		0.6	2		0.7	2		0.4	2		0	0		0.4	2
	0	0		0.6	2		1.0	3		3.1	14		0	0		0	0
	0.4	2		1.2	4		3.0	9		4.1	19		1.3	4		2.0	9
	4.4	20		1.7	6		5.3	16	5	6.8	31		4.8	15		5.5	25
5	9.3	42	5	8.1	28	4	13.5	41	2	22.2	102	3	17.3	54	4	10.8	49
1	27.1	122	1	26.7	92	1	24.3	74	1	24.0	110	1	28.1	88	1	32.9	149
2	24.4	110	2	20.0	69	3	15.1	46		3.9	18	2	18.2	57	3	15.0	68
	3.8	17	5	8.1	28		7.6	23	4	10.9	50		6.1	19		4.9	22
4	13.7	62	3	17.7	61	2	19.4	59	3	19.4	89	4	13.7	43	2	18.3	83
3	16.4	74	4	15.4	53	5	9.5	29		3.9	18	5	10.5	33	5	10.2	46

問卷選文編號	11060			16071			16098			12026			16075		
分類編號	40722			40732			40742			40742			40742		
篇名	492. 觸讋說趙太后			493. 五代史記一行傳敘			494. 上樞密韓太尉書			495. 戒子書			496. 朋黨論		
作者	戰國策			宋·歐陽修			宋·蘇轍			漢·鄭玄			宋·歐陽修		
文體	記			抒			應			應			應		
文言白話	文			文			文			文			文		
調查結果	次數	%	次序	次數	%	次序	次數	%	次序	次數	%	次序	次數	%	次序
宜否作爲教材 否	44	11.5	5	49	15.5	4	49	13.6	5	34	9.9	5	61	20.3	2
可	91	23.8	2	66	20.8	3	65	18.1	3	75	21.9	2	61	20.3	2
中	77	20.1	3	68	21.5	2	72	20.1	2	72	21.0	3	48	16.0	4
佳	101	26.4	1	93	29.3	1	118	32.9	1	104	30.3	1	95	31.7	1
優	70	18.3	4	41	12.9	5	55	15.3	4	58	16.9	4	35	11.7	5
適用年級 國小 五	3	0.7		0	0		0	0		2	18		0	0	
國小 六	1	0.2		0	0		3	0.8		5	13		2	0.7	
國中 一	5	1.2		2	0.6		0	0		4	21		1	0.4	
國中 二	13	3.2		2	0.6		3	0.8		14	36		2	0.7	
國中 三	19	4.7		8	2.5		14	3.8		31	39		12	4.3	
高中 一	62	15.3	3	77	23.8	2	70	18.9	2	63	37	2	29	10.5	4
高中 二	100	24.8	1	92	28.5	1	99	26.7	1	66	16	1	73	26.4	1
高中 三	54	13.4	4	21	6.5	5	53	14.3	4	50	8	4	71	25.6	2
高職 一	39	9.7	5	37	11.5	4	36	9.7	5	40	24	5	12	4.3	
高職 二	76	18.8	2	73	22.6	3	65	17.5	3	53	17	3	46	16.6	3
高職 三	32	7.9		11	3.4		28	7.5		29	2		29	10.5	4
備註															

13003			18042			14105			16004			16096			18015		
40742			40742			40742			40742			40742			40742		
502. 與吳質書			501. 與友人論學書			500. 答李翊書			499. 答司馬諫議書			498. 祭歐陽文忠公文			497. 送東陽馬生序		
魏·曹丕			明·顧炎武			唐·韓愈			宋·王安石			宋·蘇軾			明·宋濂		
應			應			應			應			應			應		
文			文			文			文			文			文		
次序	%	次數	次序	%	次數	次序	%	次數	次序	%	次數	次序	%	次數	次序	%	次數
5	12.6	47	5	15.0	36	1	24.9	65	3	20.7	62	2	22.6	63	4	13.7	44
3	18.0	67	2	21.2	51	3	21.1	55	4	18.3	55	4	17.2	48	2	22.7	73
4	13.2	49	3	18.3	44	4	15.3	40	2	22.7	68	3	20.4	57	3	20.5	66
1	34.7	129	1	30.0	72	1	24.9	65	1	24.3	73	1	25.1	70	1	29.8	96
2	21.5	80	4	15.4	37	5	13.8	36	5	14.0	42	5	14.7	41	5	13.4	43
	0.3	1		0.9	2		0.5	1		0.3	1		0.4	1		0.6	2
	0.8	3		0.9	2		0.5	1		0	0		0.4	1		0.3	1
				0.4	1		0	0		0	0		0.4	1		0.3	1
	0.5	2		1.7	4		1.8	4		1.0	3		1.2	3		2.1	7
	2.5	10		9.1	21		4.6	10		2.8	8		6.8	17		2.9	10
5	9.6	38	2	21.7	50	2	20.3	44	3	12.9	37	2	16.7	42	2	22.7	77
1	32.2	127	1	27.0	62	1	23.5	51	1	40.2	115	1	25.9	65	1	27.1	92
2	19.3	76	3	12.2	28	3	19.4	42	4	6.6	19	3	16.3	41	5	6.8	23
	4.3	17	4	11.7	27	5	8.3	18	5	4.5	13		8.0	20	4	15.3	52
3	17.3	68	5	9.6	22	4	16.1	35	2	26.9	77	4	14.7	37	3	17.7	60
4	13.2	52		4.8	11		5.1	11		4.5	13	5	9.2	23		4.1	14

問卷選文編號	13006			13007			18010			14027			11045		
分類編號	40742			40742			40742			40750			40752		
篇名	503. 與楊德祖書			504. 蘭亭集序			505. 請勵戰守疏			506. 長恨歌			507. 采葛、伯兮、東山		
作者	魏·曹植			晉·王羲之			明·史可法			唐·白居易			詩經		
文體	應			應			應			詩			詩		
文言 白話	文			文			文						文		
調查結果	次數	%	次序	次數	%	次序	次數	%	次序	次數	%	次序	次數	%	次序
宜否作爲教材 否	47	12.7	5	45	11.4	5	49	26.1	1	60	14.2	4	47	15.5	4
可	71	19.2	2	62	15.7	3	42	22.3	3	76	17.9	3	66	21.7	2
中	59	16.0	4	55	13.9	4	31	16.5	4	52	12.3	5	45	14.8	5
佳	132	35.8	1	128	32.3	1	49	26.1	1	126	29.7	1	94	30.9	1
優	60	16.3	3	106	26.8	2	17	9.0	5	110	25.9	2	52	17.1	3
適用年級 國小 五	2	0.5		2	0.5		0	0		6	1.4		2	0.7	
國小 六	1	0.3		5	1.3		0	0		10	2.4		6	2.0	
國中 一				2	0.5		0	0		9	2.1		5	1.7	
國中 二	1	0.3		6	1.5		2	1.3		10	2.4		11	3.7	
國中 三	7	1.9		27	6.8		9	5.8		20	4.7		11	3.7	
高中 一	38	10.2	5	74	18.5	2	29	18.7	2	57	13.4	5	48	16.1	3
高中 二	123	33.1	1	94	23.6	1	44	28.4	1	97	22.9	1	59	19.8	1
高中 三	68	18.3	2	70	17.5	3	22	14.2	4	68	16.0		58	19.5	2
高職 一	20	5.4		30	7.5		12	7.7		17	4.5		23	7.7	
高職 二	67	18.0	3	47	11.8	4	24	15.5	3	60	14.2	4	35	11.7	5
高職 三	45	12.1	4	42	10.5	5	13	8.4	5	68	16.0	5	40	13.4	4
備註															

16042			16052			16032			16017			16019			16056		
40760			40760			40760			40760			40760			40760		
513.雨霖鈴			512.夜遊宮			511.玉樓春			510.永遇樂			509.水龍吟			508.天仙子		
宋·柳永			宋·陸游			宋·周邦彥			宋·辛棄疾			宋·辛棄疾			宋·張先		
詞			詞			詞			詞			詞			詞		
次序	%	次數	次序	%	次數	次序	%	次數	次序	%	次數	次序	%	次數	次序	%	次數
5	10.4	34	4	18.9	46	3	19.7	48	5	9.0	30	5	12.4	36	3	20.2	49
3	18.0	59	2	22.2	54	2	20.9	51	3	21.5	72	4	19.9	58	4	19.4	47
4	11.6	38	3	19.3	47	3	19.7	48	4	12.5	42	2	21.3	62	2	21.5	52
1	32.1	105	1	24.3	59	1	29.5	72	1	33.1	111	1	25.8	75	1	24.8	60
2	27.8	91	5	15.2	37	5	10.2	25	2	23.9	80	3	20.6	60	5	14.0	34
	0.9	3		1.3	3		2.3	5		0.6	2		1.0	3		1.3	3
	0.6	2		0.9	2		1.9	4		0.3	1		1.4	4		0.9	2
	1.2	4		0.4	1		0.9	2		2.0	7		2.4	7		0	0
	3.2	11		3.5	8	5	9.8	21		4.5	16		2.4	7	5	8.4	19
	7.9	27		8.4	19	3	13.6	29		8.5	30	5	10.4	30		7.1	16
4	13.2	45	3	12.8	29	2	18.2	39	3	13.6	48	2	15.6	45	2	19.0	43
1	22.1	75	1	29.1	66	1	22.4	48	1	25.7	91	1	21.1	61	1	23.5	53
2	17.9	61	4	9.3	21		4.2	9	4	13.0	46	4	12.5	36		8.0	18
	5.9	20	5	7.9	18		7.0	15		7.1	25		8.3	24	4	9.3	21
3	15.0	51	2	18.9	43	4	13.1	28	2	16.9	60	2	15.6	45	3	16.4	37
5	12.1	41		7.5	17		6.5	14	5	7.9	28		9.3	27		6.2	14

問卷選文編號	16043			16028			16034			16047			15002		
分類編號	40760			40760			40760			40760			40760		
篇名	514.念奴嬌			515.浣溪沙			516.浣溪沙			517.浣溪沙			518.清平樂		
作者	宋·姜夔			宋·吳文英			宋·周邦彥			宋·晏殊			五代·李煜		
文體	詞			詞			詞			詞			詞		
文言 白話															
調查結果	次數	%	次序	次數	%	次序	次數	%	次序	次數	%	次序	次數	%	次序
宜否作為教材 否	38	13.2	5	47	17.1	4	33	11.1	5	36	12.3	5	35	10.6	5
可	62	21.5	2	66	24.0	2	69	23.3	2	64	21.8	2	60	18.1	3
中	50	17.4	4	50	18.2	3	49	16.6	3	52	17.7	3	58	17.5	4
佳	81	28.1	1	74	26.9	1	99	33.4	1	98	33.4	1	110	33.2	1
優	57	19.8	3	38	13.8	5	46	15.5	4	43	14.7	4	68	20.5	2
適用年級 國小 五	3	1.1		5	2.0		2	0.7		4	1.4		3	0.9	
國小 六	4	1.4		10	4.0		9	3.1		2	0.7		6	1.8	
國中 一	2	0.7		8	3.2		10	3.4		3	1.0		3	0.9	
國中 二	11	4.0		18	7.2		18	6.2		22	7.5		20	5.9	
國中 三	26	9.4	4	27	10.8	4	52	17.8	2	35	11.9	4	44	13.0	4
高中 一	56	20.2	2	39	15.7	3	48	16.4	3	49	16.7	3	61	18.0	2
高中 二	67	24.2	1	52	20.9	1	60	20.5	1	64	21.8	1	82	24.3	1
高中 三	20	7.2		15	6.0		15	5.1		14	4.8		15	4.4	
高職 一	21	7.6		19	7.6	5	21	7.2	5	33	11.2	5	33	9.8	5
高職 二	43	15.5	3	43	17.3	2	43	14.7	4	51	17.3	2	52	15.4	3
高職 三	24	8.7	5	13	5.2		14	4.8		17	5.8		19	5.6	
備註															

15006			15007			16025			16046			16077			16023		
40760			40760			40760			40760			40762			40760		
524.謁金門			523.蝶戀花			522.醉花蔭			521.滿庭芳			520.義田記			519.菩薩蠻		
五代·韋莊			五代·馮延巳			宋·李清照			宋·秦觀			宋·錢公輔			宋·辛棄疾		
詞			詞			詞			詞			論文			詞		
次序	%	次數	次序	%	次數	次序	%	次數	次序	%	次數	次序	%	次數	次序	%	次數
5	13.1	38	5	10.7	36	5	15.8	44	4	16.0	43	5	9.9	35	5	15.7	45
2	22.1	64	2	20.5	69	2	20.1	56	2	22.8	61	2	20.6	73	2	25.1	72
3	19.7	57	3	20.2	68	4	16.2	45	3	18.3	49	3	19.7	70	4	16.4	47
1	31.0	90	1	31.0	104	1	27.7	77	1	29.9	80	1	35.2	125	1	25.8	74
4	14.1	41	4	17.6	59	2	20.1	56	5	13.1	35	4	14.6	52	3	17.1	49
	0.4	1		1.2	4		0.7	2		0.8	2		0.3	1		1.8	5
	1.1	3		1.2	4		0.4	1		1.2	3		1.3	5		1.1	3
	1.1	3		0.6	2		1.1	3		0.4	1		0.5	2		0.7	2
	4.6	13		4.4	15		3.7	10		6.0	15		2.1	8		5.0	14
4	11.8	33	4	10.8	37	4	8.9	24	4	10.0	25	5	5.9	23	3	15.1	42
3	15.0	42	3	16.9	58	3	18.8	51	3	16.8	42	2	23.8	92	2	15.8	44
1	25.4	71	1	24.8	85	1	23.2	63	1	23.6	59	1	25.8	100	1	21.2	59
	6.1	17	5	8.2	28		7.7	21	5	8.8	22		4.1	16		7.6	21
5	7.5	21		7.6	26	4	8.9	24		6.8	17	4	14.7	57	5	9.0	25
2	20.0	56	2	18.1	62	2	19.2	52	2	19.2	48	3	17.8	69	3	15.1	42
	7.1	20		6.4	22		7.4	20		6.4	16		3.6	14		7.6	21

項目	525. 臨江仙			526. 聲聲慢			527. 鵲踏枝			528. 蘭陵王			529. 蘇幕遮		
問卷選文編號	16015			16024			15008			16035			16033		
分類編號	40760			40760			40760			40760			40760		
篇名	525. 臨江仙			526. 聲聲慢			527. 鵲踏枝			528. 蘭陵王			529. 蘇幕遮		
作者	宋・朱敦儒			宋・李清照			五代・馮延巳			宋・周邦彥			宋・周邦彥		
文體	詞			詞			詞			詞			詞		
文言／白話															
調查結果	次數	%	次序	次數	%	次序	次數	%	次序	次數	%	次序	次數	%	次序
宜否作爲教材 否	53	21.5	3	34	8.2	5	32	10.3	5	61	24.3	2	39	14.3	4
宜否作爲教材 可	60	24.4	2	90	21.7	3	63	20.3	3	55	21.9	3	61	22.3	2
宜否作爲教材 中	47	19.1	4	47	11.4	4	69	22.3	2	38	15.1	4	53	19.4	3
宜否作爲教材 佳	65	26.4	1	124	30.0	1	92	29.7	1	64	25.5	1	82	30.0	1
宜否作爲教材 優	21	8.5	5	119	28.7	2	54	17.4	4	33	13.1	5	38	13.9	5
適用年級 國小 五	2	0.9		4	0.9		1	0.3		2	1.0		4	1.5	
適用年級 國小 六	2	0.9		7	1.6		2	0.6		1	0.5		1	0.4	
適用年級 國中 一	2	0.9		3	0.7		1	0.3		4	1.9		2	0.8	
適用年級 國中 二	13	6.1		18	4.0		10	3.2		10	4.8		18	6.8	
適用年級 國中 三	27	12.7	4	82	18.4	2	33	10.6	4	21	10.1	5	40	15.2	4
適用年級 高中 一	41	19.2	2	53	11.9	4	54	17.4	3	36	17.3	2	50	19.0	2
適用年級 高中 二	51	23.9	1	87	19.6	1	85	27.3	1	51	24.5	1	51	19.4	1
適用年級 高中 三	9	4.2		50	11.2	5	18	5.8		23	11.1	4	17	6.5	
適用年級 高職 一	22	10.3	5	30	6.7		23	7.4		13	6.3		22	8.4	5
適用年級 高職 二	35	16.4	3	68	15.3	3	59	19.0	2	31	14.9	3	44	16.7	3
適用年級 高職 三	9	4.2		43	9.7		25	8.0	5	16	7.7		14	5.3	
備註															

12040			16070			19017			17018			17002			16021		
40822			40812			40770			40770			40770			40760		
535. 大同與小康			534. 秋聲賦			533. 圓圓曲			532. 清江引			531. 沉醉東風（漁父詞）			530. 鷓鴣天		
漢・禮記			宋・歐陽修			清・吳偉業			元・張可久			元・白樸			宋・辛棄疾		
論文			記文			曲			曲			曲			詞		
次序	%	次數	次序	%	次數	次序	%	次數	次序	%	次數	次序	%	次數	次序	%	次數
5	8.8	32	5	9.5	40	3	20.3	59	5	12.5	32	5	10.5	34	5	16.3	45
3	19.6	71	3	15.7	66	2	22.3	65	2	22.2	57	3	18.6	60	2	22.1	61
4	14.1	51	4	10.9	46	4	15.8	46	3	17.9	46	4	13.9	45	3	20.3	56
1	28.7	104	1	33.7	142	1	26.5	77	1	31.5	81	1	37.2	120	1	23.9	66
1	28.7	104	2	30.2	127	5	15.1	44	4	16.0	41	2	19.8	64	4	17.4	48
	0.7	3		0.4	2		0.4	1		1.2	3		0	0		1.5	4
	1.2	5		0.9	4		0.4	1		0	0		1.4	5		1.5	4
	1.2	5		0.2	1		1.1	3		0.4	1		1.4	5		1.9	5
	1.5	6		1.8	8		3.8	10		2.7	7		4.6	16		6.4	17
	8.2	33		6.3	28		9.5	25	5	13.1	34		11.0	38	4	13.3	35
3	16.4	66	4	13.0	58	5	12.5	33	2	15.8	41	2	16.2	56	3	14.0	37
4	11.9	48	2	20.4	91	1	20.2	53	1	16.5	43	1	17.3	60	1	22.0	58
1	20.6	83	1	25.6	114	2	17.9	47	4	13.8	36	3	15.6	54	5	9.5	25
	8.7	35		4.9	22		5.3	14		10.8	28		6.6	23		6.4	17
5	10.9	44	5	11.0	49	3	14.4	38		10.8	28	5	11.8	41	2	17.0	45
2	18.4	74	3	15.3	68	3	14.4	38	3	15.0	39	4	13.9	48		6.4	17

問卷選文編號	11002			21131			16054			14103			11003		
分類編號	40822			40822			40822			40822			40882		
篇名	536. 大學首章			537. 心理建設自序			538. 西銘			539. 原毀			540. 曾子大孝		
作者	大學			民・孫文			宋・張載			唐・韓愈			大戴禮記		
文體	論文			論文			論文			論文			論文		
文言 白話	文			文			文			文			文		
調查結果	次數	%	次序	次數	%	次序	次數	%	次序	次數	%	次序	次數	%	次序
宜否作爲教材 否	71	17.7	3	44	13.5	4	62	22.5	2	70	23.0	2	51	14.1	5
可	86	21.4	2	58	17.8	3	45	16.3	5	55	18.1	4	86	23.8	2
中	46	11.4	5	43	13.2	5	53	19.2	3	60	19.1	3	69	19.1	3
佳	129	32.1	1	103	31.7	1	64	23.2	1	84	27.6	1	101	27.9	1
優	70	17.4	4	77	23.7	2	52	18.8	4	35	11.5	5	55	15.2	4
適用年級 國小 五	1	0.3		2	0.6		0	0		1	0.4		3	0.8	
六	10	2.6		2	0.6		3	1.2		0	0		9	2.4	
國中 一	4	1.0		3	0.9		3	1.2		1	0.4		8	2.2	
二	8	2.0		11	3.3		6	2.5		2	0.8		16	4.3	
三	35	9.0	5	16	4.7		19	7.8		6	2.3		48	13.0	4
高中 一	80	20.5	2	53	15.7	4	45	18.5	2	30	11.4	4	54	14.7	2
二	57	14.6	4	58	17.2	2	41	16.9	3	64	24.3	2	47	12.8	5
三	87	22.3	1	62	18.4	1	55	22.6	1	78	29.7	1	69	18.8	1
高職 一	28	7.2		39	11.6	5	15	6.2		14	5.3		33	9.0	
二	22	5.6		36	10.7		25	10.3	5	22	8.4	5	30	8.2	
三	59	15.1	3	55	16.3	3	31	12.8	4	45	17.1	3	51	13.9	3
備註															

18009			12001			14071			11071			12024			14102		
40842			40832			40832			40822			40822			40822		
546.復多爾袞書			545.登樓賦			544.阿房宮賦			543.諫逐客書			542.過秦論			541.進學解		
明·史可法			漢·王粲			唐·杜牧			秦·李斯			漢·賈誼			唐·韓愈		
應文			抒文			抒文			論文			論文			論文		
次序	%	次數	次序	%	次數	次序	%	次數	次序	%	次數	次序	%	次數	次序	%	次數
4	12.7	49	3	17.0	60	3	20.4	76	5	14.3	57	5	10.8	44	3	20.7	74
3	21.4	83	2	22.4	79	4	16.7	62	2	19.8	79	3	20.3	83	4	15.1	54
4	12.7	49	4	16.7	59	5	15.9	59	3	18.8	75	4	18.1	74	5	11.8	42
1	30.5	118	1	28.9	102	1	27.4	102	1	29.3	117	1	28.4	116	1	27.5	98
2	22.7	88	5	15.0	53	2	19.6	73	4	18.0	72	2	22.5	92	2	24.9	89
	0	0		0.6	2		0	0		0.5	2		0.5	2		1.2	4
	0.5	2		1.7	6		0.6	2		0.7	3		0.2	1		0.3	1
	0	0					0.6	2		0.7	3		0.7	3		1.8	6
	2.0	8		1.7	6		0.6	2		0.7	3		0.7	3		1.8	6
	6.6	27		4.9	17		5.1	17		2.5	10		3.0	13		5.8	19
5	9.8	40	4	11.3	39	4	13.7	46	5	10.5	43	5	8.7	38	5	12.0	39
2	21.9	89	2	21.7	75	2	18.8	63	2	23.5	96	3	16.3	71	2	22.1	72
1	27.0	110	1	27.5	95	1	28.7	96	1	26.7	109	1	34.6	151	1	26.4	86
	4.2	17		2.6	9		4.8	16		3.4	14		4.4	19		3.4	11
4	11.8	48	4	11.3	39	5	8.7	29	4	13.2	54	4	8.9	39	4	12.3	40
3	16.2	66	3	16.8	58	3	18.5	62	3	17.4	71	2	22.0	96	3	12.9	42

問卷選文編號	13014			17026			17014			19005		
分類編號	40842			40870			40870			40882		
篇名	547. 與陳伯之書			548. 大德歌（秋）			549. 題西湖（錄六）			550. 哀江南		
作者	南朝・宋 丘遲			元・關漢卿			元・馬致遠			清・孔尚任		
文體	應			曲			曲			傳奇		
文言白話	文									文		
調查結果	次數	%	次序	次數	%	次序	次數	%	次序	次數	%	次序
宜否作爲教材 否	43	11.3	5	41	15.0	5	40	18.5	3	49	18.7	3
可	67	17.6	3	55	20.1	2	54	25.0	2	55	21	2
中	58	15.3	4	45	16.5	4	34	15.7	4	49	18.7	3
佳	117	30.8	1	84	30.8	1	61	28.2	1	71	27.1	1
優	95	25.0	2	48	17.6	3	27	12.5	5	38	14.5	5
適用年級 國小 五	1	0.2		2	0.7		2	1.0				
國小 六	1	0.2		1	0.4		0	0		3	1.2	
國中 一				0	0		4	2.0		2	0.8	
國中 二	6	1.5		14	5.0		10	5.1		8	3.2	
國中 三	22	5.4		32	11.5	5	20	10.2		25	9.9	
高中 一	50	12.2	4	40	14.3	4	33	16.8	2	37	14.7	4
高中 二	59	14.4	3	42	15.1	3	27	13.7	3	39	15.5	2
高中 三	125	30.4	1	52	18.6	1	36	18.3	1	55	21.8	1
高職 一	16	3.9		25	9.0		16	8.1		20	7.9	
高職 二	44	10.7	5	27	9.7		27	13.7	3	38	15.1	3
高職 三	87	21.2	2	44	15.8	2	22	11.2	5	25	9.9	5
備註												

3、列爲中⑶選文之評價及定位統計表（篇名編號五五一—五六〇）

本項含有二表：後表列出爲中⑶的十篇論文之評價及定位：其「評價」（宜否列爲教材），在「次序」項中均屬「中」，爲「1」者；其「定位」（適用年級），在「次序」中爲「1」者。如「551大榕樹」，適用（定位）於「國中」、「一」年級。前表爲屬於「中」的十篇選文，就「文體」及「適用年級」（定位）調查結果編成。如「抒情文3」、「國二04」有選文篇一，其選文爲「554喧囂」。

年級＼文體	記敘文 1	論說文 2	抒情文 3	應用文 4	詩 5	詞 6	曲 7	傳奇 8	戲劇 9	合計
小五 01										
小六 02										
國一 03	2									2
國二 04	1		1							2
國三 05	1	1								2
高一 06	1					1				2
高二 07	1	1								2
高三 08										
職一 09										
職二 10										
職三 11										
合計	6	2	1			1				10

問卷選文編號			21030			21019			21076			21018			21096		
分類編號			30311			30311			30411			30431			30511		
篇名			551. 大榕樹			552. 料羅灣的漁舟			553. 祖逖擊楫渡江			554. 喧囂			555. 舍生取義		
作者			民・尹雪曼			民・王靖獻			民・佚名			民・王夢鷗			民・易家鉞		
文體			記			記			記			抒			記		
文言白話			白			白			白			白			白		
調查結果			次數	%	次序	次數	%	次序	次數	%	次序	次數	%	次序	次數	%	次序
宜否作爲教材		否	40	16.1	4	52	15.3	4	44	18.6	3	43	25.9	1	39	19.3	4
		可	62	25	1	81	23.9	2	57	24.1	1	41	24.7	3	43	21.3	3
		中	62	25	1	87	25.7	1	57	24.1	1	43	25.9	1	52	25.7	1
		佳	56	22.6	3	81	23.9	2	41	17.3	4	26	15.7	4	44	21.8	2
		優	28	11.3	5	38	11.2	5	38	16	5	13	7.8	5	24	11.9	5
適用年級	國小	五	20	9.9	5	12	4.3		16	8.4	5	4	3.3		9	5.7	
		六	39	19.2	2	27	9.6	3	32	16.8	2	9	7.5		14	8.8	5
	國中	一	48	23.6	1	117	41.6	1	32	16.8	2	19	15.8	3	17	10.7	4
		二	35	17.2	3	70	24.9	2	37	19.4	1	29	24.2	1	34	21.4	2
		三	24	11.8	4	21	7.5	4	27	14.1	4	21	17.5	2	43	27	1
	高中	一	8	3.9		15	5.3	5	16	8.4	5	15	12.5	4	20	12.6	3
		二	4	2		4	1.4		9	4.7		6	5		4	2.5	
		三	1	0.5		2	0.7		1	0.5		2	7.7		2	1.3	
	高職	一	19	9.4		8	2.8		15	7.9		11	9.2	5	8	5	
		二	3	1.5		4	1.4		5	2.6		4	3.3		4	2.5	
		三	2	1		1	0.4		1	0.5					4	2.5	
備註																	

16090			11009			16055			19028			21125		
30722			30712			30660			30612			30521		
560.稼說送張琥			559.晉楚城濮之戰			558.南鄉子			557.登泰山記			556.發揚臺灣精神		
宋·蘇軾			左傳			宋·張先			清·姚			民·范壽康		
論			記			詞			記			論		
文			文						文			白		
次序	%	次數	次序	%	次數	次序	%	次數	次序	%	次數	次序	%	次數
3	20.6	57	4	20.2	60	3	22.7	45	2	24	53	4	18.8	42
4	17.7	49	2	24.2	72	4	20.7	41	4	21.3	47	3	23.3	52
1	26.0	72	1	24.6	73	1	24.2	48	1	24.4	54	1	25.6	57
2	23.8	66	3	22.6	67	2	23.7	47	2	24	53	2	24.2	54
5	11.9	33	5	8.4	25	5	8.6	17	5	6.3	14	5	8.1	18
	0	0		1.1	3		1.2	2		1.1	2		2.2	4
	0	0		1.1	3		1.2	2		1.1	2		7	13
	0.4	1		1.5	4		0	0		1.1	2	5	8.6	16
	0.7	2		4.2	11		6.6	11		4.8	9	2	23.2	43
	2.2	6	5	6.9	18	4	15.0	25	5	9.6	18	1	23.8	44
3	15.2	41	2	18.8	49	1	18.6	31	1	29.3	55	3	15.1	28
1	33.1	89	1	24.5	64	1	18.6	31	2	17	32		4.3	8
4	8.9	24	3	15.3	40		5.4	9		6.9	13			
4	8.9	24		6.5	17	5	11.4	19	3	14.9	28	4	10.8	20
2	24.2	65	4	13.0	34	3	16.2	27	4	11.2	21		2.7	5
	6.3	17	5	6.9	18		6.0	10		3.2	6		2.2	4

4、列為可⑵選文之評價及定位統計表（篇名編號五六一—六一六）

本項含有二表：後表列為可⑵的五六篇論文之評價及定位：其「評價」（宜否列為教材），在「次序」項中均屬「可」，為「1」者；其「定位」（適用年級），在「次序」中為「1」者。如「561戚繼光傳」，適用（定位）於「國小六」年級。前表為屬於「可」的五六篇選文，就「文體」及「適用年級」（定位）調查結果編成。如「詞6」、「國三05」有選文一篇，其選文為「592南鄉子」。

年級＼文體	記敘文 1	論說文 2	抒情文 3	應用文 4	詩 5	詞 6	曲 7	傳奇 8	戲劇 9	合計
小五 01										
小六 02	3	1								4
國一 03		1	2		1					4
國二 04	6	1	1		6					14
國三 05	5	3		1		1				10
高一 06	7	4	1	4	4					20
高二 07	3									3
高三 08		1								1
職一 09										
職二 10										
職三 11										
合計	24	11	4	5	11	1				56

問卷選文編號	21378			21155			21034			21021			21026		
分類編號	20211			20211			20212			20221			20321		
篇名	561.戚繼光傳			562.翠亨村裡的奇童			563.亞美利加之幼童			564.國父是偉大的工程師			565.團體生活		
作者	民・羅時暘			民・徐植仁譯			民・包公毅			民・王洸			民・中央日報		
文體	記			記			記			論			論		
文言白話	白			白			文			白			白		
調查結果	次數	%	次序	次數	%	次序	次數	%	次序	次數	%	次序	次數	%	次序
宜否作爲教材 否	44	23.8	2	45	22.5	2	54	23.2	2	43	19.6	3	47	24.5	2
可	48	25.9	1	50	25	1	68	29.2	1	56	25.6	1	52	27.1	1
中	36	19.5	4	41	20.5	3	45	19.3	4	36	16.4	5	38	19.8	3
佳	41	22.2	3	39	19.5	4	50	21.5	3	44	20.1	2	36	18.8	4
優	16	8.6	5	25	12.5	5	16	6.9	5	40	18.3	4	19	9.9	5
適用年級 國小 五	9	6.5		26	17.3	3	19	10.9	4	14	8.2		14	9.3	
六	25	18.1	1	40	26.7	1	41	23.6	1	32	18.7	1	25	16.6	2
國中 一	19	13.8	4	31	20.7	2	35	20.1	3	23	13.5	4	31	20.5	1
二	21	15.2	3	15	10	5	39	22.4	2	31	18.1	2	19	12.6	4
三	23	16.7	2	18	12	4	17	9.8	5	29	17	3	21	13.9	3
高中 一	10	7.2	5	4	2.7		11	6.3		14	8.2		15	9.9	5
二	9	6.5		1	0.7		2	1.1		3	1.8		5	3.3	
三	3	2.2		1	0.7								1	0.7	
高職 一	8	5.8		9	6		7	4		18	10.5	5	14	9.3	
二	10	7.2	5	5	3.3		1	0.6		5	2.9		5	3.3	
三	1	0.7					2	1.1		2	1.2		1	0.7	
備註															

項目	566.			567.			568.			569.			570.		
問卷選文編號	21144			21276			21115			21009			21073		
分類編號	20331			20331			20350			20411			20411		
篇名	566. 夏天的生活			567. 媽媽的手抄本			568. 獅子			569. 民心的向背			570. 空軍烈士閻海文		
作者	民・孫福熙			民・雷崧生			民・胡適			民・王平陵			民・佚名		
文體	抒			抒			詩			記			記		
文言白話	白			白						白			白		
調查結果	次數	%	次序	次數	%	次序	次數	%	次序	次數	%	次序	次數	%	次序
宜否作爲教材 否	42	22.8	2	40	14.9	4	56	25	2	55	24.1	2	52	22.3	3
可	43	23.4	1	71	26.4	1	60	26.8	1	62	27.2	1	56	24	1
中	38	20.7	4	65	24.2	3	44	19.6	3	42	18.4	4	45	19.3	4
佳	40	21.7	3	67	24.9	2	42	18.8	4	51	22.4	3	55	23.6	2
優	21	11.4	5	26	9.7	5	22	9.8	5	18	7.9	5	25	10.7	5
適用年級 國小 五	17	12.4	3	7	3.2	5	10	6.2	5	7	4		12	6.7	5
六	16	11.7	4	34	15.4	3	21	13	3	11	6.3		36	20	2
國中 一	39	28.5	1	74	33.5	1	46	28.6	1	21	11.9	4	34	18.9	3
二	30	21.9	2	60	27.1	2	41	25.5	2	40	22.7	1	45	25	1
三	12	8.8	5	29	13.1	4	20	12.4	4	34	19.3	2	21	11.7	4
高中 一	8	5.8		5	2.3		4	2.5		22	12.5	3	12	6.7	5
二	1	0.7		3	1.4		5	3.1		10	5.7		3	1.7	
三				0	0		1	0.6		3	1.7		1	0.6	
高職 一	11	8		4	1.8		10	6.2		19	10.8	5	11	6.1	
二	3	2.2		3	1.4		3	1.9		6	3.4		3	1.7	
三				2	0.9					3	1.7		2	1.1	
備註															

21083			21195			19072			21355			21025			21364		
20431			20421			20412			20411			20411			20411		
576. 一點浩然氣			575. 作繭自縛的得失			574. 鞭虎救弟記			573. 蘇花道中			572. 陸皓東傳			571. 我家裡還有一個生病的母親		
民・林語堂			民・陳大齊			清・蔣衡			民・鍾梅音			民・中央黨部			民・韓德溥		
抒			論			記			記			記			記		
白			白			文			白			白			白		
次序	%	次數	次序	%	次數	次序	%	次數	次序	%	次數	次序	%	次數	次序	%	次數
4	19.2	41	2	23.9	43	3	22.6	52	3	19.8	39	2	23.3	55	3	21.7	40
1	22.5	48	1	24.4	44	1	24.8	57	1	25.4	50	1	25	59	1	26.6	49
5	16.9	36	4	17.8	32	4	20	46	3	19.8	39	4	19.5	46	4	16.3	30
2	21.6	46	2	23.9	43	2	23.5	54	2	24.4	48	3	22	52	2	24.5	45
3	19.7	42	5	10.0	18	5	9.1	21	5	10.7	21	5	10.2	24	5	10.9	20
	2.3	4		1.4	2		3.4	6		3.2	5		8.7	16		7.9	11
	8.6	15		6.3	9		2.3	4		7.7	12	3	14.2	26	3	12.1	17
5	10.3	18	5	7.0	10	4	9.6	17	3	16.7	26	4	12.6	23	2	24.3	34
1	21.8	38	1	19.7	28	1	26	46	1	21.2	33	1	18	33	1	27.1	38
2	17.8	31	2	18.3	26	2	24.9	44	2	19.9	31		9.8	18	4	10.7	15
3	15.5	27	3	14.8	21	3	11.3	20	5	8.3	13	2	16.4	30		5.0	7
	4.6	8	5	7.0	10	5	7.9	14		3.8	6		4.4	8		0.7	1
	2.3	4		2.1	3		2.8	5		2.6	4		1.1	2		0.7	1
4	10.9	19	4	12.0	17		6.2	11	4	14.1	22	5	10.9	20	5	8.6	12
	4.6	8		6.3	9		4.5	8		0.6	1		2.7	5		2.9	4
	1.1	2		4.9	7		1.1	2		1.9	3		1.1	2		0	0

問卷選文編號	21017	14030	14024	21190	21063
分類編號	20450	20450	20450	20450	20450
篇名	577.一隻白鳥	578.溪牛早春	579.燕詩	580.竹	581.金門四詠
作者	民·王志健	唐·白居易	唐·白居易	民·陳啓佑	民·李孟泉
文體：文言					
文體：白話	詩	詩	詩	詩	詩
備註					

調查結果		577 次數	577 %	577 次序	578 次數	578 %	578 次序	579 次數	579 %	579 次序	580 次數	580 %	580 次序	581 次數	581 %	581 次序
宜否作爲教材	否	47	26.4	2	39	19.7	3	33	11.4	5	46	17.7	4	55	22.2	2
	可	54	30.3	1	49	24.7	1	72	24.8	1	66	25.4	1	61	24.6	1
	中	32	18	4	42	21.2	2	48	16.6	4	58	22.3	3	55	22.2	2
	佳	35	19.7	3	37	18.7	4	69	23.8	2	61	23.5	2	52	21	4
	優	10	5.6	5	31	15.7	5	68	23.4	3	29	11.2	5	25	10.1	5
適用年級 國小	五	5	3.8		4	2.6		8	3.1		5	2.4		6	3.3	
	六	18	13.7	4	10	6.4		12	4.7		21	10.2	4	16	8.9	4
國中	一	25	19.1	2	26	16.7	2	42	16.3	2	37	18.0	3	31	17.2	3
	二	38	29	1	37	23.7	1	93	36.0	1	60	29.3	1	67	37.2	1
	三	19	14.5	3	24	15.4	3	33	12.8	3	55	26.8	2	33	18.3	2
高中	一	11	8.4	5	21	13.5	4	27	10.5	4	10	4.9	5	10	5.6	5
	二	3	2.3		7	4.5		10	3.9		2	1.0		3	1.7	
	三	2	1.5		3	1.9		4	1.6		2	1.0				
高職	一	8	6.1		14	9.0	5	18	7.0	5	8	3.9		8	4.4	
	二	1	0.8		8	5.1		7	2.7		4	2.0		4	2.2	
	三	1	0.8		2	1.3		4	1.6		1	0.5		2	1.1	

21024			19047			19064			21053			21065			21375		
20512			20512			20511			20511			20511			20450		
587. 黃興傳			586. 札記三則			585. 貓的天堂			584. 國父與中國革命			583. 民族英雄鄭成功			582. 新疆歌		
民・中央黨部			清・陸世儀			清・劉復釋			民・吳敬恆			民・李曰剛			民・羅家倫		
記			記			記			記			記			詩		
文			文			白			白			白			白		
次序	%	次數	次序	%	次數	次序	%	次數	次序	%	次數	次序	%	次數	次序	%	次數
1	25	54	1	25.1	49	2	24.9	53	2	23.7	51	3	16.5	40	2	24.5	48
1	25	54	1	25.1	49	1	28.2	60	1	24.2	52	1	28.8	70	1	28.1	55
4	18.5	40	3	24.1	47	4	16	34	4	19.1	41	5	14	34	3	17.3	34
3	24.1	52	4	17.9	35	3	20.7	44	3	20	43	2	25.5	62	4	16.3	32
5	7.4	16	5	7.7	15	5	10.3	22	5	13	28	4	15.2	37	5	13.8	27
	6.2	10					4.4	7		6.8	11	3	16.4	33		5.4	8
	8.6	14		2	3	4	11.4	18		6.2	10	2	16.9	34	3	13.6	20
4	11.1	18		6.1	9	2	16.5	26	4	13	21	5	10	20	2	15.0	22
3	12.3	20	2	18.9	28	2	16.5	26	2	17.3	28	4	15.9	32	1	23.1	34
1	21	34	1	25.7	38	1	22.2	35	1	18.5	30	1	21.4	43	4	12.9	19
2	16	26	3	18.2	27		9.5	15	3	13.6	22		7	14	5	11.6	17
	6.8	11	4	9.5	14		4.4	7		4.3	7		2	4		4.8	7
	2.5	4		2	3		1.3	2		1.2	2					1.4	2
5	9.9	16	4	9.5	14	4	11.4	18	5	11.1	18		8	16		8.8	13
	4.9	8		5.4	8		1.9	3		5.6	9		1.5	3		2.0	3
	0.6	1		2.7	4		0.6	1		2.5	4		1	2		1.4	2

問卷選文編號	21008			21013			11022			19076			15001		
分類編號	20521			20521			20522			20542			20560		
篇名	588. 青年和科學			589. 科學的起源			590. 廣要道章			591. 家書二通（杭州韜光庵中寄舍弟墨、范縣署中寄舍弟墨第二書）			592. 南鄉子		
作者	民·毛子水			民·王星拱			孝經			清·鄭燮			五代·李珣		
文體	論			論			論			應			詞		
文言白話	白			白			文			文					
調查結果	次數	%	次序	次數	%	次序	次數	%	次序	次數	%	次序	次數	%	
宜否作爲教材 否	39	17.3	4	55	25.6	2	71	22.5	2	49	23.9	2	48	18.3	4
宜否作爲教材 可	58	25.7	1	60	27.9	1	76	24.1	1	54	26.3	1	70	26.6	1
宜否作爲教材 中	50	22.1	3	46	21.4	3	56	17.7	4	38	18.5	4	56	21.3	3
宜否作爲教材 佳	51	22.6	2	41	19.1	4	69	21.8	3	45	22	3	66	25.1	2
宜否作爲教材 優	28	12.4	5	13	6	5	44	13.9	5	19	9.3	5	23	8.7	5
適用年級 國小 五	5	2.6		8	4.8		4	1.5					3	1.3	
適用年級 國小 六	16	8.2		12	7.3		4	1.5		2	1.2		5	2.2	
適用年級 國中 一	17	8.8	5	25	15.2	4	15	5.7		5	3		3	1.3	
適用年級 國中 二	25	12.9	4	26	15.8	3	38	14.4	2	29	17.7	3	20	8.7	
適用年級 國中 三	36	18.6	1	32	19.4	1	88	33.3	1	40	24.4	1	70	30.6	1
適用年級 高中 一	36	18.6	1	22	13.3	5	36	13.6	3	33	20.1	2	27	11.8	3
適用年級 高中 二	12	6.2		4	2.4		22	8.3	4	16	9.8	5	31	13.5	2
適用年級 高中 三	5	2.6		2	1.2		17	6.4	5	7	4.3		13	5.7	
適用年級 高職 一	30	15.5	3	27	16.4	2	17	6.4	5	20	12.2	4	18	7.9	5
適用年級 高職 二	9	4.6		6	3.6		11	4.2		9	5.5		26	11.4	4
適用年級 高職 三	3	1.5		1	0.6		12	4.5		3	1.8		13	5.7	
備註															

16085			11041			19083			21367			21003			21354		
20612			20612			20612			20611			20611			20611		
598. 李氏山房藏書記			597. 申生之死			596. 大鐵椎傳			595. 聖雄證果記			594. 白述			593. 西柏林，這「孤島」		
宋·蘇軾			國語·晉語			清·魏禧			民·羅家倫			民·于右任			民·鍾梅音		
記			記			記			記			記			記		
文			文			文			白			白			白		
次序	%	次數	次序	%	次數	次序	%	次數	次序	%	次數	次序	%	次數	次序	%	次數
3	18.0	48	2	25.5	70	3	21.3	63	3	21.6	52	3	22	57	2	23.6	57
1	24.8	66	1	26.3	72	1	28	83	1	24.5	59	1	29.3	76	1	25.2	61
3	18.0	48	3	23.4	64	4	17.2	51	3	21.6	52	2	22.4	58	4	17.4	42
2	24.1	64	4	18.2	50	2	24	71	2	24.1	58	4	18.9	49	3	21.1	51
5	15.0	40	5	6.6	18	5	9.5	28	5	8.3	20	5	7.3	19	5	12.8	31
	0.8	2		0	0		1.1	3		0.5	1		1.9	4		1.5	3
	0.8	2		0.9	2		2.2	6		1.5	3		7.5	16		2.0	4
	0	0		3.0	7		3	8		6.0	12		7.1	15		6.9	14
	3.2	8		4.3	10		5.5	15	4	12.9	26	5	10.8	23	3	14.7	30
	4.0	10	5	8.3	19	4	12.5	34	2	17.9	36	3	13.7	29	4	10.8	22
1	26.2	66	1	30.9	71	1	28.4	77	1	29.9	60	1	25	53	1	27.9	57
2	19.0	48	2	20.4	47	3	13.3	36	5	9.5	19	4	12.3	26	5	9.3	19
5	7.9	20		5.2	12		3	8		1.5	3					2.0	4
3	15.9	40	4	11.7	27	2	19.6	53	3	14.4	29	2	17	36	2	18.6	38
4	15.5	39	3	12.2	28	5	10	27		4.5	9		3.8	8		5.9	12
	6.7	17		3.0	7		1.5	4		1.5	3		0.9	2		0.5	1

問卷選文編號	19042			21094			21097			21090			11016		
分類編號	20612			20621			20621			20622			20622		
篇名	599. 徐錫麟傳			600. 老者安之			601. 眞善美的新境界			602. 孔子學說與時代精神			603. 物類平等		
作者	清・章炳麟			民・明炎			民・郎靜山			民・邵元沖			列子		
文體	記			論			論			論			論		
文言白話	文			白			白			文			文		
調査結果	次數	%	次序	次數	%	次序	次數	%	次序	次數	%	次序	次數	%	次序
宜否作爲教材 否	45	19.7	3	47	28.1	2	50	18.9	4	66	24.7	2	53	21.5	3
可	61	26.8	1	48	28.7	1	62	33.5	1	67	25.1	1	68	27.6	1
中	43	18.9	4	37	22.2	3	52	19.7	3	61	22.8	3	44	17.9	4
佳	55	24.1	2	24	14.4	4	60	22.7	2	41	15.4	4	61	24.8	2
優	24	10.5	5	11	6.6	5	40	15.2	5	32	12	5	20	8.1	5
適用年級 國小 五	1	0.5		2	1.6		11	4.8		1	0.4		5	2.3	
國小 六	6	3		3	2.4		14	6.1		2	0.9		6	2.8	
國中 一	4	2		10	8.1		14	6.1		4	1.7		11	5.1	
國中 二	21	10.6	4	23	18.7	2	32	13.9	4	17	7.2		20	9.3	
國中 三	35	17.7	3	14	11.4	4	33	14.3	3	31	13.2	3	34	15.7	2
高中 一	49	24.7	1	28	22.8	1	52	22.5	1	54	23	1	43	19.9	1
高中 二	36	18.2	2	12	9.8	5	18	7.8	5	27	11.5	5	23	10.6	3
高中 三	5	2.5		1	0.8		3	1.3		19	8.1		23	10.6	3
高中職 一	18	9.1	5	21	17.1	3	41	17.7	2	36	15.3	2	21	9.7	5
高中職 二	15	7.6		7	5.7		7	3		29	12.3	4	17	7.9	
高中職 三	8	4		2	1.6		6	2.6		15	6.4		13	6.0	
備註															

16050			19061			19063			21007			21091			21369		
20650			20642			20642			20642			20642			20631		
609.秋風曲			608.聯語選（楹聯）			607.與某君論義利書			606.赴義前稟父書			605.民族正氣文鈔序			604.偉大與崇高		
宋・陸游			清・曾國藩			清・管同			民・方聲洞			民・邵元沖			民・羅家倫		
詩			應文			應文			應文			應文			抒白		
次序	%	次數	次序	%	次數	次序	%	次數	次序	%	次數	次序	%	次數	次序	%	次數
2	22.4	47	3	23.5	48	2	25.9	53	4	14.3	42	2	23.4	47	4	18.3	43
1	25.2	53	1	27	55	1	27.8	57	1	27	79	1	27.4	55	1	26.0	61
3	20.0	42	4	16.3	33	3	21	43	3	20.8	61	3	18.9	38	3	19.1	45
4	18.1	38	2	24	49	4	18	37	2	26.3	77	4	18.4	37	2	25.5	60
5	14.3	30	5	9.3	19	5	7.3	15	5	11.6	34	5	11.9	24	5	11.1	26
	1.7	3		0.6	1								0.6	1		1.5	3
	2.2	4		1.1	2					1.8	5		0.6	1		1.9	4
	1.1	2		4	7		1.2	2		3.2	9		4.2	7		3.9	8
	7.8	14		9.8	17		9.1	15	4	7.1	20		5.4	9	5	9.7	20
4	12.8	23	2	14.4	25	2	18.8	31	3	18.9	53	2	23.2	39	2	17.5	36
1	20.1	36	1	25.3	44	1	19.4	32	1	32.7	92	1	26.8	45	1	30.1	62
3	16.2	29	3	12.1	21	3	17.6	29	5	6.8	19	3	11.9	20		8.7	18
	6.1	11		4.6	8		6.7	11		2.1	6		4.8	8		2.4	5
5	10.6	19	3	12.1	21	4	11.5	19	2	22.8	64	4	10.1	17	3	12.6	26
2	17.9	32	5	10.3	18	5	9.7	16		4.3	12	5	8.3	14	4	10.2	21
	3.4	6		5.7	10		6.1	10		0.4	1		4.2	7		1.5	3

問卷選文編號	14074			21004			14023			11035			11010		
分類編號	20650			20650			20650			20712			20712		
篇名	610. 宿桐廬江寄廣陵舊遊			611. 謁黃花岡			612. 放魚詩			613. 宋人及楚人平			614. 趙盾諫晉靈公		
作者	唐·孟浩然			民·于右任			唐·白居易			春秋·公羊傳			左傳		
文體	詩			詩			詩			記			記		
文言 白話										文			文		
調查結果	次數	%	次序	次數	%	次序	次數	%	次序	次數	%	次序	次數	%	次序
宜否作為教材 否	47	17.8	4	48	24	2	42	18.7	3	60	22.2	4	55	19.2	4
可	65	24.6	1	58	29	1	60	26.7	1	13	27.0	1	76	26.6	1
中	60	22.7	3	42	21	3	38	16.9	4	61	22.6	3	62	21.7	3
佳	64	24.2	2	38	19	4	54	24.0	2	63	23.3	2	69	24.1	2
優	28	10.6	5	14	7	5	31	13.8	5	13	4.8	5	24	8.4	5
適用年級 國小 五	2	0.8		2	1.3		12	6.4		0	0		0	0	
六	0	0		8	5.2		17	9.1	5	0	0		4	1.5	
國中 一	4	1.7		14	9.4	5	17	9.1	5	1	0.4		3	1.1	
二	8	3.3		27	17.6	2	33	17.6	2	12	5.1		8	3.1	
三	22	9.1	5	26	17	3	22	11.8	4	17	7.3	5	13	5.0	
高中 一	67	27.7	1	31	20.3	1	34	18.2	1	44	18.8	2	54	20.7	2
二	52	21.5	2	12	7.8		9	4.8		66	28.2	1	63	24.1	1
三	7	2.9		5	3.3		7	3.7		30	12.8	4	37	14.2	4
高職 一	33	13.6	4	20	13.1	4	24	12.8	3	16	6.8		15	5.7	
二	41	16.9	3	8	5.2		8	4.3		31	13.2	3	42	16.1	3
三	6	2.5					4	2.1		17	7.3	5	22	8.4	5
備註															

11001			12023		
20822			20712		
616. 中庸哀公問政章			615. 歸田賦		
戰國·子思			張衡		
論			記		
文			文		
次序	%	次數	次序	%	次數
2	26.4	83	2	26.6	62
1	28.0	88	1	27.5	64
4	18.8	59	3	18.5	43
3	21.7	68	3	18.5	43
5	5.1	16	5	9.0	21
	0.4	1		0.5	1
	1.1	3		2.1	4
	1.9	5		3.7	7
	4.9	13		6.9	13
	7.6	20		7.4	14
4	11.8	31	2	18.1	34
2	22.1	58	1	19.1	36
1	22.8	60	4	13.8	26
	3.4	9	5	8.5	16
5	10.6	28	3	15.4	29
3	13.3	35		4.3	8

5、列爲否⑴選文之評價及定位統計表（篇名編號六一七—八九五）

本項含有二表：後表列出爲否⑴論文之評價及定位：其「評價」（宜否列爲教材），在「次序」項中均屬「否」，爲「1」者；其「定位」（適用年級），在「次序」中爲「1」者。如「617雙十的一個小故事」，適用（定位）於「國小六」年級。前表爲屬於「否」的二七九篇選文，就「文體及「適用年級」（定位）調查結果編成。如「戲劇9」、「國三05」有選文一篇，其選文爲「699碧黃花第一幕」。

年級＼文體	記敘文 1	論說文 2	抒情文 3	應用文 4	詩 5	詞 6	曲 7	傳奇 8	戲劇 9	合計
小五 01										
小六 02	3									3
國一 03	6	1			1		1			9
國二 04	23	5	3	4						35
國三 05	12	13		7	3				1	36
高一 06	29	32	2	39	7	2	3			114
高二 07	7	17	1	15	1	4	2			47
高三 08		12	1	9	1		1			24
職一 09	3	4	1	3						11
職二 10										
職三 11										
合計	83	84	8	77	13	6	7		1	279

問卷選文編號	21192			21342			21217			21250			21074		
分類編號	10211			10211			10211			10311			10311		
篇名	617.雙十節的一個小故事			618.盡忠報國			619.仁聖吳鳳			620.辛亥革命的軼聞			621.傷兵之母		
作者	民・陳定山			民・鄭烈			民・梁容若			民・章微穎			民・佚名		
文體	記			記			記			記			記		
文言白話	白			白			白			白			白		
調查結果	次數	%	次序	次數	%	次序	次數	%	次序	次數	%	次序	次數	%	次序
宜否作爲教材 否	49	24.1	1	44	23.9	1	96	50.3	1	50	25.8	1	62	26.8	1
宜否作爲教材 可	46	22.7	2	41	22.3	2	33	17.3	2	49	25.3	2	53	22.9	3
宜否作爲教材 中	46	22.7	2	39	21.2	3	26	13.6	4	32	16.5	4	41	17.7	4
宜否作爲教材 佳	43	21.2	4	37	20.1	4	27	14.1	3	47	24.2	3	57	24.7	2
宜否作爲教材 優	19	9.4	5	23	12.5	5	9	4.7	5	16	8.2	5	18	7.8	5
適用年級 國小 五	29	19.3	3	13	9.4	5	4	4.3		2	1.4		10	6.1	
適用年級 國小 六	36	24.0	1	27	19.6	1	18	19.6	1	18	12.5	4	25	15.3	3
適用年級 國中 一	30	20.0	2	13	9.4	3	15	16.3	3	34	23.6	1	46	28.2	1
適用年級 國中 二	15	10.0	5	20	14.5	2	17	18.5	2	24	16.7	2	39	23.9	2
適用年級 國中 三	19	12.7	4	24	17.4	4	13	14.1	4	23	16.0	3	17	10.4	4
適用年級 高中 一	6	4.0		16	11.6		9	9.8		14	9.7	5	12	7.4	5
適用年級 高中 二	0	0		5	3.6		3	3.3		6	4.2		1	0.6	
適用年級 高中 三	1	0.7		1	0.7		1	1.1		1	0.7				
適用年級 高職 一	10	6.7		9	6.5		11	12.0	5	14	9.7	5	9	5.5	
適用年級 高職 二	4	0.7		7	5.1		1	1.1		7	4.9		2	1.2	
適用年級 高職 三	0	0		3	2.2		0	0		1	0.7		2	1.2	
備註	參考二十二頁旁註														

問卷選文編號	21252			21199			21022			21239			21029		
分類編號	10311			10311			10311			10312			10321		
篇名	622. 微笑的土地			623. 歐遊心影錄楔子			624. 觀球記			625. 台灣之商務			626. 自發的更新		
作者	民・麥岱譯			民・梁啓超			民・王文濬			民・連橫			中學生雜誌		
文體	記			記			記			記			論		
文言白話	白			白			白			文			白		
調查結果	次數	%	次序	次數	%	次序	次數	%	次序	次數	%	次序	次數	%	次序
宜否作為教材 否	40	23.1	1	64	34.8	1	54	31.4	1	99	27.0	1	46	26.1	1
宜否作為教材 可	36	20.8	3	38	20.7	2	43	25	2	77	21.0	3	39	22.2	3
宜否作為教材 中	36	20.8	3	35	19.0	3	38	22.1	3	71	19.3	4	45	25.6	2
宜否作為教材 佳	38	22.0	2	35	19.0	3	29	16.9	4	86	23.4	2	36	20.5	4
宜否作為教材 優	23	13.3	5	12	6.5	5	8	4.7	5	34	9.3	5	10	5.7	5
適用年級 國小 五	4	3.2		2	1.7		14	11.7	4	3	1.1		9	6.9	
適用年級 國小 六	13	10.3	4	4	3.3		10	8.3		8	3.0		10	7.6	5
適用年級 國中 一	27	21.4	1	25	20.8	1	26	21.7	1	61	22.6	1	34	26	1
適用年級 國中 二	27	21.4	1	20	16.7	3	23	19.2	2	49	18.1	2	16	12.2	3
適用年級 國中 三	24	19.0	3	23	19.2	2	16	13.3	3	30	11.1	5	22	16.8	2
適用年級 高中 一	13	10.3	4	15	12.5	4	9	7.5		20	7.4		10	7.6	5
適用年級 高中 二	4	3.2		6	5.0		4	3.3		18	6.7		7	5.3	
適用年級 高中 三	1	0.8		4	3.3		3	1.7		8	3.0		2	1.5	
適用年級 高職 一	9	7.1		11	9.2	5	11	9.3	5	37	13.7	3	15	11.5	4
適用年級 高職 二	2	1.6		8	6.7		5	4.2		31	11.5	4	5	3.8	
適用年級 高職 三	2	1.6		2	1.7					5	1.9		1	0.8	
備註															

21002			21245			21095			21099			21167			21127		
10411			10411			10411			10411			10370			10350		
632. 太行山裡的旅行			631. 「三二九」的二三事			630. 人類的祖先			629. 二漁夫			628. 總統蔣公紀念歌			627. 小耘週歲		
民・丁文江			民・陸丹林			民・明君譯			民・胡適譯			民・秦孝儀			民・施善繼		
記			記			記			記			曲			詩		
白			白			白			白								
次序	%	次數	次序	%	次數	次序	%	次數	次序	%	次數	次序	%	次數	次序	%	次數
1	32.4	77	1	25.5	54	1	34.8	72	1	23.3	53	1	31	75	1	26.6	70
2	25.2	60	4	20.8	44	2	23.7	49	3	21.1	48	3	19	46	2	25.9	68
3	21.8	52	3	22.6	48	3	22.7	47	4	19.8	45	4	13.6	33	3	21.7	57
4	18.5	44	2	23.6	50	4	12.1	25	2	22	50	2	24	58	4	19	50
5	2.1	5	5	7.5	16	5	6.8	14	5	13.7	31	5	12.4	30	5	6.8	18
	3.7	6		2.4	4		6.1	8		4.5	8	5	11.2	19	5	8	15
	7.4	12	5	12.7	21	4	14.4	19		8.4	15	3	13.6	23	3	12.2	23
3	14.2	23	3	16.4	27	2	18.9	25	2	19	34	1	16.6	28	1	30.3	57
1	21.6	35	1	21.8	36	1	22.7	30	1	20.7	31	4	11.8	20	2	29.8	56
2	17.3	28	2	18.8	31	3	15.2	20	5	12.3	22	2	16	27	4	9	17
5	11.7	19	4	13.3	22	5	8.3	11	4	13.4	24		7.7	13		3.2	6
	8	13		1.2	2		2.3	3		1.7	3		7.1	12		1.6	3
	0.6	1		0	0		0.8	1		0.6	1		4.7	8		0.5	1
4	12.3	20		9.7	16		6.1	8	3	16.8	30		4.1	7		4.3	8
	2.5	4		3.6	6		4.5	6		1.7	3		4.1	7			
	0.6	1		0	0		0.8	1		1.1	2		3	5		1.1	2

項目		633. 次數	%	次序	634. 次數	%	次序	635. 次數	%	次序	636. 次數	%	次序	637. 次數	%	次序
問卷選文編號		21124			21020			21160			21347			21381		
分類編號		10411			10411			10411			10411			10411		
篇名		633. 火箭發射記			634. 女工程師修澤蘭			635. 早老的懺悔			636. 赤崁城遊屐			637. 記青島水族館		
作者		民・重明譯			民・王理璜			民・夏丏尊			民・錢歌川			民・蘇雪林		
文 體		記			記			記			記			記		
文言 白話		白			白			白			白			白		
調查結果		次數	%	次序	次數	%	次序	次數	%	次序	次數	%	次序	次數	%	次序
宜否作爲教材	否	83	34.4	1	56	29.2	1	57	30.8	1	48	28.2	1	48	29.1	1
	可	56	23.2	2	45	23.4	3	36	19.5	3	45	26.5	2	44	26.7	2
	中	49	20.3	3	51	26.6	2	33	17.8	4	34	20.0	3	36	21.8	3
	佳	40	16.6	4	30	15.6	4	40	21.6	2	34	20.0	3	30	18.2	4
	優	13	5.4	5	10	5.2	5	19	10.3	5	9	5.3	5	7	4.2	5
適用年級 國小	五	10	6.5		7	5.2		2	1.6		5	4.2		3	2.6	
	六	29	18.8	3	16	11.9	4	5	4		18	15.0	2	12	10.4	4
國中	一	31	20.1	2	27	20.1	2	13	10.3	4	15	12.5	4	22	19.1	2
	二	33	21.4	1	36	26.9	1	34	27	1	30	25.0	1	25	21.7	1
	三	21	13.6	4	18	13.4	3	22	17.5	2	18	15.0	2	22	19.1	2
高中	一	8	5.2		9	6.7		20	15.9	3	13	10.8		7	6.1	
	二	1	0.6		1	0.7		6	4.8		2	1.7		2	1.7	
	三	3	1.9		1	0.7		2	1.6		0	0		4	3.5	
高職	一	12	7.8	5	15	11.2	5	12	9.5	5	15	12.5	4	9	7.8	5
	二	5	3.2		3	2.2		7	5.6		4	3.3		8	7.0	
	三	1	0.6		1	0.7		3	2.4		0	0		1	0.9	
備註																

21039			21105			21036			21068			21038			21171		
10411			10411			10411			10411			10411			10411		
643. 滂卑故城			642. 鄒容傳			641. 萊因勝蹟			640. 班超傳			639. 倫敦的動物園			638. 孫子		
民・朱自清			民・胡軌			民・朱自清			民・何凡			民・朱自清			民・高明		
記			記			記			記			記			記		
白			白			白			白			白			白		
次序	%	次數	次序	%	次數	次序	%	次數	次序	%	次數	次序	%	次數	次序	%	次數
1	29.4	60	1	28.3	49	1	27.1	49	1	24.2	50	1	31.3	60	1	32.9	53
2	22.1	45	3	20.8	36	2	25.4	46	3	21.4	44	2	26	50	2	21.1	34
3	21.1	43	2	23.7	41	3	21.5	39	2	22.8	47	4	18.8	36	4	19.3	31
4	18.6	38	4	18.5	32	4	18.2	33	4	20.9	43	3	19.3	37	3	20.5	33
5	8.8	18	5	8.7	15	5	7.7	14	5	10.7	22	5	4.7	9	5	6.2	10
	2.1	3		5.9	7		3.1	4		3.8	6	5	10.5	13		4.5	5
	3.5	5		4.2	5		8.5	11	4	11.4	18	3	15.3	19		8.2	9
3	16.8	24	3	12.6	15	3	15.5	20	3	13.3	21	2	16.1	20		6.4	7
1	25.9	37	1	24.4	29	1	23.3	30	1	22.2	35	1	22.6	28	1	14.5	16
4	14	20	2	16	19	2	20.2	26	2	17.1	27		8.9	11	2	13.6	15
2	19.6	28	3	12.6	15	4	13.2	17		9.5	15		12.1	15	2	13.6	15
	3.5	5		7.6	9		0.8	1		7	11	4	4	5	4	9.1	10
				2.5	3		1.6	2		0.6	1				4	9.1	10
5	9.8	14	5	10.1	12	5	10.9	14	5	10.1	16		9.7	12	4	9.1	10
	3.5	5		2.5	3		2.3	3		4.4	7		0.8	1		7.3	8
	1.4	2		1.7	2		0.8	1		0.6	1					4.5	5

問卷選文編號	21121	21061	21246	21080	21100
分類編號	10411	10411	10411	10411	10412
篇名	644. 新夏臺中行	645. 歐洲人冬夏兩季的生活	646. 礁溪行	647. 燦爛的街—上海國慶夜景	648. 柏林之圍
作者	民・秋濤	民・李石岑	民・華振之	民・佚名	民・胡適
文體	記	記	記	記	記
文言白話	白	白	白	白	文

調查結果		644 次數	644 %	644 次序	645 次數	645 %	645 次序	646 次數	646 %	646 次序	647 次數	647 %	647 次序	648 次數	648 %	648 次序
宜否作爲教材	否	54	33.7	1	61	35.3	1	47	26.7	1	70	40	1	53	26.6	1
	可	52	32.5	2	43	24.9	2	34	19.3	4	43	24.6	2	38	19.1	4
	中	24	15	3	39	22.5	3	45	25.6	2	22	12.6	4	45	22.6	2
	佳	24	15	3	22	12.7	4	39	22.2	3	30	17.1	3	41	20.6	3
	優	6	3.8	5	8	4.6	5	11	6.3	5	10	5.7	5	22	11.1	5
適用年級 國小	五	6	6		3	2.9		7	5.6		5	5.1		6	4.2	
	六	17	17	3	13	12.4	4	10	8.1		7	7.1	4	7	4.9	
國中	一	19	19	2	8	7.6		20	16.1	2	26	26.3	2	18	12.5	5
	二	21	21	1	25	23.8	1	32	25.8	1	31	31.3	1	26	18.1	1
	三	11	11	4	22	21	2	17	13.7	3	11	11.1	3	26	18.1	1
高中	一	11	11	4	16	15.2	3	11	8.9	5	5	5.1		20	13.9	4
	二	3	3		3	2.9		7	5.6		1	1		8	5.6	
	三	1	1					3	2.4		1	1		1	0.7	
中高職	一	9	9		12	11.4	5	14	11.3	4	6	6.1	5	23	16	3
	二	2	2		1	1		2	1.6		5	5.1		5	3.5	
	三				2	1.9		1	0.8		1	1		4	2.8	
備註																

21196			21248			21054			21277			21084			21033		
10421			10421			10421			10412			10412			10412		
654. 發揚護士精神			653. 青年節對青年講話			652. 我們的老祖宗			651. 寫民族英雄小史之前			650. 遊倫敦大寺記			649. 救火之勇少年		
民・陳雪屏			民・許地山			民・吳敬恒			民・廖楷陶			民・林紓			民・包公毅		
論			論			論			記			記			記		
白			白			白			文			文			文		
次序	%	次數	次序	%	次數	次序	%	次數	次序	%	次數	次序	%	次數	次序	%	次數
1	30.2	55	1	30.1	53	1	27	57	1	30.7	47	1	35.8	59	1	26.9	54
2	24.2	44	4	17.0	30	2	26.5	56	2	28.8	44	2	25.5	42	2	25.9	52
3	20.3	37	3	19,9	35	3	17.5	37	3	19.0	29	4	16.4	27	3	21.9	44
4	19.2	35	2	22.7	40	3	17.5	37	4	16.3	25	3	17.6	29	4	16.9	34
5	6.0	11	5	10.2	18	5	11.4	24	5	5.2	8	5	4.8	8	5	8.5	17
	4.0	5		2.4	3		7.7	11		3.7	4		2.9	3	5	9.5	14
4	10.5	13		3.2	4	4	11.9	17		5.6	6		4.9	5	2	19	28
5	8.9	11	5	11.3	14	3	17.5	25	5	10.3	11	5	7.8	8	4	15	22
1	23.4	29	1	19.4	24	1	18.2	26	1	22.4	24	1	24.3	25	1	20.4	30
2	16.9	21	2	16.9	21	1	18.2	26	2	21.5	23	4	14.6	15	2	19	28
	6.5	8	2	16.9	21	5	10.5	15	4	11.2	12	3	16.5	17		4.8	7
	2.4	3		8.9	11		2.1	3		5.6	6		5.8	6		2	3
	1.6	2		2.4	3					0.9	1					0.7	1
3	15.3	19	4	16.1	20		8.4	12	3	14.0	15	2	17.5	18		7.5	11
	7.3	9		2.4	3		4.2	6		3.7	4		2.9	3		2	3
	3.2	4		0	0		1.4	2		0.9	1		2.9	3			

問卷選文編號	分類編號	篇名	作者	文體	文言白話	備註
21254	10421	655.體育的歧路	民・曾虛白	論	白	
21117	10422	656.六書爲識字之簡易法	民・胡玉	論	文	
21193	10431	657.抹布畫	民・陳果夫	抒	白	
21071	10431	658.湖畔木屋（節）	梭羅 著	抒	白	
21264	10431	659.詩人節祝詩人	民・馮放民	抒	白	

調查結果		655 次數	655 %	655 次序	656 次數	656 %	656 次序	657 次數	657 %	657 次序	658 次數	658 %	658 次序	659 次數	659 %	659 次序
宜否作爲教材	否	59	37.6	1	59	31.2	1	48	26.5	1	56	27.5	1	66	40.5	1
	可	30	19.1	3	43	22.8	2	46	25.4	2	38	18.6	4	36	22.1	2
	中	34	21.7	2	35	18.5	4	33	18.2	4	41	20.1	3	31	19.0	3
	佳	24	15.3	4	38	20.1	3	37	20.4	3	44	21.6	2	24	14.7	4
	優	10	6.4	5	14	7.4	5	17	9.4	5	25	12.3	5	6	3.7	5
適用年級 國小	五	1	1.0		3	2.2		9	7.1		4	2.8		1	1.1	
	六	4	4.0		4	2.9		13	10.2	5	5	3.5		3	3.3	
國中	一	8	8.1		16	11.8	5	27	21.3	2	22	15.4	4	7	7.6	
	二	19	19.2	1	22	16.2	1	32	25.2	1	26	18.2	1	18	19.6	1
	三	15	15.2	2	21	15.4	2	14	11.0	3	26	18.2	1	18	19.6	1
高中	一	16	16.2	2	20	14.7	3	13	10.2	5	26	18.2	1	17	18.5	3
	二	11	11.1	5	7	5.1		0	0		10	7		9	9.8	5
	三	3	3.0		12	8.8		1	0.8		1	0.7		2	2.2	
高職	一	15	15.2	3	17	12.5	4	14	11.0	3	15	10.5	5	10	10.9	4
	二	4	4.0		10	7.4		4	3.1		6	4.2		4	4.3	
	三	3	3.0		4	2.9		0	0		2	1.4		3	3.3	

21366			21273			21010			21244			21279			21177		
10511			10511			10511			10441			10441			10441		
665. 西安導言			664. 加油三日記			663. 民元的雙十節			662. 獻給我們的空軍			661. 談寫作志願			660. 寄子書		
民・藍孟博			民・楊模			民・王平陵			中央日報			民・趙友培			修德安德森 張心漪譯		
記			記			記			應			應			應		
白			白			白			白			白			白		
次序	%	次數	次序	%	次數	次序	%	次數	次序	%	次數	次序	%	次數	次序	%	次數
1	34.0	54	1	30.8	45	1	30.5	58	1	37.2	64	1	26.7	47	1	30	68
2	26.4	42	3	24.7	36	2	24.2	46	2	23.3	40	3	22.2	39	2	24.2	55
4	14.5	23	2	27.4	40	3	21.6	41	3	17.4	30	4	17.0	30	4	18.5	42
3	20.8	33	4	13.7	20	4	17.4	33	4	15.7	27	2	26.1	46	3	19.8	45
5	4.4	7	5	3.4	5	5	6.3	12	5	6.4	11	5	8.0	14	5	7.5	17
	0.9	1		3.1	3		3	4		2.0	2		2.3	3		3.2	5
	2.8	3	4	11.5	11	4	13.4	18	5	10.8	11		7.8	10		5.2	8
5	8.3	9	3	19.8	19	2	17.9	24	3	14.7	15	4	10.9	14	3	14.9	23
2	19.4	21	2	20.8	20	3	17.2	23	1	26.5	27	1	25.0	32	1	34.4	53
1	20.4	22	1	22.9	22	1	19.4	26	2	18.6	19	2	18.0	23	2	18.8	29
2	19.4	21	5	9.4	9	4	13.4	18	4	12.7	13	3	17.2	22	4	11	17
5	8.3	9		2.1	2					3.9	4		4.7	6		1.9	3
	1.9	2		0	0		0.7	1		1.0	1		1.6	2		0.6	1
4	13.0	14		5.2	5	4	13.4	18		5.9	6	5	10.2	13	5	7.8	12
	4.6	5		3.1	3		0.7	1		2.9	3		1.6	2		1.9	3
	0.9	1		2.1	2		0.7	1		1.0	1		0.8	1			

問卷選文編號	21321	21123	21104	21128	21070
分類編號	10511	10441	10511	10511	10511
篇名	666. 杭州、南京、上海、北平	667. 遊西天目日記	668. 梅溪學堂	669. 復興來去	670. 鄭和
作者	民・蔣夢麟	民・郁達夫	民・胡適	民・侯人俊	民・沈鎮
文體	記	應	記	記	記
文言白話	白	白	白	白	白

調查結果		666 次數	666 %	666 次序	667 次數	667 %	667 次序	668 次數	668 %	668 次序	669 次數	669 %	669 次序	670 次數	670 %	670 次序
宜否作爲教材	否	61	33.5	1	73	26.1	1	57	35.2	1	82	35	1	51	31.5	1
	可	40	22.0	2	58	20.4	3	37	22.8	2	53	22.6	2	46	25.4	2
	中	28	15.4	4	72	25.7	2	28	17.3	4	46	19.7	3	34	18.8	3
	佳	37	20.3	3	56	20	4	30	18.5	3	37	15.8	4	34	18.8	3
	優	16	8.8	5	22	7.9	5	10	6.2	5	16	6.8	5	10	5.5	5
適用年級 國小	五	2	1.6		3	15		4	4		2	1.4		14	11.4	5
	六	10	8.0	5	6	3		3	3		3	2.1		17	13.8	3
國中	一	10	8.0	5	25	13.4	3	13	12.9	4	12	8.3	4	18	14.6	2
	二	14	11.2	4	25	37.3	1	19	18.8	2	26	18.1	2	16	13	4
	三	24	19.2	1	42	20.9	2	23	22.8	1	73	50.7	1	19	15.4	1
高中	一	21	16.8	3	21	10.4	4	17	16.8	3	14	9.7	3	13	10.6	
	二	9	7.2		10	5		5	5		2	1.4		4	3.3	
	三	2	1.6		2	1		1	1					2	1.6	
高職	一	22	17.6	2	12	6	5	10	9.9	5	7	4.9	5	13	10.6	
	二	9	7.2		5	2.5		6	5.9		4	2.8		7	5.7	
	三	2	1.6								1	0.7				
備註																

21089			21154			21322			16083			21280			21344		
10521			10512			10512			10512			10512			10512		
676.人生的究竟			675.鏡湖女俠墓表			674.葉成忠先生			673.書吳道子畫後			672.孫大總統廣州蒙難記			671.吳鳳傳		
民・邵元沖			民・徐自華			民・蔣維喬			宋・蘇軾			民・蔣中正			民・劉珊		
論			記			記			記			記			記		
白			文			文			文			文			文		
次序	%	次數	次序	%	次數	次序	%	次數	次序	%	次數	次序	%	次數	次序	%	次數
1	26.7	51	1	23.4	47	1	45.9	68	1	29.9	73	1	29.3	55	1	50.7	104
2	25.1	48	2	22.4	45	2	22.3	33	3	20.1	49	2	19.7	37	3	14.6	30
3	19.4	37	4	20.9	42	3	16.9	25	4	19.7	48	2	19.7	37	4	12.7	26
4	14.7	28	3	21.9	44	4	12.2	18	2	22.5	55	2	19.7	37	2	17.6	36
5	14.1	27	5	11.4	23	5	2.7	4	5	7.8	19	5	11.6	22	5	4.4	9
	1.4	2		1.3	2		3.8	3		0	0		3.5	5	5	9.2	9
	2.8	4		5	8		2.5	2		0.5	1		7.7	11	4	13.3	13
5	6.4	9	3	7.5	12		7.6	6		2.2	4	4	8.5	12	2	14.3	14
3	14.9	21	1	15	24	2	13.9	11		7.6	14	3	10.6	15	2	14.3	14
1	26.2	37	2	21.9	35	1	20.3	16	1	27.0	50	1	21.1	30	1	20.4	20
2	18.4	26	5	16.9	27		8.9	7	2	22.2	41	2	20.4	29	5	9.2	9
	4.3	6		10.6	17	3	12.7	10	3	14.6	27	4	8.5	12		5.1	5
	4.3	6	4	0.6	1		7.6	6	4	8.1	15		4.2	6		1.0	1
4	12.8	18		12.5	20	5	10.1	8	4	8.1	15		7.7	11		6.1	6
	5.7	8		7.5	12	3	12.7	10		7.6	14		6.3	9		7.1	7
	2.8	4		1.3	2		0	0		2.2	4		1.4	2		0	0

問卷選文編號	21349			21274			21028			21134			21188		
分類編號	10521			10521			10521			10521			10521		
篇名	677.中華民族的克難精神			678.米海			679.克難運動			680.耕者有其田			681.進化論淺解		
作者	民・錢穆			民・葛賢寧			民・中央日報			民・孫文			民・陳兼善		
文體	論			記			論			論			論		
文言白話	白			白			白			白			白		
調查結果	次數	%	次序	次數	%	次序	次數	%	次序	次數	%	次序	次數	%	次序
宜否作爲教材 否	47	25.1	1	51	33.1	1	59	33.3	1	69	35.4	1	74	33.8	1
可	43	23.0	2	41	26.6	2	41	23.2	2	37	19	3	37	16.9	4
中	33	17.6	4	33	21.4	3	41	23.2	2	32	16.4	4	55	25.1	2
佳	43	23.0	2	22	14.3	4	26	14.7	4	39	20	2	38	17.4	3
優	21	11.2	5	7	4.5	5	10	5.6	5	18	9.2	5	15	6.8	5
適用年級 國小 五	2	1.3		3	3.0		8	6.6		6	4.6		3	2.0	
六	3	2.0		20	20.0	2	12	9.9		3	2.3		6	4.0	
國中 一	13	8.6		16	16.0	4	18	14.9	2	9	6.9		15	10.1	5
二	15	9.9	4	19	19.0	3	15	12.4	4	12	9.2	4	22	14.8	2
三	31	20.5	1	24	24.0	1	24	19.8	1	28	21.4	1	39	26.2	1
高中 一	27	17.9	2	7	7.0	5	17	14	3	17	13	3	22	14.8	2
二	15	9.9	4	1	1.0		5	4.1		11	8.4	5	6	4.0	
三	5	3.3		0	0		1	0.8		7	5.3		4	2.7	
高職 一	23	15.2	3	6	6.0		14	11.6	5	21	16	2	19	12.8	4
二	8	5.3		4	4.0		7	5.8		8	6.1		11	7.4	
三	9	6.0		0	0					9	6.9		2	1.3	
備註															

21136			21135			21285			21111			21175			21032		
10522			10521			10521			10521			10521			10521		
687. 電學與知難行易			686. 談信義			685. 論社會風氣之改造			684. 談中學生的升學與擇業			683. 滑翔運動與體育			682. 搶救大陸青年		
民・孫文			民・孫文			民・蔣中正			民・胡適			民・郝更生			今日大陸十四期		
論			論			論			論			論			論		
文			白			白			白			白			白		
次序	%	次數	次序	%	次數	次序	%	次數	次序	%	次數	次序	%	次數	次序	%	次數
1	35.6	68	1	29.4	57	1	28.6	54	1	23	54	1	41.9	65	1	41.1	69
3	16.2	31	3	20.1	39	2	22.2	42	2	22.6	53	2	23.2	36	2	24.4	41
3	16.2	31	4	15.5	30	4	16.9	32	2	22.6	53	3	19.4	30	3	16.1	27
2	20.9	40	2	21.1	41	3	21.2	40	4	20.9	49	4	11	17	4	12.5	21
5	11	21	5	13.9	27	5	11.1	21	5	11.1	26	5	4.5	7	5	6	10
	1.6	2		6.4	9		2.8	4		1	2		5.8	5		5.3	5
	2.4	3		5	7		1.4	2		1	2		9.3	8	5	11.6	11
	6.3	8	5	8.6	12		3.4	5		2.1	4	4	12.8	11	3	12.6	12
	7.1	9	2	17.1	24		9.0	13	4	10.9	21	2	16.3	14	2	16.8	16
1	18.9	24	1	22.9	32	2	14.5	21	1	34.9	67	1	18.6	16	1	18.9	18
3	15	19	4	9.3	13	1	23.4	34	2	15.6	30	5	11.6	10	3	12.6	12
5	10.2	13		7.1	10	4	11.7	17		4.7	9		3.5	3		5.3	5
	1.6	2		3.6	5		4.8	7		4.2	8		1.2	1		1.1	1
2	16.5	21	3	10.7	15	2	14.5	21	3	13.5	26	3	15.1	13		8.4	8
4	14.2	18		6.4	9	5	9.7	14	5	7.8	15		4.7	4		6.3	6
	6.3	8		2.9	4		4.8	7		4.2	8		1.2	1		1.1	1

篇名	問卷選文編號	分類編號	作者	文體	文言白話	備註
688. 圖畫	21325	10522	民・蔡元培	論	文	
689. 生活的改造	21301	10541	民・蔣中正	應	白	
690. 慶祝臺灣光復節	21303	10541	民・蔣中正	應	白	
691. 總統校閱三軍影集題解	21027	10541	民・中央日報	應	白	
692. 太原五百完人成仁紀念碑	21351	10542	民・閻錫山	應	文	

調查結果		688 次數	688 %	688 次序	689 次數	689 %	689 次序	690 次數	690 %	690 次序	691 次數	691 %	691 次序	692 次數	692 %	692 次序
宜否作爲教材	否	58	34.5	1	51	26.8	1	58	28.6	1	65	43.6	1	54	23.2	1
	可	40	23.7	2	40	21.1	4	53	26.1	2	30	20.1	2	53	22.7	2
	中	30	17.8	4	43	22.6	3	30	14.8	4	30	20.1	2	41	17.6	4
	佳	32	18.9	3	44	23.2	2	39	19.2	3	17	11.4	4	53	22.7	2
	優	8	4.7	5	12	6.3	5	23	11.3	5	7	4.7	5	32	13.7	5
適用年級 國小	五	2	1.8		4	2.8		9	6.1		5	5.9		6	3.1	
	六	6	5.4		7	4.9		9	6.1		5	5.9		14	7.3	
國中	一	8	7.1		16	11.1	5	11	7.4	5	12	14.1	3	13	6.7	
	二	20	17.9	2	28	19.4	2	27	18.2	2	11	12.9	4	19	9.8	3
	三	23	20.5	1	32	22.2	1	28	18.9	1	13	15.3	1	46	23.8	1
高中	一	19	17.0	3	22	15.3	3	22	14.9	3	13	15.3	1	40	20.7	2
	二	5	4.5		8	5.6		10	6.8		8	9.4		15	7.8	5
	三	6	5.4		2	1.4		2	1.4		3	3.5		10	5.2	
高職	一	10	8.9	4	18	12.5	4	22	14.9	3	10	11.8	5	16	8.3	4
	二	9	8.0	5	6	4.2		8	5.4		3	3.5		8	4.1	
	三	4	3.6		1	0.7		0	0		2	2.4		6	3.1	

21210			21209			21208			21005			21047			21055		
10550			10550			10550			10542			10541			10542		
698. 臺灣雜誌詩二首之二			697. 臺灣雜誌詩二首之一			696. 志未酬			695. 輓聯（輓國父）			694. 給亡婦			693. 勤工儉學傳書後		
民・梁啓超			民・梁啓超			民・梁啓超			民・于右任			民・朱自清			民・吳敬恆		
詩			詩			詩			應			應			應		
									文			白			文		
次序	%	次數	次序	%	次數	次序	%	次數	次序	%	次數	次序	%	次數	次序	%	次數
1	37.6	64	1	36.4	64	1	26.4	56	1	24.8	56	1	30.9	73	1	34.1	58
2	25.3	43	2	24.4	43	2	24.5	52	3	21.7	49	2	22.9	54	2	21.2	36
3	20.6	35	3	22.2	39	3	21.7	46	4	16.4	37	4	14.4	34	2	21.2	36
4	11.2	19	4	11.9	21	4	16.0	34	2	23	52	3	22	52	4	15.3	26
5	5.3	9	5	5.1	9	5	11.3	24	5	14.2	32	5	9.7	23	5	8.2	14
	0.9	1		0.9	1		1.9	3		0.6	1		1.8	3		2.6	3
	4.6	5		6.2	7		3.2	5		4	7		1.2	2		4.3	5
	3.7	4		6.2	7	5	8.2	13		2.8	5		6.6	11		7.8	9
3	13.9	15	4	11.5	13	2	19.6	31	4	9.1	16	3	14.5	24	5	9.6	11
1	23.1	25	1	22.1	25	1	22.8	36	1	25.6	45	1	19.3	32	1	21.7	25
2	18.5	20	2	16.8	19	3	16.5	26	1	25.6	45	2	18.1	30	4	11.3	13
	6.5	7		8.0	9		2.5	4	5	8.5	15	5	10.2	17	5	9.6	11
	3.7	4		2.7	3		2.5	4		6.3	11		3.6	6		1.7	2
5	9.3	10	3	13.3	15	4	13.3	21	2	9.7	17	4	13.3	22	2	15.7	18
4	13.0	14	5	9.7	11		6.3	10		6.8	12		8.4	14		12.2	14
	2.8	3		2.7	3		3.2	5		1.1	2		3	5		3.5	4

項目		699.			700.			701.			702.			703.		
問卷選文編號		21168			14053			21231			21265			21102		
分類編號		10591			10610			10611			10611			10611		
篇名		碧血黃花第一幕			楊烈婦傳			不攻宋了			板門店雨中行			吳敬梓傳		
作者		民・唐紹華			唐・李翺			民・張本善			民・漢客			民・胡適		
文體		戲			記			記			記			記		
文言白話		白						白			白			白		
調查結果		次數	%	次序	次數	%	次序	次數	%	次序	次數	%	次序	次數	%	次序
宜否作爲教材	否	60	30.9	1	62	31.2	1	61	39.6	1	72	32.6	1	59	29.9	1
	可	46	23.7	2	43	21.6	2	39	25.3	2	48	21.7	2	45	22.8	3
	中	36	18.6	3	37	18.6	4	26	16.9	3	47	21.3	3	30	15.2	4
	佳	34	17.5	4	39	19.6	3	21	13.6	4	41	18.6	4	46	23.4	2
	優	18	9.3	5	18	9.0	5	7	4.5	5	13	5.9	5	17	8.6	5
適用年級 國小	五	7	5.2		1	0.6		8	8.9		1	0.6		5	3.6	
	六	18	13.3	3	2	1.3		10	11.1	3	6	3.8		9	6.4	
國中	一	17	12.6	4	5	3.2		13	14.4	2	15	9.6	5	17	12.1	5
	二	16	11.9	5	17	10.8	4	10	11.1	3	25	16.0	2	26	18.6	2
	三	28	20.7	1	9	5.7		9	10.0		22	14.1	4	22	15.7	3
高中	一	24	17.8	2	31	19.6	1	0	17.8	1	32	20.5	1	29	20.7	1
	二	3	2.2		25	15.8	3	10	11.1	3	12	7.7		3	2.1	
	三	3	2.2		8	5.1		0	0		3	1.9		1	0.7	
高職	一	14	10.4		29	18.4	2	7	7.8		24	15.4	3	21	15	4
	二	4	3		16	10.1	5	5	5.6		11	7.1		6	4.3	
	三	1	0.7		15	9.5		2	2.2		5	3.2		1	0.7	
備註																

16049			19032			21219			16027			21266			21323		
10612			10612			10612			10611			10611			10611		
709.君室記			708.曲園日記			707.田納西制度			706.碾玉觀音			705.飛渡太平洋			704.范仲淹安邊政略		
宋・陸游			清・俞樾			民・張其昀			宋・話本			民・董作賓			民・蔣君章		
記			記			記			記			記			記		
文			文			文			白			白			白		
次序	%	次數	次序	%	次數	次序	%	次數	次序	%	次數	次序	%	次數	次序	%	次數
1	37.0	61	1	30.8	53	1	42.6	72	1	32.4	68	1	28.3	72	1	41.0	64
4	18.2	30	2	28.5	49	2	24.9	42	3	21.0	44	3	22.0	56	2	23.1	36
2	19.4	32	3	18	31	3	18.3	31	2	23.8	50	2	24.0	61	3	21.2	33
3	18.8	31	4	17.4	30	4	10.1	17	4	14.3	30	4	19.3	49	4	11.5	18
5	6.7	11	5	5.2	9	5	4.1	7	5	8.6	18	5	6.3	16	5	3.2	5
	0	0		0.8	1		1.0	1		2.0	3		1.0	2		2.1	2
	0.9	1					2.0	2		1.3	2		4.1	8		2.1	2
	1.7	2		1.6	2		4.0	4		3.9	6		7.8	15		4.2	4
	4.3	5		5.4	7	2	18.2	18		7.2	11	2	14.5	28	3	11.5	11
5	11.3	13	4	12.4	16	4	13.1	13	4	11.2	17	3	14.0	27	2	13.5	13
1	20.9	24	1	27.9	36	1	22.2	22	1	20.4	31	1	18.7	36	1	19.8	19
2	19.1	22	2	18.6	24		8.1	8	2	15.8	24	4	13.5	26	5	10.4	10
	6.1	7		6.2	8		3.0	3		7.9	12		3.1	6	3	11.5	11
3	15.7	18	3	14	18	3	15.2	15	5	9.9	15	4	13.5	26		8.3	8
4	14.8	17	5	7.8	10	5	10.1	10	3	13.8	21		7.3	14		8.3	8
	5.2	6		5.4	7		3.0	3		6.6	10		2.6	5		8.3	8

問卷選文編號	12013			18013			11037			21267			16078		
分類編號	10612			10612			10612			10612			10612		
篇名	710. 李將軍列傳			711. 杜環小傳			712. 林回棄璧			713. 革命運動之開始			714. 登西臺慟哭記		
作者	漢·司馬遷			明·宋濂			莊子			民·鄒魯			宋·謝翱		
文體	記			記			記			記			記		
文言白話	文			文			文			文			文		
調查結果	次數	%	次序	次數	%	次序	次數	%	次序	次數	%	次序	次數	%	次序
宜否作爲教材 否	81	28.7	1	57	29.7	1	61	26.9	1	54	33.3	1	65	35.9	1
可	52	18.4	4	36	18.8	4	39	26.0	2	40	24.7	2	47	26.0	2
中	57	20.2	3	43	22.4	2	44	19.4	3	33	20.4	3	30	16.6	4
佳	64	22.7	2	40	20.8	3	41	18.1	4	27	16.7	4	31	17.1	3
優	28	9.9	5	16	8.3	5	22	9.7	5	8	4.9	5	8	4.4	5
適用年級 國小 五				0	0		0	0		0	0		1	0.8	
六	4	6.9		0	0		2	1.1		5	4.5		2	1.6	
國中 一	1	0.5		6	4.1		5	2.8		13	11.6	5	1	0.8	
二	10	4.6		8	5.5		13	7.3		17	15.2	2	0	0	
三	30	13.9	3	16	11.0	5	11	9.6	5	17	15.2	2	10	8.0	
高中 一	49	22.7	1	46	31.7	1	42	23.7	1	20	17.9	1	28	22.4	1
二	48	22.2	2	22	15.2	3	36	20.3	2	13	11.6	5	23	18.4	2
三	22	10.2	4	2	1.4		17	10.7	3	4	3.6		19	15.2	3
高職 一	14	6.5		25	17.2	2	17	10.7	3	14	12.5	4	12	9.6	
二	22	10.2	4	17	11.7	4	12	6.8		8	7.1		16	12.8	4
三	16	7.4		3	2.1		12	6.8		1	0.9		13	10.4	5
備註															

21256			19048			18006			14090			19031			18018		
10612			10612			10612			10612			10612			10612		
720. 量守日記			719. 崇明老人記			718. 船山記			717. 書褒城驛壁			716. 書侯振東			715. 馬伶傳		
民・黃侃			清・陸隴其			明・王夫之			唐・孫樵			清・胡天游			明・侯方域		
記			記			記			記			記			記		
文			文			文			文			文			文		
次序	%	次數	次序	%	次數	次序	%	次數	次序	%	次數	次序	%	次數	次序	%	次數
1	34.7	51	1	28.5	53	1	24.8	53	1	33.0	59	1	42.1	67	1	32.2	55
2	24.5	36	2	23.1	43	4	19.6	42	2	21.8	39	2	22.6	36	3	21.1	36
3	21.8	32	3	20.4	38	2	24.3	52	2	21.8	39	3	21.4	34	2	22.2	38
4	15.6	23	4	19.4	36	3	21.0	45	4	16.2	29	4	11.9	19	4	20.5	35
5	3.4	5	5	8.6	16	5	10.3	22	5	7.3	13	5	1.9	3	5	4.1	7
	1.0	1					0.6	1		0	0					0	0
	3.1	3		1.4	2		0	0		0.8	1					1.6	2
	3.1	3		9.2	13		0.6	1		1.5	2		1	1		3.9	5
3	14.3	14		9.2	13		2.8	5		1.5	2	5	10.4	10		3.9	5
2	17.3	17	2	16.2	23	4	11.3	20	5	8.3	11	2	18.8	18	4	12.5	16
1	20.4	20	1	21.1	30	1	22.6	40	1	23.5	31	1	3.5	24	1	23.4	30
4	12.2	12	3	14.1	20	2	21.5	38	2	19.7	26	2	18.8	18	5	10.9	14
	5.1	5		2.1	3	3	13.6	24		6.8	9		3.1	3		9.4	12
4	12.2	12	4	12.7	18		10.7	19	3	16.7	22	4	12.5	12	2	16.4	21
	10.2	10	4	12.7	18	4	11.3	20	4	14.4	19		7.3	7	3	13.3	17
	1.0	1		1.4	2		5.1	9		6.8	9		3.1	3		4.7	6

問卷選文編號	18019			19055			19046			19049			16066		
分類編號	10612			10612			10612			10612			10612		
篇名	721. 遊明聖湖日記（節）			722. 湘鄉昭忠祠記			723. 圓圓傳			724. 遊小盤谷記			725. 新五代史死節傳		
作者	明・浦君			清・曾國藩			清・陸次雲			清・梅曾亮			宋・歐陽修		
文體	記			記			記			記			記		
文言 白話	文			文			文			文			文		
調查結果	次數	%	次序	次數	%	次序	次數	%	次序	次數	%	次序	次數	%	次序
宜否作為教材 否	60	23.9	1	50	29.2	1	65	31.4	1	50	31.4	1	57	30.0	1
可	38	21.5	2	43	25.1	2	50	24.2	2	44	27.7	2	43	22.6	2
中	37	20.9	3	40	22.4	3	42	20.3	2	27	17	4	31	16.3	4
佳	30	16.9	4	26	15.2	4	32	15.5	4	31	19.5	3	38	20.0	3
優	12	6.8	5	12	7	5	18	8.7	5	7	4.4	5	21	11.1	5
適用年級 國小 五	0	0		1	0.7		1	0.6					0	0	
國小 六	1	0.8		1	0.7		1	0.6		1	0.9		0	0	
國中 一	3	2.4		3	2.2		2	1.2		6	5.1		1	0.7	
國中 二	14	11.2	5	13	9.4	4	7	4.3		5	4.3		1	0.7	
國中 三	14	11.2	5	9	6.5		15	9.3	5	18	15.4	2	9	5.9	
高中 一	35	28.0	1	35	25.4	1	33	20.5	1	32	27.4	1	41	26.8	1
高中 二	17	13.6	4	25	18.1	2	33	27.5	1	15	12.8	4	34	22.2	2
高中 三	3	2.4		12	8.7	5	13	8.1		5	4.3		19	12.4	4
高職 一	18	14.4	2	11	8		25	15.5	3	18	15.4	2	19	12.4	4
高職 二	18	14.4	2	20	14.5	3	23	14.3	4	15	12.8	4	20	13.1	2
高職 三	2	1.6		8	5.8		8	5		2	1.7		9	5.9	
備註															

21130			21138			21259			21088			19037			19024		
10621			10621			10621			10612			10612			10612		
731. 用甚麼方法來恢復民族主義			730. 世界道德的新潮流			729. 孔子的眞價值			728. 總理學記			727. 謁曲阜孔廟			726. 蒼霞精舍後軒記		
民・孫文			民・孫文			民・程天放			民・邵元沖			清・孫嘉淦			清・林紓		
論			論			論			記			記			記		
白			白			白			文			文			文		
次序	%	次數	次序	%	次數	次序	%	次數	次序	%	次數	次序	%	次數	次序	%	次數
1	30.6	60	1	30.3	57	1	25.8	48	1	35.8	58	1	32.2	56	1	23.5	60
3	20.4	40	2	19.1	36	3	22.6	42	2	22.2	36	2	24.1	42	2	23.1	59
4	15.3	30	3	18.1	34	4	20.4	38	3	21	34	3	23.6	41	4	21.6	55
2	24	47	3	18.1	34	2	23.1	43	5	9.9	16	4	14.9	26	3	22	56
5	9.7	19	5	14.4	27	5	8.1	15	4	11.1	18	5	5.2	9	5	9.8	25
	1.4	2		2.2	3		1.4	2		1.8	2		0.8	1		0.9	2
	2.7	4		1.4	2		1.4	2		1.8	2		1.6	2			
	5.4	8		3.6	5		5.1	7	4	13.8	15		0.8	1		0.4	1
3	12.2	18	4	10.1	14	4	13.8	19	4	13.8	15		3.9	5		3	7
2	13.6	20	2	15.8	22	4	13.8	19	2	14.7	16	3	18.1	23	5	4.7	11
1	23.8	35	1	19.4	27	1	21.0	29	1	18.3	20	1	24.4	31	1	26.9	63
4	10.9	16		7.2	10	2	15.9	22		8.3	9	2	18.9	24	2	23.5	55
	4.8	7		8.6	12		4.3	6		4.6	5		4.7	6		2.6	6
4	10.9	16	3	13.7	19	3	15.2	21	2	14.7	16	4	11.8	15	4	18.4	43
4	10.9	16	5	9.4	13		5.8	8		5.5	6	5	11	14	3	18.8	44
	3.4	5		8.6	12		2.2	3		2.8	3		3.9	5		0.9	2

		732			733			734			735			736		
問卷選文編號		21296			21108			21205			21283			21203		
分類編號		10621			10621			10621			10621			10621		
篇名		732.民族精神的偉大力量			733.老殘遊記的文學技術			734.述尚書春秋國語左傳			735.革命哲學			736.「知其不可而爲」與「爲而不有」		
作者		民・蔣中正			民・胡適			民・梁啓超			民・蔣中正			民・梁啓超		
文體		論			論			論			論			論		
文言白話		白			白			白			白			白		
調查結果		次數	%	次序	次數	%	次序	次數	%	次序	次數	%	次序	次數	%	次序
宜否作爲教材	否	51	31.7	1	76	33.5	1	80	44.2	1	69	30.5	1	64	26.7	1
	可	36	22.4	2	39	17.2	4	30	16.6	3	46	20.4	3	47	19.6	3
	中	31	19.3	3	41	18.1	3	37	20.4	2	34	15.0	4	39	16.3	4
	佳	27	16.8	4	46	20.3	2	24	13.3	4	50	22.1	2	59	24.3	2
	優	16	9.9	5	25	11	5	10	5.5	5	27	11.9	5	31	12.9	5
適用年級 國小	五	3	2.6		3	1.8		2	1.9		2	1.1		2	1.0	
	六	6	5.2		1	0.6		1	0.9		2	1.1		2	1.0	
國中	一	1	0.9		7	4.3		1	0.9		2	1.1		6	3.1	
	二	9	7.8		15	9.1		4	3.7		8	5.3		14	7.3	
	三	14	12.1	3	16	9.8	5	11	10.2	4	11	7.3		26	13.6	3
高中	一	30	25.9	1	38	23.2	1	27	25.0	1	29	19.2	3	41	21.5	1
	二	12	10.3	4	30	18.3	2	13	12.0	3	39	25.8	1	26	13.6	3
	三	12	10.3	4	8	4.9		17	15.7	2	31	20.5	2	20	10.5	5
高職	一	20	17.2	2	23	14	3	10	9.3		14	9.3		32	16.8	2
	二	7	6.0		19	11.6	4	11	10.2	4	26	17.2	4	15	7.9	
	三	2	1.7		4	2.4		11	10.2	4	17	11.3	5	7	3.7	
備註																

21110			21224			21045			21222			21286			21109		
10621			10621			10621			10621			10621			10621		
742. 論短篇小說			741. 臺灣精神			740. 詩經的源起			739. 新生活與民族復興			738. 怎樣維護世界和平			737. 甚麼叫做短篇小說		
民·胡適			民·張其昀			民·朱自清			民·張其昀			民·蔣中正			民·胡適		
論			論			論			論			論			論		
白			白			白			白			白			白		
次序	%	次數	次序	%	次數	次序	%	次數	次序	%	次數	次序	%	次數	次序	%	次數
1	35	71	1	25.2	51	1	27.6	63	1	35.4	62	1	32.9	57	1	31.3	73
2	23.2	47	4	19.8	40	2	22.8	52	2	23.4	41	2	24.9	43	2	22.7	53
4	16.3	33	2	22.8	46	4	17.1	39	3	18.9	33	4	15.6	27	4	17.6	41
3	21.7	44	2	22.8	46	3	20.2	46	5	10.9	19	3	17.9	31	3	21	49
5	3.9	8	5	9.4	19	5	12.3	28	4	11.4	20	5	8.7	15	5	7.3	17
	0.7	1		1.9	3		1.8	3		1.8	2		3.3	4		1.7	3
	2.1	3		3.1	5		1.2	2		3.5	4		3.3	4		4.1	7
	2.1	3	4	9.9	16		5.5	9		8.8	10		1.7	2		4.7	8
	8.5	12	5	8.6	14	4	12.1	20	5	9.6	11	5	9.1	11	5	9.3	16
3	15.6	22		13.0	21	2	18.2	30	2	16.7	19	2	14.9	18	3	15.1	26
1	18.4	26	1	22.2	36	1	30.9	51	1	21.9	25	1	22.3	27	1	22.1	38
4	14.2	20	3	11.1	18	5	7.3	12	4	10.5	12	3	12.4	15	4	14	24
	6.4	9		4.3	7		1.8	3		4.4	5		5.8	7		1.7	3
1	18.4	26	2	14.8	24	3	13.3	22	3	12.3	14	3	12.4	15	2	17.4	30
5	10.6	15		8.0	13		5.5	9		5.3	6		8.3	10		7	12
	2.8	4		3.1	5		2.4	4		5.3	6		6.6	8		2.9	5

項目		743.			744.			745.			746.			747.		
問卷選文編號		21233			21165			21357			21223			21297		
分類編號		10621			10621			10622			10622			10622		
篇名		養慧			舊文化與新小說（節）			三民主義之教育價值			三民主義之思想淵源			中山樓中華文化堂落成紀念文		
作者		民・張羣			民・夏濟安			民・戴傳賢			民・張其昀			民・蔣中正		
文體		論			論			論			論			論		
文言白話		白			白			文			文			文		
調查結果		次數	%	次序	次數	%	次序	次數	%	次序	次數	%	次序	次數	%	次序
宜否作爲教材	否	53	24.0	1	66	36.1	1	58	31.2	1	63	33.2	1	72	34.0	1
	可	48	21.7	3	36	19.7	2	37	19.9	3	35	18.4	4	41	19.3	3
	中	39	17.6	4	30	16.4	4	34	18.3	4	38	20.0	2	28	13.2	4
	佳	51	23.1	2	34	18.6	3	38	20.4	2	36	18.9	3	44	20.8	2
	優	30	13.6	5	17	9.3	5	19	10.2	5	18	9.5	5	27	12.7	5
適用年級 國小	五	1	0.6		1	0.8		1	0.7		0	0		1	0.7	
	六	5	2.8		2	1.6		3	2.0		5	3.4		2	1.3	
國中	一	13	7.3	5	8	6.5	5	2	1.3		3	2.1		2	1.3	
	二	13	7.3	5	6	4.8		9	5.9		5	3.4		7	4.7	
	三	30	16.9	2	19	15.3	3	12	7.8		10	6.8		8	5.3	
高中	一	47	26.4	1	29	23.4	1	32	20.9	1	34	23.3	1	39	26.0	1
	二	22	12.4	4	13	10.5	4	28	18.3	2	24	16.4	2	23	15.3	3
	三	7	3.9		11	8.9	5	18	17.8	4	16	11.0	5	27	18.0	2
高職	一	24	13.5	3	22	17.7	2	15	9.8	5	18	12.3	3	19	12.7	4
	二	10	5.6		8	6.5		12	7.8		14	9.6		9	6.0	
	三	6	3.4		5	4		21	13.7	3	17	11.6	4	13	8.7	5
備註																

16088			21137			19066			21221			21060			18022		
10622			10622			10622			10622			10622			10622		
753. 倡勇敢			752. 制定建國大綱緒言			751. 知己說			750. 求是精神			749. 曲原			748. 守望社題辭		
宋·蘇軾			民·孫文			清·劉開			民·張其昀			民·吳梅			明·陳宏緒		
論			論			論			論			論			論		
文			文			文			文			文			文		
次序	%	次數	次序	%	次數	次序	%	次數	次序	%	次數	次序	%	次數	次序	%	次數
1	36.1	61	1	42.3	71	1	25.9	49	1	26.5	50	1	34.1	58	1	35.7	60
4	17.2	29	3	16.1	27	2	24.9	47	2	21.7	41	2	27.1	46	2	25.0	42
3	19.5	33	4	13.1	22	4	21	40	4	20.1	38	3	17.6	30	3	19.6	33
2	21.3	36	2	19.6	33	3	22.2	42	2	21.7	41	4	15.3	26	4	14.9	25
5	5.9	10	5	8.9	15	5	5.8	11	5	10.1	19	5	5.9	10	5	4.8	8
	0.8	1		0.9	1		0.7	1		2.1	3		2.6	3		0	0
	1.7	2		0.9	1		1.4	2		4.1	6		5.2	6		0.9	1
	0.8	1		2.8	3		5.5	8		7.6	11		6.1	7		0.9	1
	4.2	5		2.8	3	3	13.8	20	4	9.0	13		6.1	7		9.1	10
	8.3	10	2	16.7	18	2	20	29	2	17.2	25	2	13	15	4	12.7	14
1	22.5	27	1	20.4	22	1	24.8	36	1	20.7	30	1	19.1	22	1	21.8	24
2	19.2	23	5	10.2	11	4	12.4	18	4	9.0	13	5	10.4	12	2	15.5	17
5	10.0	12	4	11.1	12		4.8	7		2.8	4	3	12.2	14	5	10.0	11
4	12.5	15	3	14.8	16		6.9	10	3	16.6	24	3	12.2	14		9.1	10
3	13.3	16		9.3	10	5	9.7	14	4	9.0	13		7.8	9	3	13.6	15
	6.7	8	5	10.2	11					2.1	3		5.2	6		6.4	7

問卷選文編號		19033			21385			21204			21132			11027		
分類編號		10622			10622			10622			10622			10622		
篇名		754. 詩境淺說選			755. 察變			756. 論小說與群治之關係			757. 論中國富強之本			758. 齊桓晉文之事章		
作者		清·俞陛雲			民·嚴復			民·梁啓超			民·孫文			孟子		
文體		論文			論文			論文			論文			論文		
文言白話		文			文			文			文			文		
調查結果		次數	%	次序	次數	%	次序	次數	%	次序	次數	%	次序	次數	%	次序
宜否作爲教材	否	58	28	1	61	37.2	1	80	43.7	1	58	27.9	1	102	35.9	1
	可	50	24.2	2	34	20.7	2	33	18.0	2	37	17.8	3	66	23.2	2
	中	41	19.8	3	33	20.1	3	28	15.3	3	26	12.5	5	40	14.1	4
	佳	41	19.8	3	26	15.9	4	24	13.1	4	51	24.5	2	56	19.7	3
	優	17	8.2	5	10	6.1	5	18	9.8	5	36	17.3	4	20	7.0	5
適用年級 國小	五				0	0		1	0.9		3	1.7		4	2.0	
	六	1	0.6		1	0.9		1	0.9		2	1.1		1	0.5	
國中	一	2	1.2		3	2.7		1	0.9		1	0.6		2	1.0	
	二	5	3		10	9.0		4	3.4		9	5.1		15	7.7	
	三	16	9.6	5	17	15.3	2	14	12.1	4	18	10.2		32	16.3	2
高中	一	50	30.1	1	20	18.0	1	30	25.9	1	29	16.5	1	50	25.5	1
	二	37	22.3	2	9	8.1		18	15.5	2	24	13.6	2	27	13.8	3
	三	9	5.4		11	9.9	5	9	7.8		24	13.6	2	16	8.2	5
高職	一	24	14.5	3	16	14.4	3	18	15.5	2	24	13.6	2	15	7.7	
	二	18	10.8	4	13	11.7	4	13	11.2	5	18	10.2		24	12.2	4
	三	4	2.4		11	9.9	5	7	6.0		24	13.6	2	10	5.1	
備註																

21093			16058			21282			21281			19018			21232		
10641			10640			10632			10632			10622			10622		
764. 中華民國主席聯合國代表團之聲明			763. 農書自序			762. 先妣王太夫人百歲紀念文			761. 五十生日感言			760. 釋三九			759. 禮儀廉恥與政教合一		
民・周書楷			宋・陳敷			民・蔣中正			民・蔣中正			清・汪中			民・張繼		
應白			應			抒文			抒文			論文			論文		
次序	%	次數	次序	%	次數	次序	%	次數	次序	%	次數	次序	%	次數	次序	%	次數
1	44.4	76	1	39.7	62	1	32.9	69	1	26.1	60	1	41	71	1	36.3	58
2	20.5	35	2	24.4	38	2	20.0	42	2	22.2	51	2	24.3	42	2	21.2	34
3	15.8	27	3	17.9	28	4	15.2	32	4	16.1	37	3	16.3	28	3	19.4	31
4	13.5	23	4	12.2	19	3	18.1	38	3	21.3	49	4	13.9	24	4	16.9	21
5	5.8	10	5	5.8	9	5	13.8	29	5	14.3	33	5	4.6	8	5	6.3	10
	2	2		0	0		0	0		1.5	3					2.0	2
	3.1	3		0	0		2.0	3		2.6	5					2.0	2
	5.1	5		1.9	2		2.0	3		4.6	9		0.9	1		1.0	1
5	12.2	12		2.8	3		5.3	7		6.2	12		2.7	3	5	11.1	11
2	15.3	15		5.7	6		9.1	12	5	10.3	20		6.2	7	4	12.1	12
1	22.4	22	1	21.7	23	1	24.2	32	1	20.5	40	1	30.1	34	1	17.2	17
4	13.3	13	5	12.3	13	2	22.0	29	2	16.9	33	2	20.4	23	1	17.2	17
	4.1	4		11.3	12	5	11.4	15		6.2	12	4	9.7	11		10.1	10
2	15.3	15	2	15.1	16	3	15.2	20	3	13.3	26	3	11.5	13		10.1	10
	5.1	5	2	15.1	16	3	15.2	20	4	12.3	24	4	9.7	11	3	14.1	14
	2	2	4	14.2	15		8.3	11		5.6	11		8.8	10		3.0	3

問卷選文編號	21306			21309			21257			21332			21310		
分類編號	10641			10641			10641			10641			10641		
篇名	765. 四十一年青年節告全國青年書			766. 光復臺灣是國民黨宿志			767. 何以慰總統蔣公在天之靈			768. 杜威博士生日演說詞			769. 爲中華民國退出聯合國告全國同胞書		
作者	民·蔣中正			民·蔣中正			民·黃少谷			民·蔡元培			民·蔣中正		
文體	應			應			應			應			應		
文言白話	白			白			白			白			白		
調查結果	次數	%	次序	次數	%	次序	次數	%	次序	次數	%	次序	次數	%	次序
宜否作爲教材 否	77	45.8	1	74	45.7	1	59	28.9	1	60	28.2	1	61	31.4	1
可	33	19.6	2	33	20.4	2	45	22.1	3	49	23.0	2	36	18.6	2
中	17	10.1	4	20	12.3	4	35	17.2	4	44	20.7	3	31	16.0	5
佳	26	15.5	3	22	13.6	3	50	24.5	2	39	18.3	4	34	17.5	3
優	15	8.9	5	13	8.0	5	15	7.4	5	21	9.9	5	32	16.5	4
適用年級 國小 五	1	1.0		2	2.1		6	3.9		2	1.2		3	2.0	
六	1	1.0		2	2.1		6	3.9		2	1.2		2	1.3	
國中 一	5	5.2		9	9.6		8	5.2		7	4.2		5	3.4	
二	17	17.5	3	10	10.6	4	13	8.5	4	21	12.7	3	14	9.4	
三	8	8.2	5	8	8.5		22	14.4	3	20	12.1	4	20	13.4	2
高中 一	25	25.8	1	17	18.1	1	46	30.1	1	47	28.5	1	35	23.5	1
二	12	12.4	4	14	14.9	2	10	6.5		20	12.1	4	19	12.8	3
三	3	3.1		7	7.4		4	2.6		5	3.0		8	5.4	
高職 一	19	19.6	2	13	13.8	3	24	15.7	2	28	17.0	2	18	12.1	4
二	5	5.2		10	10.6	4	13	8.5	4	12	7.3		17	11.4	5
三	1	1.0		2	2.1		1	6.7		1	0.6		8	5.4	
備註															

21261			21243			21191			21012			21316			21307		
10641			10641			10641			10641			10641			10641		
770. 爲維護人道而反共抗俄			771. 推行克難運動文告			772. 黃花岡烈士紀念會演講辭			773. 凱末爾遺訓			774. 蔣總統經國先生就職文告			775. 蘇俄在中國緒論		
民·程天放			民·國防部			民·陳布雷			民·王雲五			民·蔣經國			民·蔣中正		
應			應			應			應			應			應		
白			白			白			白			白			白		
次數	%	次序	次數	%	次序	次數	%	次序	次數	%	次序	次數	%	次序	次數	%	次序
66	41.8	1	80	48.2	1	57	31.0	1	59	33.7	1	67	37.6	1	65	33.2	1
30	19.0	2	32	19.3	2	36	19.6	3	49	28	2	32	18.0	3	45	23.0	2
26	16.5	3	27	16.3	3	36	19.6	3	34	19.4	3	18	10.1	5	30	15.3	4
26	16.5	3	22	13.3	4	39	21.2	2	23	13.1	4	37	20.8	2	34	17.2	3
10	6.3	5	5	3.0	5	16	8.7	5	10	5.7	5	24	13.5	4	22	11.2	5
2	2.2		2	2.4		6	4.6		3	2.7		2	1.7		2	1.4	
3	3.3		3	3.6		7	5.3		8	7.1		4	3.4		1	0.7	
7	7.6		3	3.6		15	11.5	4	10	8.8	5	11	9.3	5	4	2.7	
11	12.0	4	13	15.5	3	14	10.7	5	19	16.8	3	12	10.2	4	7	4.7	
15	16.3	2	20		2	27	20.6	2	21	18.6	2	19	16.1	2	17	11.5	3
22	23.9	1	21		1	29	22.1	1	23	20.4	1	27	22.9	1	37	25.0	1
6	6.5		6		5	7	5.3		3	2.7		11	9.3	5	16	10.8	4
4	4.3		1			1	0.8		2	1.8		2	1.7		15	10.1	5
13	14.1	3	8		4	18	13.7	3	17	15	4	19	16.1	2	23	15.5	2
8	8.7	5	6		5	7	5.3		6	5.3		7	5.9		14	9.5	
1	1.1		1			0	0		1	0.9		4	3.4		12	8.1	

問卷選文編號	19036			16014			19034			21141			21384		
分類編號	10642			10642			10642			10642			10642		
篇名	776. 三習一弊疏			777. 大學章句序			778. 中國女報發刊詞			779. 中華民國臨時大總統就職宣言			780. 天演論譯例言		
作者	清・孫嘉淦			宋・朱熹			清・秋瑾			民・孫文			民・嚴復		
文體	應			應			應			應			應		
文言／白話	文			文			文			文			文		
調查結果	次數	%	次序	次數	%	次序	次數	%	次序	次數	%	次序	次數	%	次序
宜否作爲教材 否	62	41.6	1	92	31.3	1	66	31.7	1	66	30.7	1	62	33.9	1
宜否作爲教材 可	38	25.5	2	50	17.0	3	42	20.2	3	39	18.1	3	42	23.0	2
宜否作爲教材 中	28	18.8	3	44	15.0	4	49	23.6	2	35	16.3	4	31	16.9	4
宜否作爲教材 佳	17	11.4	4	69	23.5	2	39	18.8	4	46	21.4	2	33	18.0	3
宜否作爲教材 優	4	2.7	5	39	13.3	5	12	5.8	5	29	13.5	5	15	8.2	5
適用年級 國小 五				1	0.4		1	0.6					0	0	
適用年級 國小 六				2	0.8		1	0.6		3	1.8		1	0.8	
適用年級 國中 一				0	0		3	1.9		3	1.8		5	3.9	
適用年級 國中 二	3	3.2		4	1.7		21	13.5	3	12	7		14	10.9	5
適用年級 國中 三	12	12.8	3	17	7.2		36	23.2	2	13	7.6		20	15.6	2
適用年級 高中 一	21	22.3	1	51	21.6	1	42	27.1	1	35	20.5	1	21	16.4	1
適用年級 高中 二	20	21.3	2	40	16.9	3	13	8.4	5	21	12.3	5	19	14.8	3
適用年級 高中 三	9	9.6		48	20.3	2	4	2.6		23	13.5	3	10	7.8	
適用年級 高職 一	8	8.5		23	9.7		19	12.3	4	23	13.5	3	9	7.0	
適用年級 高職 二	11	11.7	4	25	10.6	4	12	7.7		14	8.2		19	14.8	3
適用年級 高職 三	10	10.6	5	25	10.6	4	3	1.9		24	14	2	10	7.8	
備註															

21360			18044			12035			19045			16095			21268		
10642			10642			10642			10642			10642			10642		
786. 青年守則前文			785. 初刻日知錄自序			784. 求賢詔			783. 先府君所讀資治通鑑書後			782. 示李薦李祉			781. 丘倉海先生念臺詩序		
民·戴傳賢			明·顧炎武			漢·劉邦			清·陳澧			宋·蘇軾			民·鄒魯		
應			應			應			應			應			應		
文			文			文			文			文			文		
次序	%	次數	次序	%	次數	次序	%	次數	次序	%	次數	次序	%	次數	次序	%	次數
1	25.2	66	1	31.2	64	1	30.5	74	1	46	69	1	38.5	69	1	30.9	56
3	22.3	58	4	16.6	34	3	20.2	49	2	18	27	4	17.9	32	2	21.5	39
5	13.8	36	3	21.0	43	4	19.3	47	3	17.3	26	2	21.8	39	3	19.3	35
2	23.8	62	2	24.9	51	2	22.6	55	4	12.7	19	3	19.0	34	3	19.3	35
4	14.6	38	5	6.3	13	5	7.4	18	5	6	9	5	2.8	5	5	8.8	16
	1.8	4		0	0		0.5	1					0	0		0.7	1
	4.6	10		1.3	2		0.5	1					0	0		3.7	5
3	13.8	30		0.6	1		0.5	1		2.3	2		0.8	1		1.5	2
2	14.3	31		4.5	7		3.0	6		2.3	2		3.4	4	5	8.1	11
5	11.5	25		6.4	10	4	10.7	21		3.5	3		4.2	5	4	11.1	15
1	19.4	42	1	23.6	37	1	27.9	55	1	27.9	24	1	28.0	33	1	22.2	30
	6.0	13	2	19.1	30	2	17.3	34	2	23.3	20	2	22.0	26	2	20.7	28
	6.0	13	3	15.9	25		8.6	17	3	12.8	11	5	8.5	10		5.9	8
4	12.9	28	5	9.6	15	4	10.7	21	3	12.8	11	4	11.9	14	3	12.6	17
	3.7	8	4	12.1	19	3	14.7	29	5	9.3	8	3	14.4	17		7.4	10
	6.0	13		7.0	11		5.6	11		5.8	5		6.8	8		5.9	8

問卷選文編號	19060			14082			21298			18025			21299		
分類編號	10642			10642			10642			10642			10642		
篇名	787. 致沅弟書			788. 答人求文章書			789. 國父百年誕辰紀念文			790. 陶庵夢憶自序			791. 祭陳英士文		
作者	清・曾國藩			唐・柳宗元			民・蔣中正			明・張岱			民・蔣中正		
文體	應			應			應			應			應		
文言白話	文			文			文			文			文		
調查結果	次數	%	次序	次數	%	次序	次數	%	次序	次數	%	次序	次數	%	次序
宜否作爲教材 否	57	30.5	1	65	26.9	1	63	32.1	1	60	31.6	1	62	37.6	1
可	47	25.1	2	56	23.1	2	41	20.9	2	36	18.9	4	34	20.6	2
中	27	14.4	4	40	16.5	4	25	12.8	5	39	20.5	3	30	18.2	3
佳	44	23.5	3	53	21.9	3	35	17.9	3	40	21.1	2	29	17.6	4
優	12	6.4	5	28	11.6	5	32	16.3	4	15	7.9	5	10	6.1	5
適用年級 國小 五	2	1.4		2	1.0		0	0		2	1.4		0	0	
六				0	0		3	2.0		0	0		4	3.6	
國中 一	3	2.1		4	2.0		2	1.4		3	2.0		3	2.7	
二	12	8.2		6	3.1		5	3.4		10	6.8		6	5.4	
三	23	15.8	3	10	5.1		7	4.7		14	9.5	5	15	13.5	4
高中 一	30	20.5	1	45	23.0	1	37	25.0	1	35	23.6	1	22	19.8	1
二	19	13	4	35	17.9	2	30	20.3	2	28	18.9	2	17	15.3	2
三	10	6.8		23	11.7	4	15	10.1	5	9	6.1		13	11.7	5
高職 一	26	17.8	2	22	11.2	5	18	12.2	3	23	15.5	3	17	15.3	2
二	16	11	5	29	14.8	3	16	10.8	4	18	12.2	4	11	9.9	
三	5	3.4		20	10.2		15	10.1	5	6	4.1		3	2.7	
備註															

21014			19057			19030			18021			19051			21142		
10642			10642			10642			10642			10642			10642		
797. 輓傅孟眞師			796. 復彭麗生書			795. 黃生借書說			794. 葉子肅詩序			793. 詞選序			792. 祭蔣母王太夫人文		
民·王叔岷			清·曾國藩			清·袁枚			明·徐渭			清·張惠言			民·孫文		
應			應			應			應			應			應		
文			文			文			文			文			文		
次序	%	次數	次序	%	次數	次序	%	次數	次序	%	次數	次序	%	次數	次序	%	次數
1	40.6	67	1	27.3	57	1	31.4	53	1	42.8	65	1	35.2	63	1	32.2	69
2	24.8	41	3	21.1	44	2	26	44	2	21.7	33	2	24.6	44	2	18.7	40
3	17.6	29	2	23.9	50	4	16	27	4	13.8	21	4	16.8	30	4	16.4	35
4	12.7	21	4	19.6	41	3	19.5	33	3	16.4	25	3	18.4	33	3	16.8	36
5	4.2	7	5	8.1	17	5	7.1	12	5	5.3	8	5	5	9	5	15.9	34
							0.8	1		0	0					1.3	2
	1	1		0.6	1		0.8	1		1.1	1					1.3	2
	3.8	4		1.7	3		1.6	2		0	0					7	11
	8.7	9		5.2	9		4.9	6		2.2	2		5.5	7		6.3	10
3	14.4	15	5	9.2	16	5	13	16		5.6	5		5.5	7	4	12	19
1	22.1	23	1	22.5	39	1	26	32	1	25.6	23	1	26	33	1	22.2	35
2	15.4	16	2	18.5	32	2	15.4	19	2	24.4	22	2	20.5	26	2	16.5	26
	5.8	6	4	9.8	17		5.7	7	5	8.9	8	4	11.8	15		5.7	9
3	14.4	15		8.1	14	3	14.6	18	4	10.0	9	4	11.8	15	3	14.6	23
5	12.5	13	3	15.6	27	4	13.8	17	3	17.8	16	3	13.4	17	5	8.2	13
	1.9	2		8.7	15		3.3	4		4.4	4		5.5	7		5.1	8

問卷選文編號	19025			18036			14020			21358			19007		
分類編號	10642			10642			10642			10642			10650		
篇名	798. 與余小坡書			799. 與弟渡書			800. 謝上書表			801. 黨員守則序文			802. 有感書贈義軍舊書記		
作者	清·姚瑩			明·鄭成功			唐·元結			民·戴季陶			清·丘逢甲		
文體	應			應			應			應			詩		
文言／白話	文			文			文			文					
調查結果	次數	%	次序	次數	%	次序	次數	%	次序	次數	%	次序	次數	%	次序
宜否作爲教材 否	57	32.6	1	52	31.3	1	63	30.1	1	83	44.6	1	54	34	1
宜否作爲教材 可	39	22.3	2	33	19.9	4	46	22.0	2	37	19.9	2	37	23.3	2
宜否作爲教材 中	34	19.4	4	34	20.5	3	45	21.5	3	25	13.4	4	33	20.8	3
宜否作爲教材 佳	37	21.1	3	35	21.1	2	42	20.1	4	27	14.5	3	23	14.5	4
宜否作爲教材 優	8	4.6	5	12	7.2	5	13	6.2	5	14	7.5	5	12	7.5	5
適用年級 國小 五	1	0.8		0	0					1	0.8		2	1.8	
適用年級 國小 六				0	0		2	1.3		2	1.6				
適用年級 國中 一	4	3.2		2	1.7		1	0.6		4	3.3		4	3.6	
適用年級 國中 二	5	4		7	5.8		9	5.7		8	6.5		5	4.5	
適用年級 國中 三	10	8	4	26	21.7	2	16	10.1	4	17	13.8	2	17	15.3	3
適用年級 高中 一	32	25.6	1	29	24.2	1	36	22.6	1	19	15.4	1	28	25.2	1
適用年級 高中 二	27	21.6	2	17	14.2	3	36	22.6	1	16	13.0	3	20	18	2
適用年級 高中 三	8	6.4		6	5.0		14	8.8	5	16	13.0	3	3	2.7	
適用年級 高職 一	21	16.8	3	17	14.2	3	14	8.8	5	16	13.0	3	14	12.6	4
適用年級 高職 二	9	7.2	5	13	10.8	5	22	13.8	3	13	10.6		14	12.6	4
適用年級 高職 三	8	6.4		3	2.5		9	5.7		11	8.9		4	3.6	
備註															

13010			14028			17024			18008			16059			14089		
10652			10650			10650			10650			10650			10650		
808. 癸卯歲始春懷古田舍			807. 池西亭			806. 題耕織圖詩			805. 憶母、燕子磯呫二首			804. 除夜			803. 南行別弟		
晉・陶潛			唐・白居易			元・趙孟頫			明・史可法			宋・陳師道			唐・韋承慶		
詩			詩			詩			詩			詩			詩		
文																	
次序	%	次數	次序	%	次數	次序	%	次數	次序	%	次數	次序	%	次數	次序	%	次數
1	29.7	52	1	29.5	54	1	27.2	47	1	28.2	49	1	36.1	56	1	29.9	56
4	20.0	35	2	22.4	41	2	24.9	43	2	23.0	40	2	27.7	43	2	27.3	51
2	22.9	40	4	19.7	36	4	15.0	26	4	20.1	35	3	18.1	28	3	18.7	35
3	20.6	36	3	20.8	38	3	23.7	41	3	22.4	39	4	11.6	18	4	16.0	30
5	6.9	12	5	7.7	14	5	9.2	16	5	6.3	11	5	6.5	10	5	8.0	15
	1.5	2		1.5	2		1.5	2		1.4	2		2.7	3		3.6	5
				3.0	4		1.5	2		0.7	1		0	0		4.3	6
	2.3	3	4	11.9	16		3.8	5		2.9	4		1.8	2		5.1	7
4	11.4	15		8.1	11	5	8.3	11		7.1	10		1.8	2	3	12.3	17
3	15.9	21	2	15.6	21	2	17.4	23	2	17.1	24		8.0	9	4	11.6	16
1	23.5	31	1	23.7	32	1	20.5	27	1	25.7	36	1	24.1	27	1	21.0	29
4	11.4	15	3	12.6	17	3	12.9	17	3	15.7	22	2	17.0	19	5	10.1	14
	8.3	11		0.7	1		6.8	9		5.0	7	5	10.7	12		3.6	5
2	17.4	23	5	11.1	15	3	12.9	17	4	13.6	19	3	14.3	16	2	17.4	24
	6.1	8		9.6	13	5	8.3	11	5	7.9	11	3	14.3	16		10.1	14
	2.3	3		2.2	3		6.1	8		2.9	4		5.4	6		0.7	1

問卷選文編號	16036			16074			21006			17001			17016		
分類編號	10660			10662			10670			10670			10672		
篇名	809. 法曲獻仙音			810. 答吳充秀才書			811. 中興鼓吹			812. 醉中天（大男胡史業）			813. 借馬		
作者	宋·周密			宋·歐陽修			民·于右任			元·王鼎			元·馬致遠		
文體	詞			論			曲			曲			曲		
文言 白話				文									文		
調查結果	次數	%	次序	次數	%	次序	次數	%	次序	次數	%	次序	次數	%	次序
宜否作爲教材 否	61	38.1	1	52	30.2	1	65	37.4	1	58	36.3	1	51	29.5	1
宜否作爲教材 可	38	23.8	2	34	19.8	3	38	21.8	2	44	27.5	2	41	23.7	2
宜否作爲教材 中	25	15.6	4	39	22.7	2	34	19.5	3	26	16.2	3	30	17.3	4
宜否作爲教材 佳	27	16.9	3	30	17.4	4	29	16.7	4	26	16.2	3	37	21.4	3
宜否作爲教材 優	9	5.6	5	17	9.9	5	8	4.6	5	6	3.8	5	14	8.1	5
適用年級 國小 五	2	1.9		1	0.8					0	0		0	0	
適用年級 國小 六	0	0		0	0		3	2.7		0	0		0	0	
適用年級 國中 一	1	0.9		1	0.8		8	7.3		3	2.7		3	2.3	
適用年級 國中 二	3	2.8		5	3.8		16	14.5	4	9	8.1		7	5.3	
適用年級 國中 三	12	11.3	4	10	7.7	5	18	16.4	2	13	11.7		21	15.8	2
適用年級 高中 一	26	24.5	1	31	23.8	1	28	25.5	1	22	19.8	1	25	18.8	1
適用年級 高中 二	21	19.8	2	26	20.0	2	13	11.8	5	17	15.3	2	20	15.0	3
適用年級 高中 三	8	7.5		14	10.8	4	1	0.9		13	11.7	4	16	12.0	5
適用年級 高職 一	9	8.5	5	8	6.2		17	15.5	3	9	8.1		11	8.3	
適用年級 高職 二	17	16.0	3	26	20.0	2	2	1.8		11	9.9	5	17	12.8	4
適用年級 高職 三	7	6.6		8	6.2		4	3.6		14	12.6	3	13	9.8	
備註															

16029			11034			11061			19038			18014			16060		
10712			10712			10712			10712			10712			10710		
819. 齊魯戰長勺			818. 晉趙伯弒其君夷臬			817. 唐雎不辱使命			816. 恭謁曲阜孔廟			815. 秦士錄			814. 墨池記		
宋・呂祖謙			春秋左氏傳			戰國策			清・孫嘉淦			明・宋濂			宋・曾鞏		
記			記			記			記			記			記		
文			文			文			文			文					
次序	%	次數	次序	%	次數	次序	%	次數	次序	%	次數	次序	%	次數	次序	%	次數
1	35.5	71	1	31.5	73	1	26.8	67	1	35.7	60	1	27.0	65	1	34.6	62
3	18.5	37	2	26.3	61	2	22.4	56	3	22	37	3	20.3	49	2	22.9	41
2	24.0	48	4	15.9	37	3	18.8	47	2	23.2	39	4	18.7	45	4	17.3	31
4	14.5	29	3	21.6	50	4	9.6	24	4	14.3	24	2	24.9	60	3	19.6	35
5	7.5	15	5	4.7	11	5	0.4	1	5	4.8	8	5	9.1	22	5	5.6	10
	1.4	2		0.6	1								0.5	1		0	0
	0	0		0	0		1.4	3		0.9	1		0	0		0	0
	0	0		0	0		0.5	1		0.9	1		0.9	2		1.5	2
	5.6	8		1.1	2		3.9	8		2.6	3		0.9	2		2.2	3
	6.9	10	5	5.7	10	4	12.6	26	3	15.7	18		5.1	11	4	11.7	16
2	20.8	30	2	23.0	40	2	21.3	44	2	20	23	3	15.3	33	2	20.4	28
1	23.6	34	1	26.4	46	1	21.7	45	1	26.1	30	1	25.1	54	1	24.8	34
5	7.6	11	3	16.1	28		9.2	19		6.1	7	2	17.7	38	5	8.8	12
4	11.1	16		5.2	9		7.2	15	5	9.6	11		8.4	18		8.0	11
3	17.4	25	3	16.1	28	3	13.0	27	4	14.8	17	5	12.6	27	3	17.5	24
	5.6	8	5	5.7	10	5	9.2	19		3.5	4	4	13.5	29		5.1	7

問卷選文編號	11007	16076	21220	19009	19081
分類編號	10712	10720	10721	10722	10722
篇名	820.楚歸晉知	821.生查子	822.文學創作與國運	823.名實說	824.考舊知新說
作者	春秋·左丘明	宋·歐陽修	民·張其昀	清·朱琦	清·薛福成
文體	記	詞	論	論	論
文言白話	文		白	文	文

調查結果		820 次數	820 %	820 次序	821 次數	821 %	821 次序	822 次數	822 %	822 次序	823 次數	823 %	823 次序	824 次數	824 %	824 次序
宜否作爲教材	否	67	30.6	1	54	27.4	1	56	33.9	1	56	29.6	1	62	33.3	1
	可	59	26.9	2	44	22.3	2	40	24.2	2	33	17.5	4	52	28	2
	中	47	21.5	3	38	19.3	4	28	17.0	4	40	21.3	3	37	19.9	3
	佳	33	15.1	4	41	20.8	3	31	18.8	3	44	23.3	2	29	15.6	4
	優	13	5.9	5	20	10.2	5	10		5	16	8.5	5	6	3.2	5
適用年級 國小	五	0	0		1	0.7		2	1.7					1	0.8	
	六	0	0		2	1.3		2	1.7					1	0.8	
國中	一	1	0.6		7	4.6		7	5.9		3	1.9		6	4.6	
	二	3	1.8		12	7.9		6	5.0		2	1.3		12	9.2	
	三	16	9.7	5	16	10.5	4	22	18.5	2	11	7.1		20	15.3	3
高中	一	33	20.0	2	30	19.7	2	18	15.1	3	34	22.1	2	24	18.3	2
	二	42	25.5	1	31	20.4	1	24	20.2	1	41	26.6	1	27	20.6	1
	三	31	18.8	3	8	5.3		8	6.7		19	12.3	4	5	3.8	
高職	一	7	4.2		16	10.5	4	11	9.2	5	12	7.8	5	16	12.2	5
	二	20	12.1	4	20	13.2	3	13	10.9	4	22	14.3	3	19	14.5	4
	三	12	7.3		9	5.9		6	5.0		10	6.5				
備註																

11040			11059			18028			16080			16089			14022		
10722			10722			10722			10722			10722			10722		
830. 敬姜論勞逸			829. 莊辛論幸臣			828. 原臣			827. 送石昌言北使引			826. 尚志齋說			825. 奉天論奏當今所切務狀		
國語			戰國策			明·黃宗羲			宋·蘇洵			宋·蘇軾			唐·陸贄		
論			論			論			論			論			論		
文			文			文			文			文			文		
次序	%	次數	次序	%	次數	次序	%	次數	次序	%	次數	次序	%	次數	次序	%	次數
1	25.3	57	1	32.9	70	1	35.9	65	1	31.5	67	1	34.5	57	1	34.2	64
2	23.6	53	2	25.8	55	3	18.2	33	2	20.7	44	2	21.8	36	2	24.1	45
4	21.3	48	3	16.9	36	2	19.3	35	2	20.7	44	4	18.2	30	3	18.2	34
3	22.2	50	3	16.9	36	4	16.0	29	2	20.7	44	3	19.4	32	4	14.4	27
5	7.6	17	5	7.5	16	5	10.5	19	5	6.6	14	5	6.1	10	5	9.1	17
	0.5	1		0	0		0	0		0.6	1		0	0			
	0.5	1		0	0		0	0		0.6	1		0	0		0.7	1
	3.2	6		2.0	3		1.6	2		0.6	1		1.7	2		1.5	2
	2.6	5		2.0	3		0.8	1		0.6	1		0.8	1		4.4	6
	6.8	13	5	7.4	11		7.0	9		3.0	5		5.0	6		3.0	4
2	17.4	33	2	19.6	29	3	14.0	18	3	13.3	22	3	16.8	20	3	14.8	20
1	23.7	45	1	29.1	43	1	27.1	35	1	33.7	56	1	21.0	25	1	23.7	32
4	13.7	26	3	14.2	21	2	20.2	26	4	12.0	20	4	12.6	15	2	23.0	31
	7.4	14		6.8	10		7.8	10		5.4	9	4	12.6	15		4.4	6
3	16.3	31	3	14.2	21	4	10.9	14	2	19.3	32	2	20.2	24	4	13.3	18
5	7.9	15		4.7	7	4	10.9	14	5	10.8	18		9.2	11	5	11.1	15

問卷選文編號	21119	11018	13002	13020	21238
分類編號	10722	10722	10722	10722	10722
篇名	831. 說志	832. 察傳	833. 論英雄	834. 慕賢	835. 辨志
作者	民・柳徵	呂氏春秋	魏・劉劭	南朝・梁 顏之推	明・張爾歧
文體	論	論	論	論	論
文言白話	文	文	文	文	文

調查結果		831 次數	831 %	831 次序	832 次數	832 %	832 次序	833 次數	833 %	833 次序	834 次數	834 %	834 次序	835 次數	835 %	835 次序
宜否作爲教材	否	50	29.4	1	78	41.1	1	56	29.5	1	58	29.4	1	67	32.4	1
	可	36	21.2	2	41	21.6	2	41	21.6	4	36	18.3	4	40	19.3	3
	中	36	21.2	2	38	20.0	3	39	20.5	2	45	22.8	2	42	20.3	2
	佳	36	21.2	2	28	14.7	4	44	23.2	3	39	19.8	3	39	18.8	4
	優	12	7.1	5	5	2.6	5	10	5.3	5	19	9.6	5	19	9.2	5
適用年級 國小	五	3	2.3		1	0.8					1	0.6		0	0	
	六	3	2.3			0		1	0.6		1	0.6		3	1.9	
國中	一	11	8.5	5	2	1.7		2	1.3		1	0.6		3	1.9	
	二	11	8.5	5	5	4.2		1	0.6		2	1.3		11	7.1	
	三	19	14.7	3	11	9.2	4	8	5.2		16	10.0		8	5.2	
高中	一	21	16.3	2	19	16.0	3	31	20.1	2	25	15.6	2	30	19.4	2
	二	22	17.1	1	29	24.4	1	43	27.9	1	48	30.0	1	32	20.6	1
	三	10	7.8		21	17.6	2	18	11.7	4	17	10.6	4	22	14.2	3
高職	一	14	10.9	4	11	9.2	4	16	10.4	5	17	10.6	4	15	9.7	5
	二	9	7		9	7.6		26	16.9	3	19	11.9	3	18	11.6	4
	三	6	4.7		11	9.2	4	8	5.2		13	8.1		13	8.4	
備註																

16013			12018			16063			11032			13005			11064		
10742			10742			10742			10732			10722			10722		
841. 晦翁語錄			840. 封燕然山銘並序			839. 伊川語錄			838. 橘頌			837. 釋愁文			836. 難勢		
宋·朱熹			班固			宋·程頤			屈原			魏·曹植			韓非		
應			應			應			抒			論			論		
文			文			文			文			文			文		
次序	%	次數	次序	%	次數	次序	%	次數	次序	%	次數	次序	%	次數	次序	%	次數
1	36.3	77	1	32.0	78	1	40.0	72	1	33.5	82	1	38.6	68	1	37.6	89
3	18.4	39	2	24.2	59	3	17.8	32	2	25.7	63	2	18.8	33	2	24.1	57
3	18.4	39	3	20.1	49	2	20.6	37	4	17.1	42	2	18.8	33	3	15.6	37
2	20.8	44	4	18.9	46	4	16.7	30	3	17.6	43	2	18.8	33	3	15.6	37
5	6.1	13	5	4.9	12	5	5.0	9	5	6.1	15	5	5.1	9	5	7.2	17
	0	0		0.6	1		0	0		0	0						
	0	0		0.6	1		0	0		2.4	4						
	1.3	2					0	0		0.6	1					0.6	1
	2.6	4		2.8	5		0.8	1		0	0		1.7	2		2.6	4
2	13.2	20	5	4.5	8	4	9.0	11	5	7.2	12		6.8	8	5	5.2	8
	22.4	34		18.1	32	3	17.2	21	3	19.3	32	3	17.1	20		14.2	22
1	23.7	36	1	26.6	47	1	27.9	34	1	27.1	45	1	29.1	34	1	25.2	39
4	10.5	16	2	23.7	42	2	20.5	25	2	21.7	36	2	20.5	24	2	24.5	38
5	9.9	15		3.4	6	4	9.0	11	5	7.2	12	5	8.5	10		3.9	6
3	11.2	17	4	7.3	13	4	9.0	11	4	10.2	17	4	13.7	16	3	13.5	21
	5.3	8	3	12.4	22		6.6	8		4.2	7		2.6	3	4	10.3	16

問卷選文編號		13017			16062			14083			19058			16005		
分類編號		10742			10742			10742			10742			10742		
篇名		842. 陶徵士誄並序			843. 答洪駒父書			844. 賀進士王參元失火書			845. 經史百家雜鈔序			846 指南錄後序		
作者		宋・顏延之			宋・黃庭堅			唐・柳宗元			清・曾國藩			宋・文天祥		
文體		應			應			應			應			應		
文言白話		文			文			文			文			文		
調查結果		次數	%	次序	次數	%	次序	次數	%	次序	次數	%	次序	次數	%	次序
宜否作為教材	否	76	43.2	1	62	42.5	1	70	35.7	1	75	33.6	1	76	36.5	1
	可	28	15.9	2	23	15.8	4	42	21.4	2	46	20.6	2	34	16.3	4
	中	42	23.9	3	36	24.7	2	34	17.3	3	40	17.9	4	38	18.3	3
	佳	24	13.6	4	24	16.4	3	34	17.3	3	45	20.3	3	42	20.2	2
	優	6	3.4	5	1	0.7	5	16	8.2	5	17	7.6	5	18	8.7	5
適用年級 國小	五				0	0		1	0.7					0	0	
	六				0	0		1	0.7					0	0	
國中	一	3	2.8		1	1.0		3	2.2					0	0	
	二	5	4.6		1	1.0		7	5.1		5	3		1	0.7	
	三	7	6.5		6	6.3		9	6.6		6	3.6		7	4.9	
高中	一	17	15.7	3	20	20.8	2	25	18.2	2	22	13	4	29	20.3	2
	二	31	28.7	1	23	24.0	1	32	23.4	1	43	25.4	1	37	25.9	1
	三	11	10.2	4	11	11.5	4	14	10.2	5	39	23.1	2	28	19.6	3
高職	一	9	8.3	5	6	6.3		17	12.4	4	10	5.9		11	7.7	
	二	20	18.5	2	19	19.8	3	20	14.6	3	21	12.4	5	14	9.8	5
	三	5	4.6		9	9.4	5	8	5.8		23	13.6	3	16	11.2	4
備註																

16061			19084			19035			18023			19003			16044		
10742			10742			10742			10742			10742			10742		
852. 戰國策目錄序			851. 與蔣瀛海書			850. 與孫季逑書			849. 與何商隱論教弟子書			848. 經傳釋詞序			847. 資治通鑑音注自序		
宋・曾鞏			清・羅澤南			清・洪亮吉			明・張履祥			清・王引之			宋・胡三省		
應			應			應			應			應			應		
文			文			文			文			文			文		
次序	%	次數	次序	%	次數	次序	%	次數	次序	%	次數	次序	%	次數	次序	%	次數
1	31.4	75	1	44.5	65	1	38	60	1	31.9	53	1	48.2	94	1	41.3	81
3	19.2	46	2	24.7	36	2	27.2	43	2	24.7	41	2	17.4	34	3	16.3	32
2	24.3	58	3	17.1	25	3	17.1	27	3	19.3	32	3	16.9	33	4	15.3	30
3	19.2	46	4	10.3	15	4	13.9	22	4	18.7	31	4	12.3	24	2	16.8	33
5	5.9	14	5	3.4	5	5	3.8	6	5	5.4	9	5	5.1	10	5	10.2	20
	0	0								0.8	1		1.7	2		0	0
	0.5	1								0	0					0	0
	0.5	1		2.5	2		0.9	1		2.4	3		2.5	3		0.8	1
	0	0	4	8.6	7		2.7	3		1.6	2		1.7	2		1.6	2
	4.3	8	4	8.6	7		9.1	10	5	8.8	11		4.3	5		3.9	5
2	18.6	35	2	18.5	15	2	20	22	2	19.2	24	2	21	25	3	18.6	24
1	33.0	62	1	24.7	20	1	21.8	24	1	26.4	33	1	21.8	26	1	23.3	30
3	17.6	33		7.4	6	3	17.3	19	5	8.8	11	3	16	19	2	20.9	27
	4.3	8	4	8.6	7	4	11.8	13	3	14.4	18	5	10.9	13		7.0	9
5	9.6	18	3	17.3	14	4	11.8	13	4	10.4	13	4	13.4	16	5	7.8	10
4	11.7	22		3.7	3		4.5	5		7.2	9		6.7	8		4	16.3	21

	853. 讀史方輿紀要總序			854. 古意呈喬補闕知之			855. 木蘭花慢			856. 阮郎歸			857. 西子妝慢		
問卷選文編號	19085			14073			16022			16048			16057		
分類編號	10742			10750			10760			10760			10760		
作者	清·顧祖禹			唐·沈佺期			宋·辛棄疾			宋·晏幾道			宋·張炎		
文體	應			詩			詞			詞			詞		
文言白話	文														
調查結果	次數	%	次序	次數	%	次序	次數	%	次序	次數	%	次序	次數	%	次序
宜否作爲教材 否	76	41.3	1	61	24.2	1	60	26.1	1	55	26.1	1	50	29.6	1
可	44	23.9	2	55	21.8	2	50	21.7	2	47	22.3	3	45	26.6	2
中	31	16.8	3	54	21.4	4	45	19.6	4	39	18.5	4	36	21.3	3
佳	25	13.6	4	55	21.8	2	47	20.4	3	53	25.1	2	24	14.2	4
優	8	4.3	5	27	10.7	5	28	12.2	5	17	8.1	5	14	8.3	5
適用年級 國小 五				2	0.9		4	2.1		2	1.1		1	0.7	
國小 六				0	0		1	0.5		1	0.6		1	0.7	
國中 一				3	1.4		4	2.1		0	0		1	0.7	
國中 二	6	5		7	3.2		8	4.1		8	4.6		3	2.2	
國中 三	6	5		11	5.1	5	20	10.4		16	9.2	4	7	5.1	
高中 一	17	14.2	3	53	24.5	2	30	15.5	3	29	16.7	3	23	16.8	3
高中 二	29	24.2	1	60	27.8	1	55	28.5	1	47	27.0	1	32	23.4	1
高中 三	28	23.3	2	9	4.2		14	7.3	4	12	6.9		17	12.4	4
高職 一	8	6.7		27	12.5	4	12	6.2	5	15	8.6	5	12	8.8	5
高職 二	13	10.8	4	40	18.5	3	33	17.1	2	35	20.1	2	30	21.9	2
高職 三	13	10.8	4	4	1.9		12	6.2	5	9	5.3		10	7.3	
備註															

21341			21295			21293			17020			18029			15005		
10821			10821			10821			10770			10770			10760		
863. 詞曲的特質			862. 知行學說綜合研究之結論			861. 民生主義建設的最高理想			860. 慶東風（次韻）馬致遠先輩			859. 塞鴻秋			858. 應天長		
民・鄭騫			民・蔣中正			民・蔣中正			元・張可久			明・馮惟敏			五代・韋莊		
論			論			論			曲			曲			詞		
白			白			白											
次序	%	次數	次序	%	次數	次序	%	次數	次序	%	次數	次序	%	次數	次序	%	次數
1	24.9	64	1	37.1	62	1	25.9	51	1	24.7	48	1	27.5	44	1	27.4	61
4	18.7	48	4	17.4	29	2	22.8	45	2	23.7	46	2	23.1	37	3	22.0	49
3	20.2	52	3	19.2	32	4	16.8	33	4	18.6	36	2	23.1	37	2	22.4	50
2	24.5	63	2	20.4	34	3	19.8	39	3	21.1	41	4	20.6	33	4	20.6	46
5	11.7	30	5	6.0	10	5	14.7	29	5	11.9	23	5	5.6	9	5	7.6	17
	1.3	3		1.8	2		1.2	2		0.6	1		0.8	1		0.6	1
	1.3	3		1.8	2		1.8	3		0	0		0	0		0.6	1
	3.1	7		2.7	3		0.7	1		1.3	2		0.8	1		1.8	3
	3.5	8		4.4	5		3.0	4		1.9	3		5.4	7		5.3	9
3	12.3	28	5	8.8	10		8.2	11	4	14.5	23	3	14.7	19		9.5	16
	11.4	26	3	15.0	17	2	19.4	26	3	15.1	24		11.6	15	2	17.8	30
2	16.7	38	2	17.7	20	2	19.4	26	1	18.9	30	1	17.8	23	1	28.4	48
1	17.5	40	1	19.5	22	1	21.9	29	2	16.4	26	2	15.5	20	4	7.7	13
	8.8	20		8.0	9		8.2	11		5.0	8	4	12.4	16	4	7.7	13
3	12.3	28		7.1	8	5	17.9	24	4	14.5	23	4	12.4	16	3	13.0	22
5	11.8	27	4	13.3	15	2	19.4	26		11.9	19		8.5	11	4	7.7	13

問卷選文編號	11005			11067			13018			11012			12004		
分類編號	10822			10822			10822			10822			10822		
篇名	864.白馬論			865.定法			866.明詩			867.道德經選輯			868.論六家要旨		
作者	戰國・公孫龍子			戰國・韓非子			梁・劉勰			老子			漢・司馬談		
文體	論			論			論			論			論		
文言/白話	文			文			文			文			文		
調查結果	次數	%	次序	次數	%	次序	次數	%	次序	次數	%	次序	次數	%	次序
宜否作爲教材：否	143	44.5	1	81	30.2	1	85	42.9	1	87	25.1	1	101	35.7	1
可	81	25.2	2	59	22.0	2	32	16.2	3	77	22.3	3	55	19.4	2
中	40	12.5	4	51	10.0	4	35	17.7	2	51	14.7	5	46	16.3	4
佳	46	14.3	3	54	20.1	3	32	16.2	3	79	22.8	2	48	17.0	3
優	11	3.4	5	23	8.6	5	14	7.1	4	52	15.0	4	33	11.7	5
適用年級：國小 五	2	1.0		1	0.5		2	1.6		1	0.3				
國小 六	4	2.0		1	0.5		1	0.8		8	2.6		1	0.5	
國中 一	1	0.5		2	1.0		1	0.8		6	2.0		1	0.5	
國中 二	6	3.0		16	7.8	5	3	2.4		4	1.3		1	0.5	
國中 三	9	4.5		10	4.9		6	4.8		23	7.6	4	5	2.5	
高中 一	13	6.5	5	28	13.6	3	19	15.3	3	23	7.6	4	15	7.5	4
高中 二	38	19.0	2	39	18.9	2	26	21.0	2	38	12.5	3	41	20.4	2
高中 三	72	36.0	1	57	27.7	1	31	25.0	1	104	34.2	1	87	43.3	1
高職 一	5	2.5		12	5.8		11	8.9	4	12	3.9		2	1.0	
高職 二	14	7.0	4	13	6.3		12	9.7	5	17	5.6		12	6.0	5
高職 三	36	18.0	3	27	13.1	4	12	9.7	5	68	22.4	2	36	17.9	3
備註															

13021			21118			11004			11029			19052			11038		
10842			10831			10822			10822			10822			10822		
874.文選序			873.歡送大專畢業生入伍			872.儒行			871.養氣與知言			870.論訓詁			869.養生主		
梁·蕭統			民·胡一貫			小戴·禮記			孟子			清·張之洞			莊子		
應			抒			論			論			論			論		
文			白			文			文			文			文		
次序	%	次數	次序	%	次數	次序	%	次數	次序	%	次數	次序	%	次數	次序	%	次數
1	37.5	103	1	47.2	77	1	32.1	84	1	32.1	117	1	39.9	73	1	27.6	92
4	16.4	45	2	20.9	34	2	24.0	63	3	18.4	67	2	21.9	40	3	17.4	58
3	17.5	48	3	16	26	3	18.7	49	4	14.8	54	3	15.8	29	5	16.5	55
2	17.8	49	4	12.3	20	4	16.4	43	2	20.0	73	4	14.8	27	2	21.6	72
5	10.9	30	5	3.7	6	5	8.8	23	4	14.8	54	5	7.7	14	4	16.8	56
				2.1	2		1.0	2		0.4	1					0	0
	0.5	1		1.1	1		0.5	1		1.8	5					1.4	4
				4.2	4		1.5	3		1.8	5					1.4	4
	1.0	2		4.2	4		2.0	4		4.3	12		1.6	2		1.1	3
	2.6	5	4	12.6	12	5	6.0	12	5	9.2	26		4.1	5		4.2	12
4	13.9	27	3	13.7	13	4	10.6	21	4	11.0	31	3	17.1	21	5	7.0	20
2	25.3	49		6.3	6	2	16.1	32	2	18.4	52	2	22.8	28	3	17.6	50
1	28.4	55	1	26.3	25	1	40.7	81	1	24.8	70	1	25.2	31	1	35.6	101
	3.1	6	5	8.4	8		2.5	5		6.4	18	5	6.5	8		3.2	9
5	8.8	17		5.3	5		4.5	9		7.1	20	5	6.5	8	4	9.9	28
3	16.5	32	2	15.8	15	3	14.6	29	3	14.9	42	4	16.3	20	2	18.7	53

問卷選文編號	17011	19026	11072	12005	19027
分類編號	10842	10842	10842	10842	10842
篇名	875. 文獻通考總序	876. 古文辭類纂序	877. 牧誓	878. 報任安書	879. 復魯絜非書
作者	元·馬端臨	清·姚鼐	尚書	漢·司馬遷	清·姚鼐
文體	應	應	應	應	應
文言白話	文	文	文	文	文

調查結果		875 次數	875 %	875 次序	876 次數	876 %	876 次序	877 次數	877 %	877 次序	878 次數	878 %	878 次序	879 次數	879 %	879 次序
宜否作爲教材	否	82	40.4	1	96	36.9	1	91	37.4	1	107	30.1	1	62	34.4	1
	可	32	15.8	4	47	18.1	3	59	24.3	2	66	18.5	3	45	25	2
	中	41	20.2	2	44	16.9	4	45	18.5	3	45	12.6	5	33	18.3	3
	佳	34	16.7	3	53	20.4	2	36	14.8	4	82	23.0	2	33	18.3	3
	優	14	6.9	5	20	7.7	5	12	4.9	5	56	15.7	4	7	3.9	5
適用年級 國小	五	0	0					1	0.6		1	0.3				
	六	0	0		1	0.5					1	0.3				
國中	一	1	0.8		1	0.5		2	1.2							
	二	2	1.5					3	1.8		2	0.7		1	0.8	
	三	14	10.8	5	2	1.1		10	6.1		15	5.2		2	1.5	
高中	一	21	16.2	3	24	13	4	16	9.8	4	24	8.3	5	19	14.6	4
	二	24	18.5	2	39	21.2	2	39	23.9	2	47	16.5	3	30	23.1	2
	三	29	22.3	1	60	32.6	1	43	26.4	1	111	38.5	1	36	27.7	1
高職	一	8	6.2		10	5.4		11	6.7	5	7	2.4		12	9.2	5
	二	11	8.5		13	7.1	5	10	6.1		27	9.4	4	20	15.4	3
	三	20	15.4	4	34	18.5	3	28	17.3	3	53	18.4	2	10	7.7	
備註																

第二部分　調查結果

21078			17009			11043			16045			12019			13019		
10911			10870			10852			10842			10842			10842		
885. 水利導師李儀祉先生			884. 琵琶記糟糠自厭			883. 氓			882. 戊午上高宗封事			881. 漢書藝文志敘			880. 詩品序		
民·佚名			元·高明			詩經			宋·胡銓			漢·班固			梁·鍾嶸		
記			曲			詩			應			應			應		
白						文			文			文			文		
次序	%	次數	次序	%	次數	次序	%	次數	次序	%	次數	次序	%	次數	次序	%	次數
1	36.9	62	1	25.5	67	1	25.9	67	1	25.1	69	1	36.6	101	1	37.2	102
2	32.1	54	4	18.3	48	2	23.2	60	4	18.5	51	2	18.1	50	2	16.8	46
4	11.3	19	3	20.2	53	4	15.8	41	3	22.2	61	4	17.4	48	4	15.0	41
3	14.3	24	2	25.1	66	3	21.6	56	2	21.8	60	2	18.1	50	3	21.2	58
5	5.4	9	5	11.0	29	5	13.5	35	5	12.4	34	5	9.8	27	5	9.9	27
	1.9	2		0.4	1		0.9	2		0	0		0.5	1		1.0	2
	7.4	8		0	0		1.4	3		0.4	1		0.5	1			
4	8.3	9		0	0		0.9	2		0	0						
2	21.3	23		0.8	2		5.1	11		0.8	2		1.6	3		0.5	1
3	14.8	16		5.8	14		6.5	14		1.2	3		2.1	4		5.2	10
	6.5	7	4	11.6	28	3	17.7	37	5	5.6	14	4	13.5	26	4	13.5	26
	2.8	3	3	14.5	35	2	19.4	42	3	20.1	50	2	17.6	34	2	20.8	40
	1.9	2	1	30.3	73	1	19.9	43	1	30.9	77	1	40.9	79	1	31.8	61
1	25	27		7.1	17	5	9.7	21		4.0	10		1.6	3		2.1	4
4	8.3	9	5	8.3	20		8.8	19	4	13.7	34	5	7.8	15	5	9.9	19
	1.9	2	2	21.2	51	4	10.2	22	2	23.3	58	3	14.0	27	3	15.1	29

		886.			887.			888.			889.			890.		
問卷選文編號		21320			16030			21176			21066			21237		
分類編號		10911			10912			10921			10921			10921		
篇名		四健會與農村建設			畢昇發明活字板			工程師節獻辭			工程與人生			服務精神與現代企業		
作者		民·蔣夢麟			宋·沈括			民·凌鴻勛			民·宋希尚			民·張季春		
文體		記			記			論			論			論		
文言白話		白			文			白			白			白		
調查結果		次數	%	次序	次數	%	次序	次數	%	次序	次數	%	次序	次數	%	次序
宜否作為教材	否	83	41.7	1	63	27.4	1	66	36.9	1	52	31	1	50	28.9	1
	可	41	20.6	2	59	25.7	2	35	19.6	3	45	26.8	2	36	20.8	2
	中	30	15.1	4	48	20.9	3	42	23.5	2	34	20.3	3	36	20.8	2
	佳	35	17.6	3	36	15.7	4	29	16.2	4	26	15.5	4	34	19.7	4
	優	10	5.0	5	24	10.4	5	7	3.9	5	11	6.5	5	17	9.8	5
適用年級 國小	五	1	0.9		10	5.8		1	0.9		2	1.7		2	1.7	
	六	2	1.7		14	8.1		3	2.6		3	2.6		3	2.5	
國中	一	14	12.0	4	12	6.9		8	7		10	8.7		11	9.2	5
	二	18	15.4	3	18	10.4	4	21	18.4	2	18	15.7	2	9	7.5	
	三	23	19.7	2	19	11.0	3	15	13.2	3	14	12.2	5	8	6.7	
高中	一	13	11.1	5	25	14.5	2	14	12.3	4	15	13	4	15	12.5	3
	二	4	3.4		16	9.2		2	1.8		7	6.1		7	5.8	
	三	1	0.9		7	4.0		2	1.8		1	0.9		4	3.3	
高職	一	25	21.4	1	26	15.0	1	29	25.4	1	25	21.7	1	32	26.7	1
	二	12	10.3		18	10.4	4	12	10.5	5	17	14.8	3	16	13.3	2
	三	4	3.4		8	4.6		7	6.1		3	2.6		13	10.8	4
備註																

891. 用機器殖財養民說			892. 學圃記趣			893. 民國四十一年元旦告全國軍民書			894. 護士精神與中國文化			895. 天工開物卷跋		
19082			21377			21304			21225			21001		
10922			10931			10941			10941			10942		
清·薛福成			民·羅敦偉			民·蔣中正			民·張其昀			民·丁文江		
論			抒			應			應			應		
文			白			白			白			文		
次序	%	次數	次序	%	次數	次序	%	次數	次序	%	次數	次序	%	次數
1	37.9	77	1	25.8	42	1	46.7	77	1	41.8	69	1	36.5	93
2	22.2	45	2	25.2	41	2	20.6	34	3	18.8	31	2	23.1	59
3	19.2	39	3	23.3	38	3	14.5	24	2	21.2	35	3	20	51
4	13.8	28	4	14.7	24	4	13.3	22	4	15.2	25	4	14.9	38
5	6.9	14	5	11.0	18	5	4.8	8	5	3.0	5	5	5.5	14
				2.4	3		2.3	2		2.1	2		1.1	2
			5	11.4	14		3.4	3		3.1	3		1.1	2
	3	4	3	14.6	18		6.8	6		7.2	7		2.8	5
	8.1	11	2	17.9	22	3	11.4	10		8.2	8		2.8	5
4	12.6	17	3	14.6	18	3	11.4	10	4	11.3	11		7.2	13
2	17.8	24	5	11.4	14	2	20.5	18	2	16.5	16	2	15	27
5	8.9	12		4.1	5	5	9.1	8	4	11.3	11	3	13.9	25
	3.7	5		2.4	3		3.4	3		2.1	2		12.8	23
1	25.9	35	1	18.7	23	1	21.6	19	1	19.6	19	1	15.6	28
3	14.1	19		2.4	3		8.0	7	3	13.4	13	3	13.9	25
	5.9	8		0	0		2.3	2		5.2	5	3	13.9	25

二、選文不適宜選為教材原因統計表

㈠填答不適宜選為教材方法說明

1、填答單位如認為某篇不適宜選為教材，採用兩種方式：

⑴問卷中列舉以下可能原因，備供填答者將其號碼填入「備註」欄。

①哲理層次高。　⑥不合時宜。

②內容太繁雜，不易把握學習重點。　⑦全文過長。

③內容過於簡單，影響學習興趣。　⑧可列為大專教材。

④與學生經驗不合。　⑨列為課外讀物為宜。

⑤太嚴謹，學生難領會。　⑩「中國文化基本教材」中已列。

⑵如無適合選項，請在問卷中「備註」欄用文字敘述。

2、文字敘述，每校意見為一句。如11005/10822白馬論「太深。內容無啥可觀。易造成似是而非。」三句者為三校意見。但同一篇文章有相同意見者，以阿拉伯數字標明其次數。如21116／40321大好春光「內容與題目不符。6」

3、儘量維持文字敘述原句。過長者酌予縮短。用詞須斟酌者加括弧表示之。如 11003／40822曾子大孝「篇幅（項目）再刪一二則。」

4、選文之「評價」與「定位」之判別，係採量表方式，即比較性質為主。問卷上「不適宜選為教材原因」之號碼選項，係請填答者指出較為具體的意見。尤以「文字敘述」係填答者親筆所寫，故其意見宜與「評價」及「定位」相互參閱，從而可對選文有較完整的了解。

5、寄回之問卷均有編號，其「文字敘述」，本可將填答學校編號附列。然嫌累贅，從略。

6、語文教學過程中，有深究部分。所謂深究部分，即指文章之形式及內容的深度探究。本統計表主要分「不適宜選為教材」的「圈選部分」及「文字敘述部分」兩方面之意見，為集思廣益之結果，可為深究部分之教學參考資料。

(二)各級選文不適宜選爲教材原因統計表

1 列爲優(5)選文不適宜選爲教材原因統計表（篇名編號一—四〇）

問卷選文編號	分類編號	篇名	本調查列舉不適宜爲教材之原因（號碼）	1	2	3	4	5	6	7	8	9	10	其他
14084	50250	1. 遊子吟	次數									3		
14093	50260	2. 漁歌子	次數									5		
11052	50322	3. 論語論孝選	次數					2				2	48	孝道，不宜提倡，那是天性，況孔子論孝是針對對象而有異。
21041	50331	4. 匆匆	次數						1			2		
21043	50331	5. 春	次數				1		1			6		
21040	50331	6. 背影	次數						1			4		
21143	50342	7. 國歌歌詞	次數	1					1		1	5		
14094	50350	8. 楓橋夜泊	次數				1	1				1		
14048	50350	9. 靜夜思	次數			1	1	1			1	4		可提早至國小中年級。
21180	50421	10. 謝天	次數			1			1			3		

問卷選文編號	分類編號	篇名	本調查列舉不適宜為教材之原因 號碼 1 次數	2	3	4	5	6	7	8	9	10	其他
19054	50422	11. 爲學一首示子姪					1	2	1		1		
16031	50422	12. 愛蓮說					2	1			3		自炫味過重，比喻亦不合宜。
14098	50442	13. 陋室銘		1				2			4		
14059	50450	14. 春望					1				6		
14029	50450	15. 慈烏夜啼					1				3		
11025	50522	16. 生於憂患死於安樂	1				1				1	39	
11063	50522	17. 禮運大同		1	1		2				1		與「小康」並列更佳。
21178	50531	18. 失根的蘭花				1	1	1			2		
21139	50542	19. 國父遺囑						1		1	16		列入三民主義課程教材。
19022	50542	20. 與妻訣別書				2	1		1		1		

16037	50560	21. 滿江紅	次數					2	3	1		1		
17013	50570	22. 天淨沙	次數									6		
17012	50570	23. 天淨沙（秋思）	次數									3		世故深，不適教學。
16040	50612	24. 岳陽樓記	次數					1			1	2		
13013	50612	25. 桃花源記	次數	1			1	2	1			6		空洞無物。
14104	50622	26. 師說	次數	1			1	1		1	3	1		
14026	50750	27. 琵琶行並序	次數	1	1		1	1		3	4	3		
14107	50632	28. 祭十二郎文	次數		1		2		1	2	5	4		造化弄人。
12039	50642	29. 出師表	次數				1	2		1	1	4		
14038	50650	30. 把酒問月（青天有月來幾時）	次數					1			1	6		
14095	50650	31. 黃鶴樓	次數					1				2		
13001	50742	32. 陳情表	次數				2	2	2		1			

問卷選文編號	分類編號	篇名	本調查列舉不適宜爲教材之原因 號碼 1 次數	2	3	4	5	6	7	8	9	10	其他
16010	50622	33. 訓儉示康		1			2	1	1	2	1		
11044	50752	34. 蓼莪					3	1		2	2		文體疏遠。太深。
16020	50760	35. 水調歌頭				2			1	3	6		
16094	50760	36. 念奴嬌						1			1		
16086	50812	37. 赤壁賦					1		2	2	2		
13004	50822	38. 典論論文					3			7	1		與一三〇〇三與吳質書篇擇其一。
11036	50822	39. 勸學		1			3	1	2	5	2	1	節錄爲佳。
16006	50852	40. 正氣歌並序				1	2			2			

2列爲佳

(4)選文不適宜選爲教材原因統計表

問卷選文編號	分類編號	篇名	號碼	1	2	3	4	5	6	7	8	9	10	其他
21169	40211	41.南丁格爾	次數			1	1		1			18		刪減後可列入國小教材。
21075	40211	42.愛迪生	次數						2			14		節錄國小教材。分析作者的作品風格也無法做到。名作家太多了，可不必取用佚名者。
21049	40211	43.一個愛國的童子	次數									12		
21011	40211	44.我的生活	次數						1			11		
21056	40241	45.國父的幼年時代	次數			1			2			11		國父生平事蹟在其他教材常會補充。
14017	40250	46.雜詩（君自故鄉來…）	次數				1	1				3		
21335	40311	47.下雨天眞好	次數			1			1			8		
19061	40311	48.大明湖	次數			3	2		1			4		與「黃河結冰記」來源同，選一課即可。
19014	40311	49.王冕	次數						3			17		
19016	40311	50.王冕的少年時代	次數			1			2	1		8		

（號碼 1–10：本調查列舉不適宜爲教材之原因）

問卷選文編號	分類編號	篇名	本調查列舉不適宜爲教材之原因（號碼）1 次數	2	3	4	5	6	7	8	9	10	其他
21058	40311	51.火鷓鴣鳥			3	1		2			7		
21350	40311	52.平易中見偉大			3	1		2			13		內容空洞。
21081	40310	53.鵝鑾鼻		1	1	1	4	1	1		16		文字雖典麗，但不感人。刪除不要。太深。不夠生動。
21382	40311	54.收穫						1			15		
21383	40311	55.禿的梧桐		1	3	1		1			9		
21151	40311	56.初夏的庭院						1			12		
21146	40311	57.志摩日記				4		2			25		太深。
21313	40311	58.我的父親（我所受的庭訓）					1	1	1		22		太深。
21098	40311	59.我的母親				2		1		1	6		
1152	0311	60.我的家						1			13		

編號		篇名	次數 1	次數 2	次數 3	次數 4	次數 5	次數 6	次數 7	次數 8	合計		備註
21187	40311	61. 我們的海			1			1			17		
21072	40311	62. 爸爸的看護者			1			1			13		
21077	40311	63. 孤雁				1	1	1			10		分析作者的作品風格也無法做到。
21087	40311	64. 草的故事		1	2			1	1		9		太深。
18016	40311	65. 美猴王							1		15		不如選錄西行取經而受磨難之章回更知善惡之判。
21122	40311	66. 破毛衣				2		2	1		10		
21101	40311	67. 差不多先生傳						1		1	10		自我否定。容易誤導。
21270	40311	68. 夏夜			3			1			3		
21016	40311	69. 得理讓人			1			1			6		
21183	40311	70. 鄉下人家				1		3			9		
21365	40311	71. 飲水思源	1			1		2			4		
21249	40311	72. 落花生						1			10		

問卷選文編號	分類編號	篇名	本調查列舉不適宜爲教材之原因 號碼：次數 1	2	3	4	5	6	7	8	9	10	其他
21103	40311	73. 最後一課				2	1	1			15		
21228	40311	74. 溪頭的竹子	1		1	1		1			12		某些特性描寫嫌主觀。句子瑕疵點多。不自然，刪除。
21067	40311	75. 感謝的美德						1			10		「謝天」一文勝之。
21269	40311	76. 壓不扁的玫瑰花			3	2		2			17		文筆不夠精練。
21092	40311	77. 第一次眞好		1				1			6		
11014	40312	78. 亡鈇意鄰			1	4	1			3	10		
11050	40312	79. 孔子與弟子言志					1				6	44	枯燥。
12031	40312	80. 叔敖埋蛇				2	1	5		1	8		
19021	40312	81. 兒時記趣					1	1			1		
13028	40312	82. 陳元方答客問					2	1	1		9		分量太少。

			次數										
11069	40312	83.楊朱喻弟	1		2		1	2		2	13		不合邏輯。
14079	40312	84.黔之驢		1	1		1	2			10		
12029	40312	85.螳螂捕蟬			1		1				8		
21116	40321	86.大好春光	2	1	1		1	1			10		內容和題目不符。6
21262	40321	87.努力事春耕			1		1	1			8		太深。
21031	40321	88.從今天起					1	1			8		沒有趣味性。
21201	40321	89.最苦與最樂		1				1			6		
11056	40322	90.論語論學	1				1			1	5	51	
21235	40331	91.小白鴿						1			10		
21346	40331	92.他活在人們的心裡				1		1			9		
1236	40331	93.行道樹	1		1			1			5		

問卷選文編號	分類編號	篇名	1	2	3	4	5	6	7	8	9	10	其他
21247	40331	94. 春的林野						2			12		
21234	40331	95. 春晨頌	1					1			6		
21352	40331	96. 植物園就在你身邊						1			6		
21184	40331	97. 蟬與螢						1			13		
21086	40341	98. 父親的話						1			7		
21140	40341	99. 立志做大事						1			6		
21300	40341	100. 我們的校訓		1				1			8		與公民與道德重複。
21308	40341	101. 家書			1			1			11		太深。
21305	40341	102. 國民中學聯合開學典禮訓詞		1				5			14		太深。
21334	40341	103. 給朋友的信			2	2		3			9		

（號碼1–10：本調查列舉不適宜為教材之原因；各欄為次數）

21164	40341	104. 愛的教育序	次數						2			18		
16081	40342	105. 記承天寺夜遊	次數			4	1		2		2	5		缺乏學習目標。無意義。
21359	40342	106. 國旗歌歌詞	次數			1			1		1	8		
21114	40350	107. 月夜	次數			3			1			18		
14077	40350	108. 江雪	次數					1				2		
14069	40350	109. 秋夕	次數			1	1	1			1	10		
14099	40350	110. 塞下曲二首（林漢草驚風……月黑雁飛高）	次數			1			1			4		似有較佳之句型題材。無詩味。
14076	40350	111. 過故人莊	次數					1				2		非襄陽典型之作。
14045	40350	112. 獨坐敬亭山	次數	1			1	1				9		
21376	40350	113. 水稻之歌	次數		1	2			1			10		太深。
14047	40350	114. 黃鶴樓送孟浩然之廣陵	次數					1				2		
14011	40350	115. 九月九日憶山東兄弟	次數				2	1				5		

問卷選文編號	分類編號	篇名	1	2	3	4	5	6	7	8	9	10	其他
14005	40350	116. 出塞				1	1				7		
14001	40350	117. 出塞				1	1				3		
14010	40350	118. 鳥鳴磵	1			1	1			2	6		
14009	40350	119. 鹿柴	1			1	1			1	5		
14002	40350	120. 登鸛鵲樓					1				3		不能看出他的詩風。
14016	40350	121. 觀獵				5	1	1		1	6		王維詩好的不少，不一定非選此首不可。非王維代表作。律詩並非王維所擅。
21345	40350	122. 自然的微笑						1			8		
21057	40350	123. 負荷	1	1		1		2			8		
21082	40410	124. 鄉愁四韻				3	1	1			4		枯燥。
19043	40410	125. 插秧女						1			9		

(1–10：本調查列舉不適宜為教材之原因號碼；表中數字為次數)

			次數											
14036	40410	126. 觀刈麥					2	1		1	5		
21174	40411	127. 一朵小花			1			1			11		太牽強，且難令人信服。
21035	40411	128. 一張小小的橫幅			3	2		1			12		
21194	40411	129. 居里夫人小傳		1	1		1	1	2		14		
21336	40411	130. 故鄉的桂花雨						1			12		
21173	40411	131. 品泉	1	1		2		2			9		不適合國中生。太深。
21079	40411	132. 貞德與南丁格爾						3			15		
21212	40411	133. 記張自忠將軍						3			17		
21148	40411	134. 康橋的早晨				1		1	1		18		
21170	40411	135. 國父的四大盛德					2	2	2		15		
19068	40411	136. 黃河結冰記		1		5		1	2		9		無什旨趣。
21258	40411	137. 魚			1			1	2		18		

問卷選文編號	分類編號	篇名	1	2	3	4	5	6	7	8	9	10	其他
21211	40411	138. 鳥						1			10		
21182	40411	139. 碧沈西瓜		1	1			1			11		前三段晦澀難懂。
21227	40411	140. 子產論政	1	1		1		4			12		
21172	40411	141. 三峽記遊		3	2	4	1	1			11		還有比此文更好的遊記。
21226	40411	142. 孔子的人格			1			1			9	1	
21157	40411	143. 白馬湖之冬			1	2		2			12		
21159	40411	144. 生活的藝術	1			3		1		1	15		
21145	40411	145. 西湖風光				1		1			10		
21271	40411	146. 阿里山五奇		3				1	2		14		措辭深奧，不適合國中生。
21120	40411	147. 我的父親	1					1		1	11		

（表中 1–10 欄為「本調查列舉不適宜為教材之原因」號碼，各欄數字為次數。）

21147	40411	148.我所知道的康橋	次數		1		3		1			15		
21123	40411	149.詹天佑	次數			1	1		1			13		刪節後列入國小教材。
21380	40411	150.愛因斯坦的學校生活（一）	次數				1		1			20		
21343	40411	151.翡翠屏風	次數				1		1			10		
21338	40411	152.緹縈救父	次數						6			7		
21379	40411	153.樂聖貝多芬	次數						1			19		
21361	40411	154.蘆溝橋的獅子	次數			6			1			10		
21158	40411	155.鋼鐵假山	次數			1	2		2			16		夏丏尊尚有更佳作品。
21333	40411	156.廬山憶遊	次數		1		1		2	1		10		太深。學生難領會。
19004	40412	157.日觀峰觀日出	次數		2		2		1		2	11		太深。
11062	40412	158.不食嗟來食	次數			1	1	1	4			9		不値一讀。迂腐。
13011	40412	159.五柳先生傳	次數	2	1		3	1	4			5		內容太消極。白命風雅，實在是騙吃騙喝。

問卷選文編號	分類編號	篇名	1	2	3	4	5	6	7	8	9	10	其他
			本調查列舉不適宜爲教材之原因（號碼／次數）										
13026	40412	160. 王藍田忿食雞子		2	2	2	2	3		1	12		末句無可解。無意義。分量太少。
17029	40412	161. 孔明借箭							1		19		與史實不符。
11068	40412	162. 老馬識途					1			1	11		老馬識途。無啓發性。
19078	40412	163. 沈百五			2			1			10		
19040	40412	164. 沈雲英						2			10		
18012	40412	165. 金絲猿							1		12		
11070	40412	166. 和氏璧					1	3	2	2	12	1	
21198	40412	167. 武訓					1	4			9		國小教材已列。
17028	40412	168. 空城計							3		16		與史實不符。
16038	40412	169. 良馬對				1		1			2		

編號一	編號二	篇目	次數										
11030	40412	170. 弈喻		1			1	2			5	36	無深義。
21197	40412	171. 納爾遜軼事						1			14		
16082	40412	172. 記先夫人不殘鳥雀						1		1	14		
13027	40412	173. 書荀巨伯事			1		1	2			9		無價值。分量太少。
11066	40412	174. 脣亡齒寒				1	2	1		1	11		
21242	40412	175. 張自忠傳		1		1		1	2		16		梁實秋先生文較佳。太深。
13025	40412	176. 張劭與范式	1		1	1	1	1		1	7		國小四年級已有。
12010	40412	177. 張釋之執法	2	1			1	1		2	6		
18033	40412	178. 賈人渡河				1	1			1	11		譯爲白話編入國小教材。
11015	40412	179. 愚公移山			1	1	1	9			5		神話不宜列入證據。涉及迷信，不合邏輯。荒誕，先有山抑先有屋，遷居易抑移山易。
11024	40412	180. 齊人章		1		1	1	4	1	1	3	37	不合實情。
11019	40412	181. 燕雀偷安				1	2				10		內容繁雜，此類思想可以白話表達。

問卷選文編號	分類編號	篇名	1	2	3	4	5	6	7	8	9	10	其他
			本調查列舉不適宜爲教材之原因（號碼／次數）										
19079	40412	182. 貓捕雀									7		
12030	40412	183. 緹縈救父			1		1	3			13		
12032	40412	184. 蘇代諫趙王	1				1			2	15		
21353	40421	185. 克己						1			11		
21218	40421	186. 坦白與說謊		1				1			12		此文投共作品，宜刪。2
21023	40421	187. 音樂與人生	1					1			12		
21288	40421	188. 爲學作人與復興民族	1	3			1	3	1		12		太深。2
19065	40421	189. 問說		1			1		1		5		
21133	40421	190. 恢復中國固有道德		1	1			1			8		列爲三民主義課程教材。2
21051	40421	191. 科學的頭腦			2	1	2	1			8		乏味。太深。囉嗦。

21370	40421	192. 運動家的風度	次數						1			3		
21166	40421	193. 運動最補	次數			1			1		1	15		
21044	40421	194. 說話	次數						1	1	1	12		
21189	40421	195. 雙手萬能	次數					1	2			12		
21107	40421	196. 讀書	次數						1			9		專論性質，較不適宜。
18030	40422	197. 書付尾箕兩兒	次數		1			1			1	6		
19070	40422	198. 習慣說	次數									3		
11053	40422	199. 論孝弟	次數					1			1	7	51	
11055	40422	200. 論忠信	次數					1			1	8	54	無深義，無啓發性。
11054	40422	201. 論禮義	次數		1			1			1	8	54	
21085	40431	202. 中國的月亮	次數						2			8		
21278	40431	203. 路	次數						1			5		

問卷選文編號	分類編號	篇名	號碼 1（次數）	2	3	4	5	6	7	8	9	10	其他
21150	40431	204. 迎上前去	1				1	1			15		
21363	40431	205. 兩塊不平凡的刺繡			1			1			13		
21255	40431	206. 秋—聽說你已來到			1			1			12		
21186	40431	207. 哀思		2		1		2			13		
21229	40431	208. 諦聽	1	1		1		1			5		不容易體會。
21356	40431	209. 鄉居情趣				1		1			7		
21042	40431	210. 荷塘月色						1			6		
21314	40431	211. 梅臺思親				1			2		21		太深。
18026	40441	212. 甲申日記二則				1	1				8		沒有新意。教本所錄非原文，即使原文亦不佳。本篇有語病。

註：號碼 1–10 為「本調查列舉不適宜爲教材之原因」，各欄數字為次數。

代號	代號	篇名	次數									合計		意見
21315	40441	213.守父靈日記	次數						1	1		26		太深。
21059	40441	214.麥帥爲子祈禱文	次數	1	2				2			10		翻譯文字不宜早學。翻譯之用詞已非原作精神。翻譯欠佳。
21163	40441	215.觸發──一封家書	次數		2	1			1			12		
19073	40442	216.寄弟墨書	次數				1	2	2			5		
19011	40442	217.越縵堂日記四則	次數									2		
14100	40450	218.田家雜興	次數					1				8		
14032	40450	219.早秋燭夜	次數					1			1	4		
14057	40450	220.後出塞（朝進東門營……）二首	次數					1		1	1	2		出塞之作品已有數首，不必增列。說解上稍有困擾。
14033	40450	221.望月有感	次數					1			1	3		
14056	40450	222.前出塞（挽弓當挽強……）	次數				1	1				8		出塞之作已有數首，不必增列。
14091	40450	223.登幽州臺歌	次數	1		1		1				2		學生年紀輕，不宜灌輸消極思想。與歷史使命（繼往開來）有牴觸。
14058	40450	224.聞官軍收河南河北	次數									3		無深意。

本調查列舉不適宜爲教材之原因（次數）

問卷選文編號	分類編號	篇名	1	2	3	4	5	6	7	8	9	10	其他
14015	40450	225. 山居秋暝				1	1			1	9		
14012	40450	226. 少年行				1				1	7		非王維典型作品。
14008	40450	227. 出塞作		1		1	2			1	6		與觀獵風格同。王維不以此詩風見長。無法代表王維成名之詩風。
21015	40450	228. 只要我們有根			5			1			8		「傘」那篇較合學生經驗，也較富聯想力。太深。
14006	40450	229. 從軍行				1	1	1		1	1		
14007	40450	230. 渭川田家					1				6		
14013	40450	231. 渭城曲				1	1				8		音樂課本已錄。
14004	40450	232. 從軍行（青海長雲暗雪山……）				2	1	1		1	11		
13023	40452	233. 木蘭詩		1	1		1	2	1		5		蠢笨之作。
13009	40452	234. 詠荊軻	1	2		3	1	4			9		已有荊軻傳。何必仇秦，秦亦吾人之先。東坡於留侯論中不齒刺殺之手段，議為不忍。

編號		篇名	次數											備註
13008	40452	235. 歸田園居	次數				5	1			2	7		遁世之詩，不宜傳授。陶乃逃避現實之投機文人，無足取。
17006	40511	236. 武松打虎	次數						1	1		21		
21348	40511	237. 陽明成學前的一番經歷	次數	1	3		1	3	1	1	1	13		國中不適合。
21230	40511	238. 藺相如	次數		2				1	1		16		
12021	40512	239. 卜式輸財報國	次數					1	1	1	4	6		
17030	40512	240. 三訪諸葛亮	次數		1					4		22		與史實不符。
19023	40512	241. 口技	次數			1			1	1		13		
18017	40512	242. 文天祥從容就義	次數							1		6		
16039	40512	243. 五嶽祠盟記	次數					1	1			13		
12014	40512	244. 田單復國	次數				2	1	2	5	2	10	1	手段殘鄙。
12008	40512	245. 田單以火牛攻燕	次數				1	1	3	2		14		其旨與田單復國有類似。缺乏學習目標。手段卑鄙。
12012	40512	246. 西門豹治鄴	次數					2	3		1	19		

問卷選文編號	分類編號	篇名	本調查列舉不適宜為教材之原因 號碼1 次數	2	3	4	5	6	7	8	9	10	其他
18027	40512	247.李龍眠畫羅漢記								3	11		
11051	40512	248.季氏將伐顓臾	1				3	3		3	5	53	
17003	40512	249.岳飛之少年時代					1				13		
21240	40512	250.丘逢甲傳					1	1	1	1	15		
18039	40512	251.核舟記		1	1		2				8		
21048	40512	252.瘞菊記						1			10		
16008	40512	253.郭子儀單騎退敵		1			2	1	2	4	15		文字疏漏太多。
12034	40512	254.趙氏孤兒	1	1		2	1	1	1	1	20		
12033	40512	255.鄒忌諫齊王	1				2	1		2	10		
12015	40512	256.廉頗藺相如列傳					1		5	2	15		

			次數										
17027	40512	257.群英會		1					2	1	16		偏離史實。
12009	40512	258.澠池之會	2	1			1	3	2	2	13		
11057	40512	259.論廉恥		1			1				7	51	
18032	40512	260.賣柑者言								1	10		
16067	40512	261.賣油翁				1					10		
14078	40512	262.種樹郭橐駝傳	1	1				2	1	2	6		
19080	40512	263.觀巴黎油畫院記		1		5	2	1	1		14		
21287	40521	264.力行的要旨	3	2		1	2	1			8		太深。艱澀不暢。
21260	40521	265.孔子與教師節		1	1		1	1			20		與第三冊第二課部分重複。
21294	40521	266.四維的意義	1			1		1			11		太深。三民主義上。
21253	40521	267.自由與民主					1	1			11		
21275	40521	268.我心目中的世界	1	1		2	1	1	2		10		

問卷選文編號	分類編號	篇名	1	2	3	4	5	6	7	8	9	10	其他
號碼			次數	次數	次數	次數	次數	次數	次數	次數	次數	次數	
21328	40521	269. 我的新生活觀			1		1	1			13		
21069	40521	270. 享福與吃苦						1	2		5		
21062	40521	271. 青年的三大修養	1				3	1	6	1	8		斷章取義。又臭又長。囉嗦。學習起來枯燥無味。文章生硬。乏創見。炒冷飯，學生缺乏興趣。
21329	40521	272. 美育與人生	1			2	4	1			13		
21340	40521	273. 爲什麼要愛國	1				1	1			10		
21330	40521	274. 怎樣纔配稱作現代學生						7			14		
21339	40521	275. 報紙的言論	1	2		5	2	1	1		10		內容艱深，詞句繁雜，不易理解。
21181	40521	276. 結善緣						2			12		寫給教育人員閱讀。
21272	40521	277. 智慧的累積	2			1		1			7		文字不夠暢達。
21374	40521	278. 榮譽與愛榮譽						1	1		10		

（本調查列舉不適宜爲教材之原因：號碼 1–10）

21214	40521	279.論散文	次數		6					1	2	15		
21371	40521	280.論自我實現	次數			3		3	1			10		
21263	40521	281.學問與遊歷	次數						1			12		
21215	40521	282.舊	次數						1			14		
21289	40521	283.禮義廉恥的精義	次數		1				1			13		文字稍微生硬，可作公民科補充教材。太深。
11028	40522	284.大丈夫之志節	次數	2				2		1	2	5	47	
16092	40522	285.日喻	次數	2	1		1	3	2		1	5		文字艱深難懂。
11047	40522	286.四維	次數		1			1			3	4		顧炎武「廉恥」可引申。
19053	40522	287.自立說	次數								2	6		
21326	40522	288.自由與放縱	次數	1	2			3	1		1	6		太深。
11073	40522	289.孝經六章	次數					2	4	1	2	5		乏味無趣。太深。
1324	40522	290.舍己爲群	次數	1	1				1			8		

問卷選文編號	分類編號	篇名	本調查列舉不適宜爲教材之原因										其他
			號碼 1 次數	2 次數	3 次數	4 次數	5 次數	6 次數	7 次數	8 次數	9 次數	10 次數	
19020	40522	291. 治生說		1			3	1		4	10		
11023	40522	292. 紀孝行章	2	2		3	4	2		3	7		太深。孝爲天性，不必倡行。過於枯燥。
18024	40522	293. 幽夢影選	2			1				1	4		
19077	40522	294. 弈喻		1		1					8		後半篇說理，用詞不夠淺白。
19013	40522	295. 勤訓					1	1		1	2		
16003	40522	296. 傷仲永	1			1	1	2		2	13		
11026	40522	297. 舜發於畎畝之中章					2				4	46	典故太多。
21200	40522	298. 論毅力		9			5	1			11		文字艱深瑣碎，學生不易了解。6
18007	40522	299. 藺相如完璧歸趙論				1			1	7	11		

Code	Code	Item	次數 1	次數 2	次數 3	次數 4	次數 5	次數 6	次數 7	次數 8	次數 9	次數 10	Remarks
21362	40531	300. 故鄉			1	1		1			11		
21153	40531	301. 興奮和惆悵						2			13		
21302	40541	302. 弘揚孔孟學說與復興中華文化		4			2	2	1	2	9		太深。無新意。
18031	40541	303. 論子書		1			1		3		7		
21050	40541	304. 索忍尼辛的讜論	1	3			1	2	1	1	16		國文不應用譯文作爲教材。太教條化。
21156	40541	305. 給自由中國					1		1	1	20	1	
21207	40541	306. 敬業與樂業		1			2	1	2		3		國中階段沒有必要。
19006	40542	307. 示子孝威孝寬					1	1			11		
14019	40542	308. 山中與裴迪秀才書				1	1	1		1	4		
18037	40542	309. 告諸將士屯田書						1			11		
12022	40542	310. 座右銘	1				4				5		

問卷選文編號	分類編號	篇名	本調查列舉不適宜爲教材之原因 號碼 1 次數	2	3	4	5	6	7	8	9	10	其他
19059	40542	311. 與諸弟書		1	1		1	1		1	10		
13024	40542	312. 與宋元思書			1		4		1	2	11		語多矛盾，思路不清。末二句不合層次，宜調整。
18038	40542	313. 與荷蘭守將書						1			5		
21113	40542	314. 興趣						1			15		
19012	40542	315. 儉訓						3		1	1		
19062	40542	316. 論子紀鴻						1			8		
16007	40550	317. 過零丁洋			1		1	1			17		
17010	40550	318. 四時讀書樂	1			4		1			4		太深。文意艱深，與學生生活脫節，不易理解。
16041	40550	319. 四時田園雜興並引		1			1	1	2	1	6		
14031	40550	320. 買花					1			1	8		

作品			次數										
321. 輞川閒居贈裴秀才迪	14018	40550				1	1			1	5		不能顯現他的詞風。應選足以代表辛棄疾風格之作品。
322. 西江月	16018	40560				1	1				5		
323. 相見歡	16016	40560					1			1	8		無義。
324. 虞美人	15003	40560				2					3		
325. 憶江南	14035	40560				1	1				2		
326. 四時田家苦樂歌	19074	40562				1		2			5		
327. 水仙子（春晚）	17017	40570									6		不足爲代表。
328. 道情 二首	19075	40570	1		1	2	1	2			5		
329. 水仙子	17022	40570		1		1		6					
330. 四塊玉	17025	40570				3					10		不合格律。
331. 梧葉兒	17021	40570	1			1					10		
332. 秋思	17015	40570									4		

篇名	問卷選文編號	分類編號	1	2	3	4	5	6	7	8	9	10	其他
			本調查列舉不適宜爲教材之原因（號碼／次數）										
333.一位平凡的偉人	21311	40611						1			13		太深。
334.永遠與自然同在	21312	40611						1		1	11		
335.明湖居聽書	19069	40611		1		2			2		4		
336.故都的回憶	21319	40611						1	1		7		太深。
337.范進中舉	19015	40611						2	2		10		
338.高太尉計害林沖	17007	40611				2		4	1		24		
339.魯智深大鬧桃花村	17005	40611		1				2			15		
340.槳聲燈影裡的秦淮河	21037	40611				2		3	5		14		無聊文人治遊之作又臭又爛。
341.劉老老	19041	40611							1		9		「紅樓夢」選錄較感性之段落作爲高中教材。
342.曬書記	21213	40611		1	1			3			13		

編號	代碼	篇名	次數								合計		備註
19039	40612	343. 口技		1	1			1		1	11		
11008	40612	344. 少康中興		3			1		1	4	9		古代之征伐興滅，後代實無褒貶之必要，因係共同祖先也。
13016	40612	345. 世說新語五則	1		1		1				7		
19001	40612	346. 左忠毅公軼事				1	1			1	1		與國史有顯著牴觸。
19010	40612	347. 北堂侍膳圖記	1				1	1	1	3	11		
11013	40612	348. 列子寓言選	1			1	1		1	2	6		
18041	40612	349. 先妣事略		2	1	2	3			1	5		沒有必要學習。
19050	40612	350. 先妣事略						1	1	1	12		此類教材重複太多。列爲補充教材。
12027	40612	351. 孟母	1		1	1	1	1		2	13		譯成白話編入小學教材。
16009	40612	352. 肥水之戰		1			1		10	4	12		
14080	40612	353. 始得西山宴遊記				1		1	1	1	3		
11020	40612	354. 爲書掣肘		3			2				13		

問卷選文編號	分類編號	篇名	本調查列舉不適宜爲教材之原因（號碼 1，次數）	2	3	4	5	6	7	8	9	10	其他
13015	40612	355.范滂傳					1	2	2	4	16		
14081	40612	356.袁家渴記				2				2	15		
19008	40612	357.梅花嶺記		3	1	1	1	2	2	1	5		
21129	40612	358.黃花岡烈士事略序		1	1						2		
16001	40612	359.遊褒禪山記	1		1	2	1		1		7		
12028	40612	360.說苑四則（建本、復思、正課、善說）	1		2		1			3	2		
12011	40612	361.鴻門之宴				2	1	1	5	3	20		
18034	40612	362.靈丘丈人		1		2	1			1	10		
16073	40620	363.採桑子			1	1			1		7		
14025	40620	364.欲與元八卜鄰先有是贈				2	1	2		1	11		

			次數											
21064	40621	365. 山水與人生	1	1					1		8		
21372	40621	366. 中國的出路—現代化	1					3			14		
21216	40621	367. 早起			3			2	1		12		梁氏文章有比此更佳者。
21373	40621	368. 求學	1					1			11		
21290	40621	369. 我們國家的立場和國民的精神		1		1		5		1	7		太深。
21106	40621	370. 社會的不朽論	2			1		1	1	1	12		
21202	40621	371. 爲學與做人						2			8		
21179	40621	372. 哲學家皇帝	1	1	1			2			8		
1291	40621	373. 時代考驗青年青年創造時代					1	1	2	1	12		太深。
21046	40621	374. 理想的白話文						3			13		
21284	40621	375. 報國與思親	1	2		2	1	1	4		12		太深。
21161	40621	376. 意念的表出	1	1			1	1		1	18		抽象不易明白，稍嫌枯燥。

篇名	問卷選文編號	分類編號	1	2	3	4	5	6	7	8	9	10	其他
			本調查列舉不適宜為教材之原因（號碼／次數）										
377. 過去現在與未來	21185	40621	1				2	1	2		16		
378. 學問之趣味	21206	40621		1				1	1	1	4		太深。
379. 藝術與人生	21052	40621	1	2			1				9		
380. 陽明語錄一則（知行合一）	18020	40621	6				2		1	2	10		
381. 讀者可以自負之處	21162	40621			2			2			17		
382. 示弟立志說	18004	40622					1			2	11		
383. 朱子讀書法	19044	40622						1		2	17		
384. 君子喻於義小人喻於利	16053	40622	1					1	1	6	12		
385. 尚節亭記	18035	40622	1				2			3	5		
386. 指喻	18001	40622		1	1						6		
387 魯仲連義不帝秦	16011	40622	1			1	1	1	1	2	9		無義。

篇目			次數										
388. 原才	19056	40622	1			1	1			5	5		
389. 理信與迷信	21327	40622	1	1	2	1	2	1			9		太深。
390. 曹劌論戰	11006	40622		1		3	4			2	2		文字艱深難懂。
391. 教戰守策	16091	40622				1			2	4	1		
392. 國殤	11033	40622		3		2	3			6	3		
393. 廉恥	18043	40622					3						句難。
394. 論仁	11049	40622	1				1			2	3	48	
395. 讀孟嘗君傳	16002	40622		1	2		1	1		2	19		
396. 對吳稚暉先生致最崇高的哀敬	21368	40631		1	1			2			16		學生沒興趣。
397. 翡冷翠山居閒話	21149	40631		1		3		1			16		
398. 靈山秀水挹清芬	21337	40631									9		
399. 祭妹文	19029	40632				1	1	3	3				

問卷選文編號	分類編號	篇名	本調查列舉不適宜爲教材之原因 號碼 1 次數	2	3	4	5	6	7	8	9	10	其他
18040	40632	400. 項脊軒志			1	2				2	1		
18003	40632	401. 瘞旅文		2		5		1		6	4		
14050	40640	402. 春夜宴桃李園序		1				1		5	10		
14037	40640	403. 與元微之書				1	1			1	2		
21112	40641	404. 科學的人生觀	1				1	1		2	11		
21318	40641	405. 這一代青年的新希望				1		1			14		太深。
21317	40641	406. 寫給青年們的一封信		1				2		1	12		太深。
16012	40642	407. 白鹿洞書院學規	1	2	1		2			3	10		無義。
17023	40642	408. 春聯								1	3		應用文中有。
18005	40642	409. 教條示龍場諸生	1		1	1	2		1	2	7		不切合需要。

篇名													
410. 祭中山先生文	21331	40642	次數				1	1	2			15	
411. 遺書	18011	40642	次數			1		1		1	1	10	
412. 下終南山過斛斯山人宿置酒	14040	40650	次數				1	1				6	
413. 月夜憶舍弟	14062	40650	次數				1	1				8	
414. 玉階怨	14043	40650	次數	1			5	1	2		1	7	
415. 白雪歌送武判官歸京	14055	40650	次數				1			2		10	
416. 江南逢李龜年	14064	40650	次數	1		1	3	1	1			3	
417. 江樓聞砧	14034	40650	次數					1	1			3	
418. 泊秦淮	14070	40650	次數				1		2			4	
419. 長干行	14049	40650	次數				3		1	2		7	
420. 客至	14044	10650	次數					1			1	5	
421. 客至	14065	40650	次數					1				2	

篇名	問卷選文編號	分類編號	本調查列舉不適宜爲教材之原因（號碼：次數） 1	2	3	4	5	6	7	8	9	10	其他
422. 春日憶李白	14061	40650			1	1	1				8		牽涉他家風格，不易講評。
423. 秋夜寄丘二十二員外	14086	40650								2	13		
424. 旅夜書懷	14067	40650	1			2	1				4		
425. 送友人	14042	40650				1	1			1	4		
426. 書憤	16051	40650				1				4	8		
427. 望薊門	14085	40650		1		1				1	8		
428. 宿建德江	14075	40650				1				1	10		
429. 淮上喜會梁川故人	14087	40650								1	13		
430. 從軍行（烽火照西涼…）	14096	40650						1			11		
431. 逢入京使	14054	40650									6		

14041	40650	432.登金陵鳳凰臺	次數					1				5		非李白佳作。
14063	40650	433.登高（風急天高猿嘯哀……）	次數				2	1			1	7		
14052	40650	434.無題	次數	1	2	1	6	1			5	11		
14066	40650	435.夢李白（二首，死別已吞聲，浮雲終日行）	次數						1	1		8		
14039	40650	436.憶秦娥	次數					1			3	7		
14051	40650	437.蟬（本以高難飽……）	次數	4			2				3	13		
14068	40650	438.贈孟浩然	次數				1	1				7		
14060	40650	439.贈衛八處士	次數				1		1			6		
14014	40650	440.終南別業	次數				3	1				7		
14003	40650	441.閨怨	次數				8	1	3		1	9		
14021	40650	442.遣悲懷	次數	1			3	1			2	13		
12003	40652	443.上山採蘼蕪	次數				3	1	2		2	10		義無可取。缺乏學習目標。

問卷選文編號	分類編號	篇名	1	2	3	4	5	6	7	8	9	10	其他
			次數	次數	次數	次數	次數	次數	次數	次數	次數	次數	
12017	40652	444. 孔雀東南飛				5	1	4	5	6	19		學生難體會。
12002	40652	445. 行行重行行、庭中有奇樹					1				4		
12038	40652	446. 陌上桑	1			1	1			1	4		缺乏學習目標。
12036	40652	447. 飲馬長城窟行					1	2		3	5		太深。
12016	40652	448. 漢代歌謠選（東門行、孤兒行）				6	1		2	3	13		
12037	40652	449. 豔歌行				1	1			2	9		缺乏學習目標。
16026	40660	450. 如夢令				2					8		
14097	40660	451. 菩薩蠻		1		2		3		1	8		
15004	40660	452. 憶昔				1				2	12		
17019	40670	453. 迎仙客						1			11		

（1–10：本調查列舉不適宜為教材之原因號碼）

編號	代碼	篇名	次數 1	2	3	4	5	6	7	8	9	10	意見
17004	40670	454. 落梅風（江天暮雪）						1			6		
17008	40670	455. 憑闌人（寄征衣）				1		1		1	10		內容與學生身分不合。
11031	40712	456. 卜居	2	3		3	4	3	2	17	9		「漁父」更好。
16079	40712	457. 六國論					2			13	1		不妨改選蘇轍的六國論較暢達。
13022	40712	458. 水經江水注		4	1	3	2	3	5	7	5		乏實質意義。太深。無義。
11039	40712	459. 句踐復國		2			1		7	2	4	1	後人不可仇視共同祖先。冗長意淺。
11065	40712	460. 外儲說左上四則		1	1	1	1		1	4	10		四則過多。
19019	40712	461. 先母鄒孺人靈表				1	2	3		1	7		
16087	40712	462. 刑賞忠厚之至論					1	1		7	14		
14072	40712	463. 虬髯客傳					1	2	1	7	20		
14092	40712	464. 長恨歌傳		1		2	1		7	3	22		
12006	40712	465. 信陵君列傳		2			1		14	6	15		太深。

篇名	問卷選文編號	分類編號	本調查列舉不適宜為教材之原因（號碼）1	2	3	4	5	6	7	8	9	10	其他
			次數	次數	次數	次數	次數	次數	次數	次數	次數	次數	
466. 荊軻傳	12007	40712		3		1	1	2	20	2	7		秦立中國也。
467. 張中丞傳後敘	14106	40712	1	6		2	1	1	3	7	6		
468. 黃州快哉亭記	16097	40712		1		1	1	2		5	9		
469. 超然臺記	16084	40712	3				1	1	1	4	9		
470. 鳴機夜課圖記	19071	40712		1		2		1	7	1	6		
471. 臺灣通史序	21241	40712						1	1	1	4		
472. 燭之武退秦師	11011	40712	3	1		1	1			6	5		
473. 檀弓選	12041	40712	1				3			4	5		
474. 縱囚論	16069	40712				1	1			1	2		
475. 韓詩外傳選	12042	40712					2			3	4		

			次數										
13012	40712	476. 歸去來辭並序		2			3	2	1		5	4		知識份子，苟安求隱，足可法？文辭雖美，稍嫌消極，不適於青年。
16068	40712	477. 瀧岡阡表			2	1	1	4	2	2	4	6		太深。
12020	40712	478. 蘇武傳			1			2	1	12	1	15		
19002	40722	479. 人間詞話（節）		1			1	1			12	12		太深。
16065	40722	480. 不朽論									3	7		
11017	40722	481. 去私		2	4			2		1	3	9		
11042	40722	482. 召公諫厲王止謗			1		1	2	1		9	8		
11046	40722	483. 牧民		2			1	1			5	4		顧炎武「廉恥」可引申。
11048	40722	484. 兼愛		1	3			4	2	1	16	9	1	
16072	40722	485. 送徐無黨南歸序							1		2	8		
16093	40722	486. 留侯論					1			1	3	4		
18002	40722	487. 深慮論			2		1	2	1		3	1		

問卷選文編號	分類編號	篇名	1	2	3	4	5	6	7	8	9	10	其他
			次數	次數	次數	次數	次數	次數	次數	次數	次數	次數	
11058	40722	488. 馮諼客孟嘗君		1	1		1	1	2	2	3	1	孟嘗君得士無原則，恃外以邀內。
11021	40722	489. 貴公		1			3	1		2	11		
12025	40722	490. 論貴粟書		2		1	2	14	1	6	3		
14101	40722	491. 諫太宗十思疏		1		2		1	1	2	1		
11060	40722	492. 觸讋說趙太后		1	1	2	1	3	2	7		1	
16071	40732	493. 五代史記一行傳敘		1	1			1	1	2	2		
16098	40742	494. 上樞密韓太尉書		1				1		7	5		
12026	40742	495. 戒子書		1		1	3	1		1	4		
16075	40742	496. 朋黨論								13	8		
18015	40742	497. 送東陽馬生序					1	2		3	3		

（號碼 1–10：本調查列舉不適宜爲教材之原因）

篇目			次數										
498. 祭歐陽文忠公文	40742	16096		2					1	5	16		
499. 答司馬諫議書	40742	16004				3	4	1	1	3	12		無可讀性。
500. 答李翊書	40742	14105	1	2			2			15	13		
501. 與友人論學書	40742	18042					1			4	8		
502. 與吳質書	40742	13003		2		3	1			2	6		與一三〇〇四／典論論文篇擇其一。
503. 與楊德祖書	40742	13006		1		2	3			7	4		
504. 蘭亭集序	40742	13007		1			1	1		6	12		
505. 請勵戰守疏	40742	18010		1						3	11		
506. 長恨歌	40750	14027		1		4	1		8	9	17		宜列入補充教材用。
507. 采葛、伯兮、東山	40752	11045					2	2		8	5		太深。文體疏遠。
508. 天仙子	40760	16056				1		1		3	7		
509. 水龍吟	40760	16019		1		1			1	4	5		

問卷選文編號	分類編號	篇名	本調查列舉不適宜爲教材之原因										其他
			號碼 1 次數	2	3	4	5	6	7	8	9	10	
16017	40760	510. 永遇樂									3		
16032	40760	511. 玉樓春				1		1		2	10		
16052	40760	512. 夜遊宮					1	1		2	8		
16042	40760	513. 雨霖鈴				1	1	1	1	3	9		
16043	40760	514. 念奴嬌		1	1			1	1	5	6		
16028	40760	515. 浣溪沙				2	1	2			11		列爲補充教材。
16034	40760	516. 浣溪沙						1		1	7		
16047	40760	517. 浣溪沙				1	1	1			9		
15002	40760	518. 清平樂	1				1				7		
16023	40760	519. 菩薩蠻					1				9		

16077	16046	16025	15007	15006	16015	16024	15008	16035	16033	16021	17002
40762	40760	40760	40760	40760	40760	40760	40760	40760	40760	40760	40770
520. 義田記	521. 滿庭芳	522. 醉花陰	523. 蝶戀花	524. 謁金門	525. 臨江仙	526. 聲聲慢	527. 鵲踏枝	528. 蘭陵王	529. 蘇幕遮	530. 鷓鴣天	531. 沉醉東風（漁父詞）
次數	次數	次數	次數	次數	次數	次數	次數	次數	次數	次數	次數
					1			2			
					1						
	2	3			2	1		2		1	1
1	1		1			1					
		1						1	1		
								3			
	5		2	2	1	1		8	1	2	4
8	8	6	8	8	9	9	8	10	10	10	4
			嫌柔媚。		無義。		嫌柔媚。				

問卷選文編號	分類編號	篇名	本調查列舉不適宜為教材之原因 號碼 1 次數	2	3	4	5	6	7	8	9	10	其他
17018	40770	532.清江引						1			5		
19017	40770	533.圓圓曲		1		1		2	1	7	12		沒有什麼教育深義。
16070	40812	534.秋聲賦	2	1		2				10	6		太深。
12040	40822	535.大同與小康	1			1	2		1	3	2		
11002	40822	536.大學首章	9	2		1	1			11	2	19	太深。與「革命哲學」一文重複。
21131	40822	537.心理建設自序						1	1	3	9		可列為三民主義教材3
16054	40822	538.西銘	3	1		2	2			19	4		
14103	40822	539.原毀	2	1	1		3	2		19	7		
11003	40822	540.曾子大孝	1	3			5	2	1	8	6		篇幅再刪一二則。
14102	40822	541.進學解		3				1	3	29	5		

12024	40822	542. 過秦論	次數		2			2		2	7	1		
11071	40822	543. 諫逐客書	次數		2			2	2	5	8	5		
14071	40832	544. 阿房宮賦	次數		2		2	1	4	1	14	13		太深。
12001	40832	545. 登樓賦	次數		3		3	1			14	6		
18009	40842	546. 復多爾袞書	次數	1	3		1		1	6	4	6		
13014	40842	547. 與陳伯之書	次數				1	1	4	1	4	3		
17026	40870	548. 大德歌（秋）	次數									3		太灰色。衰頹。
17014	40870	549. 題西湖（錄六）	次數				1				1	6		學生沒興趣。
19005	40882	550. 哀江南	次數		2			1	1		4	11		

3 列為中(3)不適宜選為教材原因統計表

問卷選文編號	分類編號	篇名	本調查列舉不適宜為教材之原因（號碼）1	2	3	4	5	6	7	8	9	10	其他
			次數	次數	次數	次數	次數	次數	次數	次數	次數	次數	
21030	30311	551. 大榕樹			1			2			10		
21019	30311	552. 料羅灣的漁舟			2		1	1			13		太深。王氏有更好的作品。
21076	30411	553. 祖逖擊楫渡江						2			14		分析作者的作品風格也無法做到。內容早為學生熟悉。
21018	30431	554. 喧囂						1			8		
21096	30511	555. 舍生取義					1	2			10		
21125	30521	556. 發揚臺灣精神		1		1		2		1	8		
19028	30612	557. 登泰山記				3			1	1	11		
16055	30660	558. 南鄉子		1				1		2	9		
11009	30712	559. 晉楚城濮之戰	1	2		1	1	1	8	11	5		
16090	30722	560. 稼說送張琥		1		1	3	2		1	10		

4 列為可⑵選文不適宜選為教材原因統計表

問卷選文編號	分類編號	篇名	本調查列舉不適宜為教材之原因（號碼）1	2	3	4	5	6	7	8	9	10	其他
			次數	次數	次數	次數	次數	次數	次數	次數	次數	次數	
21378	20211	561. 戚繼光傳		1				3			14		
21155	20211	562. 翠亨村裡的奇童			1			1			13		
21034	20212	563. 亞美利加之幼童			1	1		3			11		
21021	20221	564. 國父是偉大的工程師					1	1	2		11		
21026	20321	565. 團體生活						1			14		
21144	20331	566. 夏天的生活						1			10		
21276	20331	567. 媽媽的手抄本			3			2			10		
21115	20350	568. 獅子			6			1			20		
21009	20411	569. 民心的向背					1	3		1	14		

問卷選文編號	分類編號	篇名	1	2	3	4	5	6	7	8	9	10	其他
			本調查列舉不適宜為教材之原因										
		號碼	次數	次數	次數	次數	次數	次數	次數	次數	次數	次數	
21073	20411	570. 空軍烈士閻海文				1		2			14		佚名的作品不妥，因為讀其文而不知其人，未免不合情理。
21364	20411	571. 我家裡還有一個生病的母親				1		1	1		11		題目不通之甚。
21025	20411	572. 陸皓東傳			1			2		1	20		
21355	20411	573. 蘇花道中						1			9		
19072	20412	574. 鞭虎救弟記				2	1	2			11		譯為白話編入國小教材。
21195	20421	575. 作繭自縛的得失				1		1		1	12		
21083	20431	576. 一點浩然氣						1			11		
21017	20450	577. 一隻白馬		1	1			1			7		文字太平凡，不足為教本。
14030	20450	578. 溪牛早春					1			1	12		
14024	20450	579. 燕詩					1	1		1	6		

21190	20450	580. 竹	次數		1	1			1			9	詩味平淡、主題平常，無甚意思。
21063	20450	581. 金門四詠	次數				2	2	1			19	
21375	20450	582. 新疆歌	次數				1		2			16	
21065	20511	583. 民族英雄鄭成功	次數			1			1			13	
21053	20511	584. 國父與中國革命	次數						1			17	歷史已有定論。
19064	20511	585. 貓的天堂	次數							1		12	
19047	20512	586. 札記三則	次數						1	1		13	
21024	20512	587. 黃興傳	次數			1			2		1	18	
21008	20521	588. 青年和科學	次數			1			1	1		8	
21013	20521	589. 科學的起源	次數					1	2	1		13	
11022	20522	590. 廣要道章	次數	3	1		2	8	3		2	7	過於枯燥。文筆不佳。可選開宗明義章。無深義，語多不可解。太深。
19076	20542	591. 家書二通（杭州韜光庵中寄舍弟墨、范縣署中寄舍弟墨第二書）	次數			1	1	1				10	

問卷選文編號	分類編號	篇名	1	2	3	4	5	6	7	8	9	10	其他
			本調查列舉不適宜為教材之原因（號碼／次數）										
15001	20560	592. 南鄉子				1				2	9		
21354	20611	593. 西柏林，這「孤島」			4			4			14		
21003	20611	594. 自述			1			5	2		14		
21367	20611	595. 聖雄證果記			2	2		3			14		與民族文化不相干。
19083	20612	596. 大鐵椎傳	1	2		3		4	1		12		無正確之主題意識。
11041	20612	597. 申生之死		1		1	1	8		5	11		孝之不當，不僅誤國，且陷父母於不義。微言大義深。
16085	20612	598. 李氏山房藏書記		1				1		3	10		
19042	20612	599. 徐錫麟傳							2		11		
21094	20621	600. 老者安之					1	3		1	10		
21097	20621	601. 眞善美的新境界				6		2			12		專有名詞太多，造成學習障礙。

編號	編號	篇目	次數										備註
21090	20622	602. 孔子學說與時代精神	2	2			2	5	1	1	10	1	
11016	20622	603. 物類平等	2	1		2	3		1	3	13		
21369	20631	604. 偉大與崇高					1	1			10		學生沒興趣。
21091	20642	605. 民族正氣文鈔序		1			4			3	12		
21007	20642	606. 赴義前稟父書			3			1	1		8		
19063	20642	607. 與某君論義利書				1	1	2		2	13		
19061	20642	608. 聯語選（楹聯）								1	5		列入應用文。
16050	20650	609. 秋風曲					1	2		2	9		
14074	20650	610. 宿桐廬江寄廣陵舊遊				2	1			1	7		
21004	20650	611. 謁黃花岡						2			14		
14023	20650	612. 放魚詩					1			1	10		
11035	20712	613. 宋人及楚人平	2	2		1	2	3	1	8	5		太深。

問卷選文編號	分類編號	篇名	本調查列舉不適宜爲教材之原因 次數（號碼1）	2	3	4	5	6	7	8	9	10	其他
11010	20712	614.趙盾諫晉靈公					2	1	1	11	7		有更好的教材取代。
12023	20712	615.歸田賦		2		1	3		1	9	8		
11001	20822	616.中庸哀公問政章	3	2			2		1	19	2	13	全文過長宜節選。太深。

5 列爲否⑴選文不適宜選爲教材原因統計表

問卷選文編號	分類編號	篇名	1	2	3	4	5	6	7	8	9	10	其他
			本調查列舉不適宜爲教材之原因（號碼／次數）										
21192	10211	617.雙十節的一個小故事						1			14		
21342	10211	618.盡忠報國	1	1			1	1			12		
21217	10211	619.仁聖吳鳳				2		26			16		內容與史實不符，爭論不已。3此文投共作品，宜刪。2
21250	10311	620.辛亥革命的軼聞		1		1		2			17		
21074	10311	621.傷兵之母			3			4			18		分析作者的作品風格也無法做到。名作家太多，可不必取用佚名者。
21252	10311	622.微笑的土地						1			8		
21199	10311	623.歐遊心影錄楔子		1		1		1			18		
21022	10311	624.觀球記			1			1			15		
21239	10312	625.台灣之商務	2		1	2		5	2		20		
21029	10321	626.自發的更新						1			15		

問卷選文編號	分類編號	篇名	本調查列舉不適宜爲教材之原因（號碼／次數）1	2	3	4	5	6	7	8	9	10	其他
21127	10350	627. 小耘週歲			2	1		4			13		不是好作品。非中國詩的生命。新詩難解析。列入國小教材。
21167	10370	628. 總統 蔣公紀念歌	1	1			4	2		2	26		太深。
21099	10411	629. 二漁夫						1		1	14		
21095	10411	630. 人類的祖先			1		3	4			16		
21245	10411	631. 「三二九」的二三事		1			1				22		
21002	10411	632. 太行山裡的旅行			1	7	1	5			16		刻板乏味。枯燥。無文學價值。
21124	10411	633. 火箭發射記		1	3	3	2	1			19		刪節後列入國小教材。科技是時時更新的。影片勝於文字。
21020	10411	634. 女工程師修澤蘭						3			17		
21160	10411	635. 早老的懺悔			1	2		2			14		學生年紀尚輕，不能體會。
21347	10411	636. 赤崁城遊屐						1		1	11		

21381	10411	637. 記青島水族館	次數				2		1			13		
1171	10411	638. 孫子	次數	1	1				1		3	14	1	
21038	10411	639. 倫敦的動物園	次數			1	1		1			19		
21068	10411	640. 班超傳	次數		1				2			16		
21036	10411	641. 萊因勝蹟	次數				1		1			11		
21105	10411	642. 鄒容傳	次數	1			1		2			15		
21039	10411	643. 滂卑故城	次數				1		3			16		學生未能領會主旨。
21121	10411	644. 新夏臺中行	次數						2			12		
21061	10411	645. 歐洲人冬夏兩季的生活	次數			2	3		3	1		15		
21246	10411	646. 礁溪行	次數			1	1		1			13		刪除。
21080	10411	647. 燦爛的街—上海國慶夜景	次數				2		5			17		
21100	10412	648. 柏林之園	次數				1		1		1	14		

問卷選文編號	分類編號	篇名	本調查列舉不適宜爲教材之原因 號碼 1 次數	2	3	4	5	6	7	8	9	10	其他
21033	10412	649. 救火之勇少年			1			3			13		
21084	10412	650. 遊倫敦大寺記				1		3			16		
21277	10412	651. 寫民族英雄小史之前		1				1			12		
21054	10421	652. 我們的老祖宗					1	4			18		
21248	10421	653. 青年節對青年講話		1				1	1		11		
21196	10421	654. 發揚護士精神			1	1		1			14		
21254	10421	655. 體育的歧路				2		2			14		給職業運動員太大的諷刺。
21117	10422	656. 六書爲識字之簡易法					3	3		3	11		屬國學概論課。語文常識已介紹過六書。
21193	10431	657. 抹布畫			2	2		1			9		
21071	10431	658. 湖畔木屋（節）	1					1	1		15		

												總計		
21264	10431	659. 詩人節祝詩人	次數				4		1			17		
21177	10441	660. 寄子書	次數		1	3			1			18		文章結構鬆散，難以爲範文。2太深。譯文生硬，主旨不突出、不易吸收。
21279	10441	661. 談寫作志願	次數						1			13		
21244	10441	662. 獻給我們的空軍	次數			1	2		1			21		
21010	10511	663. 民元的雙十節	次數						3		1	14		
21273	10511	664. 加油三日記	次數			1			1			11		
21366	10511	665. 西安導言	次數				1		5			14		
21321	10511	666. 杭州、南京、上海、北平	次數		2		3		3			17		
21126	10441	667. 遊西天目日記	次數		5		9	2	1		1	12		
21104	10511	668. 梅溪學堂	次數				2		2			15		
21128	10511	669. 復興來去	次數		5		1		1	6		16		冗長令人生厭。徒事雕琢、乏眞情。2堆砌辭藻⑵與事實有出入、講解不易。末二段說明道理則佳。
21070	10511	670. 鄭和	次數					1	2			17		

問卷選文編號	分類編號	篇名	本調查列舉不適宜爲教材之原因 號碼 1 次數	2 次數	3 次數	4 次數	5 次數	6 次數	7 次數	8 次數	9 次數	10 次數	其他
21344	10512	671. 吳鳳傳		1		2		29			17		內容與史實不合。2人頭祭祀之事，不宜重提。
21280	10512	672. 孫大總統廣州蒙難記		1		1	1		2	1	15		太深。
16083	10512	673. 書吳道子畫後		1		4	1	1	1	4	12		道理不好傳譯。藝術專文，不適合。太深。
21322	10512	674. 葉成忠先生				3		1		1	22		太深。
21154	10512	675. 鏡湖女俠墓表				1	1				14		
21089	10521	676. 人生的究竟	3				1	1			12		
21349	10521	677. 中華民族的克難精神		1		1		2	1		12		
21274	10521	678. 米海						2			13		
21028	10521	679. 克難運動				1		4			19		
21134	10521	680. 耕者有其田		1	1	2		5		2	21		高中三民主義課已有詳解。2

編號	編號	篇名		1	2	3	4	5	6	7	8	合計		備註
21188	10521	681. 進化論淺解	次數	2	3		1	2	2		1	15		沈悶乏味。
21032	10521	682. 搶救大陸青年	次數			3	1		7			15		因台灣大陸瞬息萬變，十四期的資料畢竟老舊。
21175	10521	683. 滑翔運動與體育	次數			1	4		2			15		
21111	10521	684. 談中學生的升學與擇業	次數			2			8			11		經驗較老舊。
21285	10521	685. 論社會風氣之改造	次數		2				2			17		太深。
21135	10521	686. 談信義	次數		1	1	1		1			17		列爲三民主義課教材。其他文章已介紹「信義」。
21136	10522	687. 電學與知難行易	次數	1	1	1	3				1	20		宜爲國小社會教材。三民主義課。
21325	10522	688. 圖畫	次數	1	1			2	1			12		太深。抽象難懂。
21301	10541	689. 生活的改造	次數						1			17		太深。
21303	10541	690. 慶祝臺灣光復節	次數						2			22		太深。
21027	10541	691. 總統校閱三軍影集題解	次數			1	1		1			19		
21351	10542	692. 太原五百完人成仁紀念碑	次數				1	3	4			12		

問卷選文編號	分類編號	篇名	本調查列舉不適宜為教材之原因										其他
		號碼	1	2	3	4	5	6	7	8	9	10	
21055	10542	693. 勤工儉學傳書後	次數					3			13		
21047	10541	694. 給亡婦	次數			10		3		1	16		
21005	10542	695. 輓聯（輓國父）	次數			2	1				15		納入選修課—應用文。列入應用文。
21208	10550	696. 志未酬	次數			1	1	1		1	14		
21209	10550	697. 臺灣雜誌詩二首之一	次數			2	2			1	16		
21210	10550	698. 臺灣雜誌詩二首之二	次數			2		2		1	16		
21168	10591	699. 碧血黃花第一幕	次數		1	3		1	2		16		
14053	10610	700. 楊烈婦傳	次數	1		2		2		1	12		
21231	10611	701. 不攻宋了	次數	1				1			16		
21265	10611	702. 板門店雨中行	次數		2	2		2			17		學生沒興趣。

篇名			次數										
703. 吳敬梓傳	21102	10611						2	1		21		
704. 范仲淹安邊政略	21323	10611		2		2		1		4	15		太深。
705. 飛渡太平洋	21266	10611			5	3		2			15		學生沒興趣。
706. 碾玉觀音	16027	10611	1					1	2	1	19		
707. 田納西制度	21219	10612			1	1		4			20		文藝氣息較淡。
708. 曲園日記	19032	10612				1		1	1	1	12		
709. 君室記	16049	10612		1				2		3	14		
710. 李將軍列傳	12013	10612					1	1	13	6	17	1	無深意。
711. 杜環小傳	18013	10612		1						1	13		
712. 林回棄璧	11037	10612	6	1			3	1		4	7		
713. 革命運動之開始	21267	10612		1	1			1	1	2	12		
714. 登西臺慟哭記	16078	10612	1			3				7	10		

問卷選文編號	分類編號	篇名	本調查列舉不適宜為教材之原因 號碼 1 次數	2	3	4	5	6	7	8	9	10	其他
18018	10612	715. 馬伶傳		1		1				1	12		
19031	10612	716. 書侯振東				2		1	1	2	18		
14090	10612	717. 書褒城驛壁	1							1	12		
18006	10612	718. 船山記	1				3			8	5		
19048	10612	719. 崇明老人記					1	1			13		
21256	10612	720. 量守日記						1			13		
18019	10612	721. 遊明聖湖日記（節）		1	1	1		1	1		11		
19055	10612	722. 湘鄉昭忠祠記		2			1	4	1	2	7		
19046	10612	723. 圓圓傳				1		3	1	1	22		列爲補充教材。
19049	10612	724. 遊小盤谷記								1	11		

16066	10612	725. 新五代史死節傳	次數		1		2		1		5	11		
19024	10612	726. 蒼霞精舍後軒記	次數		1	2	5		2			7		學生難體會。
19037	10612	727. 謁曲阜孔廟	次數	1					1		1	12		
21088	10612	728. 總理學記	次數						2		1	14		
21259	10621	729. 孔子的眞價值	次數	1	1				1		1	12		
21138	10621	730. 世界道德的新潮流	次數					2	3			18		列入三民主義課程教材。
21130	10621	731. 用甚麼方法來恢復民族主義	次數			1			3		2	14		可列爲三民主義課程教材。2宜爲公民教材。
21296	10621	732. 民族精神的偉大力量	次數		1	1			1			15		太深。三民主義上。
21108	10621	733. 老殘遊記的文學技術	次數		1		1	1	1	1	6	28		
21205	10621	734. 述尚書春秋國語左傳	次數		1		2	5	1	1	11	14	1	
21283	10621	735. 革命哲學	次數	7	2		1	3	1		2	13		太深。2列入三民主義教材。
21203	10621	736. 「知其不可而爲」與「爲而不有」	次數	4	3			1	1	1	2	12		

問卷選文編號	分類編號	篇名	本調查列舉不適宜爲教材之原因 號碼 1 次數	2 次數	3 次數	4 次數	5 次數	6 次數	7 次數	8 次數	9 次數	10 次數	其他
21109	10621	737. 甚麼叫做短篇小說						1		4	28		
21286	10621	738. 怎樣維護世界和平		3				2			16		太深。
21222	10621	739. 新生活與民族復興	1			1	2	1		2	13		列入公民教材。
21045	10621	740. 詩經的源起						1		6	20		詩經內容浩繁，只適合考國文系者鑽研。
21224	10621	741. 臺灣精神		1				1	2	3	10		
21110	10621	742. 論短篇小說						1		5	27		
21233	10621	743. 養慧		1			1	1		1	10		
21165	10621	744. 舊文化與新小說（節）	1	1		3		1		3	22		
21357	10622	745. 三民主義之教育價值	2	1			1	1		5	12		

21223	10622	746.三民主義之思想淵源	次數	1	2			1	1		2	17		列入三民主義教材。
21297	10622	747.中山樓中華文化堂落成紀念文	次數	1	3				1	4	5	18		太深。三民主義上。
18022	10622	748.守望社題辭	次數		1			1	1	1	2	11		
21060	10622	749.曲原	次數			3			2		3	11		語文常識參考用。
21221	10622	750.求是精神	次數				1	3	1		1	11		
19066	10622	751.知己說	次數					1				11		
21137	10622	752.制定建國大綱緒言	次數		1	1			1	1	2	21		列入三民主義課程教材。
16088	10622	753.倡勇敢	次數				1		1	1	5	7		
19033	10622	754.詩境淺說選	次數	1				1	1		3	15		
21385	10622	755.察變	次數	2	1		1	4	2		3	11		
21204	10622	756.論小說與群治之關係	次數	1	1		4	3	1	2	5	17		
21132	10622	757.論中國富強之本	次數			1			1	2	2	14		可列爲三民主義課程教材。2宜爲公民教材

問卷選文編號	分類編號	篇名	本調查列舉不適宜爲教材之原因 號碼1 次數	2	3	4	5	6	7	8	9	10	其他
11027	10622	758. 齊桓晉文之事章				1	2		2	5	7	50	對話過多。
21232	10622	759. 禮義廉恥與政教合一		1		1	1	1		2	11		
19018	10622	760. 釋三九	3	1						7	13		
21281	10632	761. 五十生日感言	1			1	1	1	3		13		太深。
21282	10632	762. 先妣王太夫人百歲紀念文		1		2	1		3		15		太深。
16058	10640	763. 農書自序		1					1	5	16		
21093	10641	764. 中華民國主席聯合國代表團之聲明			1	2	1	10		1	14		
21306	10641	765. 四十一年青年節告全國青年書						9	2		24		太深。
21309	10641	766. 光復臺灣是國民黨宿志				1		7		1	21		太深。
21257	10641	767. 何以慰總統 蔣公在天之靈			1	2	1	3			19		太深。太空泛。

21332	10641	768. 杜威博士生日演說詞	次數				1		2		1	16		
21310	10641	769. 爲中華民國退出聯合國告全國同胞書	次數				1		6		1	18		太深。
21261	10641	770. 爲維護人道而反共抗俄	次數		1		1	1	2			16		
21243	10641	771. 推行克難運動文告	次數		1		1		13	1		17		
21191	10641	772. 黃花岡烈士紀念會演講辭	次數		1				2			18		
21012	10641	773. 凱末爾遺訓	次數						1			18		
21316	10641	774. 蔣總統經國先生就職文告	次數		1				2	2		23		太深。
21307	10641	775. 蘇俄在中國緒論	次數		1				5	2	2	17		太深。
19036	10642	776. 三習一弊疏	次數				1	1	1		1	13		
16014	10642	777. 大學章句序	次數	6	1		2	4		2	25	8	1	
19034	10642	778. 中國女報發刊詞	次數				1	1	2		2	15		
21141	10642	779. 中華民國臨時大總統就職宣言	次數				2		4	1	1	16		列入公民教材。

問卷選文編號	分類編號	篇名	1	2	3	4	5	6	7	8	9	10	其他
			本調查列舉不適宜爲教材之原因（號碼／次數）										
21384	10642	780. 天演論譯例言		2			3	4	1	5	12		
21268	10642	781. 丘倉海先生念臺詩序				2			1	2	14		
16095	10642	782. 示李薦李祉	1					1		3	14		
19045	10642	783. 先府君所讀資治通鑑書後	1	1			3			4	14		
12035	10642	784. 求賢詔				2	2	6		7	17		
18044	10642	785. 初刻日知錄自序						1		8	15		
21360	10642	786. 青年守則前文			3	1	1	2		1	19		無特殊內容。
19060	10642	787. 致沅弟書			1		1			1	16		
14082	10642	788. 答人求文章書		1		1	2		1	4	18		
21298	10642	789. 國父百年誕辰紀念文		1		1		3	6	2	14		太深。三民主義上。

篇名			次數										
790. 陶庵夢憶自序	18025	10642		1		2		1		3	11		
791. 祭陳英士文	21299	10642						3		1	20		太深。
792. 祭　蔣母王太夫人文	21142	10642		1	1	1	1	2			23		列入公民教材。學生不易感興趣。
793. 詞選序	19051	10642					1	1		15	9		
794. 葉子肅詩序	18021	10642		1		1			1	3	10		
795. 黃生借書說	19030	10642							1		13		
796. 復彭麗生書	19057	10642		2		1	1	1		4	10		
797. 輓傅孟眞師	21014	10642				2		2		1	17		
798. 與余小坡書	19025	10642								1	13		
799. 與弟渡書	18036	10642								1	12		
800. 謝上書表	14020	10642	1			2		5		3	12		
801. 黨員守則序文	21358	10642	1	1		2	2	5			26		

問卷選文編號	分類編號	篇名	1 次數	2 次數	3 次數	4 次數	5 次數	6 次數	7 次數	8 次數	9 次數	10 次數	其他
19007	10650	802.有感書贈義軍舊書記				2					11		作者本人在歷史上之爭議性。
14089	10650	803.南行別弟					1			1	16		
16059	10650	804.除夜				1				3	11		
18008	10650	805.憶母、燕子磯呫二首					1			1	11		
17024	10650	806.題耕織圖詩									10		
14028	10650	807.池西亭					2	1		1	13		
13010	10652	808.癸卯歲始春懷古田舍				2	1			3	17		
16036	10660	809.法曲獻仙音		1				2		1	10		難解其意。
16074	10662	810.答吳充秀才書				1		1		1	10		
21006	10670	811.中興鼓吹				1		2		2	14		

（號碼欄標題：本調查列舉不適宜爲教材之原因）

			次數										
17001	10670	812. 醉中天（大男胡史業）						1		2	12		
17016	10672	813. 借馬								2	12		
16060	10710	814. 墨池記				1				5	14		
18014	10712	815. 秦士錄	1	3				2	2	5	7		怪力亂神，夫子不道。
19038	10712	816. 恭謁曲阜孔廟	1				1	1		1	10		
11061	10712	817. 唐雎不辱使命	1	1		1	1	1	2	3	14		
11034	10712	818. 晉趙伯弑其君夷臯		2		2	3	1	1	11	9		
16029	10712	819. 齊魯戰長勺				2		1	3	5	15		選左傳本文較爲生動。列爲補充教材。
11007	10712	820. 楚歸晉知				2	3			6	14		微言大義太深。
16076	10720	821. 生查子						1			10		
21220	10721	822. 文學創作與國運	2	1		1		1		3	10		
19009	10722	823. 名實說	2							6	8		

問卷選文編號	分類編號	篇名	1	2	3	4	5	6	7	8	9	10	其他
			本調查列舉不適宜爲教材之原因（號碼／次數）										
19081	10722	824. 考舊知新說					1	1		1	17		
14022	10722	825. 奉天論奏當今所切務狀		1		3	3	2	1	3	9		
16089	10722	826. 尙志齋說					1	1		2	8		
16080	10722	827. 送石昌言北使引				1	1	2	1	7	8		
18028	10722	828. 原臣					2	3		8	9		「原君」或「原法」均較佳，可列入大專教材。
11059	10722	829. 莊辛論幸臣				4	1		3	11	10		太深。
11040	10722	830. 敬姜論勞逸				2	4		1	9	8		
21119	10722	831. 說志		1			2	1			13		
11018	10722	832. 察傳	1			2	3	1	1	3	23		
13002	10722	833. 論英雄				1	2	1		3	15		

13020	10722	834.慕賢	次數	1				4	3	1	6	9	1	不如易以陸九淵「君子喻於義、小人喻於利」。
21238	10722	835.辨志	次數	1	7			1	3	2		10		
11064	10722	836.難勢	次數	4			1	2	2	2	14	11		
13005	10722	837.釋愁文	次數	1			1	2	1		5	12		
11032	10732	838.橘頌	次數	1	2		4	1	1	1	14	13		各段落雖短，但太多句。
16063	10742	839.伊川語錄	次數	3				1			10	9		
12018	10742	840.封燕然山銘並序	次數		2		3	4	1		15	10		有傷民族感情。
16013	10742	841.晦翁語錄	次數	1	2		1	2			8	18		
13017	10742	842.陶徵士誄並序	次數				2	1	2		6	17		
16062	10742	843.答洪駒父書	次數						1		5	12		
14083	10742	844.賀進士王參元失火書	次數				2				7	14		
19058	10742	845.經史百家雜鈔序	次數		1			2		1	23	5		

問卷選文編號	分類編號	篇名	1	2	3	4	5	6	7	8	9	10	其他
			本調查列舉不適宜爲教材之原因										
號碼			次數	次數	次數	次數	次數	次數	次數	次數	次數	次數	
16005	10742	846. 指南錄後序				1	1			5	22		
16044	10742	847. 資治通鑑音注白序				2	2	1	1	15	14		
19003	10742	848. 經傳釋詞序				2	3			25	10		太深。
18023	10742	849. 與何商隱論教弟子書		1				1		5	6		
19035	10742	850. 與孫季逑書					2	1			15		
19084	10742	851. 與蔣瀛海書		1		2				1	15		
16061	10742	852. 戰國策目錄序		2		1	2			13	8		
19085	10742	853. 讀史方輿紀要總序			1	3	2			14	9		
14073	10750	854. 古意呈喬補闕知之				6				2	9		
16022	10760	855. 木蘭花慢				1			1	2	10		

16048	10760	856. 阮郎歸	次數				3	1	2		1	10		
16057	10760	857. 西子妝慢	次數						1		3	9		
15005	10760	858. 應天長	次數				1				3	16		
18029	10770	859. 塞鴻秋	次數		1						1	7		
17020	10770	860. 慶東風（次馬致遠先輩韻）	次數									13		
21293	10821	861. 民生主義建設的最高理想	次數		2				1		1	12		太深。三民主義上。
21295	10821	862. 知行學說綜合研究之結論	次數	3	4			1	1		2	14		太深。三民主義上。
21341	10821	863. 詞曲的特質	次數	1	2				1	3	7	15		
11005	10822	864. 白馬論	次數	34	2		1	6	1	1	22	8		太深。內容無啥可觀。易造成似是而非。
11067	10822	865. 定法	次數	2	1		1	2	2	1	19	6		牽涉歷史背景太多。
13018	10822	866. 明詩	次數		1			4	1	1	20	9		
11012	10822	867. 道德經選輯	次數	20				2	1		16	9		太深。

問卷選文編號	分類編號	篇名	本調查列舉不適宜爲敎材之原因（次數）1	2	3	4	5	6	7	8	9	10	其他
12004	10822	868. 論六家要旨	9	3			5		1	24	6		太深。
11038	10822	869. 養生主	15			1	1	1	1	21	4		
19052	10822	870. 論訓詁				1	1	1		17	9		
11029	10822	871. 養氣與知言	8	2		1	6		5	12	5	55	
11004	10822	872. 儒行	4	2			5	4	3	23	10		太深。此文有僞纂說，且內容如士可殺不可辱等激昂性行，頗有悖於儒行。
21118	10831	873. 歡送大專畢業生入伍		1	1	7		2		5	15		
13021	10842	874. 文選序		3		1	3	2	3	36	5		太深枯燥。
17011	10842	875. 文獻通考總序	1	4			2	1		19	7		
19026	10842	876. 古文辭類纂序	1	2			3		2	29	9		
11072	10842	877. 牧誓		2		4	4	3	1	21	9		深澀。太深。

			次數										
878.報任安書	12005	10842		4		1	1		26	17	9		思想消極。太深太長。牢騷太多，牽涉當政問題亦夥，不易講解透澈。
879.復魯絜非書	19027	10842					1			9	10		
880.詩品序	13019	10842	1	3		1	6		1	34	5		
881.漢書藝文志敘	12019	10842	1	1		1	4			37	9		太深。
882.戊午上高宗封事	16045	10842		4		2	1	2	1	7	9		與史實有出入，參趙翼二十二史劄記卷二十四。
883.氓	11043	10852				2	1	3		12	11		太深。
884.琵琶記糟糠自厭	17009	10870		1		6	1	4	2	2	15		中學不宜選戲曲。
885.水利導師李儀祉先生	21078	10911			1	2		3			16		不甚討好。
886.四健會與農村建設	21320	10911				9		11	1		14		太深。
887.畢昇發明活字板	16030	10912		1		2				1	16		列爲補充教材。
888.工程師節獻辭	21176	10921				4	1	2			15		啓發性不夠。
889.工程與人生	21066	10921					2	1			13		

問卷選文編號	分類編號	篇名	本調查列舉不適宜為教材之原因（號碼／次數）1	2	3	4	5	6	7	8	9	10	其他
21237	10921	890. 服務精神與現代企業			1	1		1			9		
19082	10922	891. 用機器殖財養民說				4	3	7			17		
21377	10931	892. 學圃記趣				1		1			11		
21304	10941	893. 民國四十一年元旦告全國軍民書						8			24		太深。
21225	10941	894. 護士精神與中國文化				1		1		3	16		
21001	10942	895. 天工開物卷跋		5		6	1	2	4	8	12		

第三部分　附　錄

一、本研究塡答學校建議增加之選文
二、中小學國語文學科教材選文編選問卷
三、塡答問卷學校、校長及有關人員
四、選文索引

一、本研究填答學校建議增加之選文

本調查研究，承各填答學校對問卷之各選項惠予填答，並有十六所學校提出可做爲教材選文之建議。這十六所學校，包括國小一所、國中四所、高中二所、高職九所，建議之教材選文計有九十八篇。

茲將填答學校所建議增加之教材選文依其「適用年級」爲序，即自小學五年級（小五）到高職三年級（職三），分別編號。編號之下，再予列出該篇教材選文之篇名、朝代・作者、文體、文言或白話、評價、適用學校年級各項；如有資料不齊者，則以空白標示。至於註有選文之出處者，分別於備註欄中附列。

編號	篇名	朝代・作者	文體	文白	評價	適用年級	備註
①	回鄉偶書	唐・賀知章	詩	文	優	小五	文載於《中國文學欣賞全集》第八冊第七卷，莊嚴出版社，民國七十二年五月。
②	家	民・楊喚	詩	白	優	小五	
③	七步詩	魏・曹植	詩	文	優	小六	
④	生查子	五代・牛希濟	詞	文	佳	小六	
⑤	小樹	民・林武憲	詩	白	優	小六	文載於《童詩五家》，爾雅出版社，民國七十四年六月

⑥	曬太陽	民・林武憲	詩	白	優	小六	同⑤
⑦	快把窗子打開	民・林武憲	詩	白	優	小六	同⑤
⑧	木瓜樹	民・季季	記	白	佳	小六	綜合月刊《錦繡天地好文章》
⑨	夜雨寄北	唐・李商隱	詩	文	佳	國一	
⑩	公車上	民・王鼎鈞	記	白	佳	國一	
⑪	下棋	民・梁實秋	記	白	優	國一	
⑫	一個小小農家的暮	民・劉復	詩	白	優	國一	
⑬	再別康橋	民・徐志摩	詩	白	優	國一	
⑭	野餐	民・吳晟	詩	白	優	國一	
⑮	賦得古原草送別	唐・白居易	詩	文	優	國一	
⑯	賈生	唐・李商隱	詩	文	佳	國二	
⑰	成功	民・鄭頻	論	白	優	國二	
⑱	晏子將使楚	晏子春秋	記	文	優	國二	
⑲	晏子使楚	漢・劉向	記	文	優	國二	
⑳	炊煙	民・余光中	新詩	白	優	國二	遠景《泥土》
㉑	理直氣和	民・陳之藩	論	白	優	國二	
㉒	狗	民・梁實秋	記	白	優	國二	
㉓	非相	荀子	論	文	可	國三	首段
㉔	七激	漢・傅毅		文	可	國三	

㉕	浪淘沙	五代・李煜	詞	文	佳	國三		
㉖	憶江南	五代・李煜	詞	文	佳	國三		
㉗	祭王太夫人文	民・孫文	應	文	佳	國三		
㉘	早發白帝城	唐・李白	詩	文	優	國三		
㉙	飲酒詩	晉・陶潛	詩	文	優	國三		
㉚	醉翁亭記	宋・歐陽修	記	文	優	國三		
㉛	如夢令	宋・李清照	詞	文	優	國三		
㉜	伯夷列傳	漢・司馬遷	記	文	可	高一		
㉝	相見歡	五代・李煜	詞	文	佳	高一		
㉞	點絳唇	宋・姜夔	詞	文	佳	高一		
㉟	機器促進大同	民・吳敬恒	論	白	佳	高一	職一	
㊱	經濟發展與倫理建設	民・李國鼎	論	白	佳	高一	職一	《群己關係與倫理建設》
㊲	南海血書	阮天仇著 朱桂譯	抒	白	佳	高一	職一	67、12、19中央日報
㊳	那樹	民・王鼎鈞	記	白	佳	高一	職一	《情人眼》
㊴	中國之統一與世界和平 （節錄）	民・蔣經國	論	白	佳	高一	職一	75、3、29第十二屆三中全會 蔣總統經國先生講詞
㊵	經濟效益與環境效益	民・李登輝	論	白	佳	高一	職一	74、1、30於中國工程師學會 講詞
㊶	洞仙歌	宋・蘇軾	詞	文	優	高一	職一	

㊷	識仁篇	宋・程顥	論	文	優	高一	職一	
㊸	叔向賀貧	國語	論	文	優	高一	職一	
㊹	蝶戀花	宋・歐陽修	詞	文	優	高一	職一	
㊺	賈山至言	漢・賈山		文	可	高二		
㊻	望海潮	宋・柳永	詞	文	佳	高二		
㊼	管鮑之交	漢・司馬遷	記	文	優	高二		
㊽	飲中八仙歌	唐・杜甫	詩	文	優	高二		
㊽	水調歌頭	宋・蘇軾	詞	文	優	高二	職二	
㊿	更漏子	唐・溫庭筠	詞	文	佳	高二	職二	
51	天道	莊子	論	文	佳	高二	職二	桓公讀書於堂上……古人之糟粕已夫
52	中國之科學與文明(前言)	民・陳立夫	論	白	佳	高二	職二	《中國之科學與文明》
53	大宗師	莊子	論	文	佳	高二	職二	子杞子輿子犁子來四人相與語曰……此古之所謂縣解也。
54	夢江南	唐・溫庭筠	詞	文	佳	高二	職二	
55	在文化的長河中	民・司馬中原	抒	白	佳	高二	職二	《駝鈴》九歌出版
56	理想與勇氣	民・胡秋原	論	白	佳	高二	職二	《思想、道德、政治》，古今文選亦有
57	生查子	宋・歐陽修	詞	文	優	高二	職二	

(58)	潮州韓文公廟碑	宋・蘇軾	記	文	優	高二 職二	
(59)	滕王閣序	唐・王勃	序	文	優	高二 職二 職三	
(60)	蘇幕遮	宋・范仲淹	詞	文	優	高二 職二	
(61)	漁家傲	宋・范仲淹	詞	文	優	高二 職二	
(62)	北山移文	晉・孔稚珪		文	可	高三	
(63)	政治得失疏	漢・匡衡	應	文	可	高三	
(64)	祭蔣經國總統文		應	文	可	高三	
(65)	孔子廟碑	唐・皮日休	論	文	中	高三	
(66)	秋興八首	唐・杜甫	詩	文	佳	高三	
(67)	長恨歌	唐・白居易	詩	文	優	高三	
(68)	馬說	唐・韓愈	論	文	優	高三	
(69)	李娃傳	唐・白行簡	記	文	佳	高三 職三	
(70)	蝶戀花	宋・晏殊	詞	文	優	高三 職三	
(71)	貨殖列傳序	漢・司馬遷	論	文	可	職一	
(72)	自家的山水	民・劉靜娟	抒	白	佳	職一	《七十四年散文選》林錫嘉編・九歌出版
(73)	老闆主義	民・王雲五	論	白	佳	職一	
(74)	工業管理科學化運動	民・曾虛白	論	白	佳	職一	
(75)	隴西行	唐・陳陶	詩	文	佳	職一	

⑯	復性說	唐・李翺	論	文	佳	職一	
⑰	涼州詞	唐・王翰	詩	文	佳	職一	
⑱	菩薩蠻	五代・韋莊	詞	文	佳	職一	
⑲	女冠子	五代・韋莊	詞	文	佳	職一	
⑳	牛的自白	民・蔡肇祺	論	文	優	職一	
㉑	聽堂	民・王灝	抒	白	優	職一	《七十四年散文選》林錫嘉編・九歌出版
㉒	鹽鐵論	漢・桓寬	論	文	可	職二	
㉓	政論	漢・崔實	應	文	可	職二	
㉔	魯靈光殿賦	漢・王延壽		文	可	職二	
㉕	廣絕交論	晉・劉峻		文	可	職二	
㉖	江湖散人傳	唐・陸龜蒙	記	文	中	職二	
㉗	浪淘沙	五代・李煜	詞	文	佳	職二	
㉘	相見歡	五代・李煜	詞	文	佳	職二	
㉙	我渴望贏，我尋求挫敗	民・張曉風	抒	白	優	職二	《我在》爾雅出版社
㉚	觀音山	民・余光中	新詩	白	優	職二	《蓮的聯想》大林文庫
㉛	碧潭	民・余光中	新詩	白	優	職二	《蓮的聯想》大林文庫
㉜	條災異封事	漢・劉向	應	文	可	職三	
㉝	廣成頌	漢・馬融		文	可	職三	

⑭	兩都賦	漢・班固		文	可	職三	
⑮	古戰場	唐・李華	論	文	可	職三	
⑯	談石烈士	唐・羅隱	記	文	佳	職三	
⑰	雙調夜行船	元・馬致遠	曲	文	優	職三	
⑱	最	民・蔡肇祺	論	文	優	職三	

依各塡答學校建議增加之教材選文其適用學校分配次數予以統計，得知適用於小學者有八篇，適用於國中者有二十三篇，適用於高中者有十四篇，適用於高職者有二十八篇；同時適用於高中、高職者有編號三十五至四十四，四十九至六十一，六十九及七十等二十五篇，可見建議增加之教材選文以高中、高職部分占數最多。

此外，爲易於查詢各塡答學校建議之教材選文，乃將各塡答學校建議之教材選文依上述編號列出如下：

台北市天母國民小學：⑤⑥⑦⑧⑭②

雲林縣立崙背國民中學：③⑩⑪⑫⑱⑲⑳㉑㉒㉙㉚㊼㊽㊾68

新竹縣立照門國民中學：64

新竹縣立富光國民中學：㉗

台中市立大德國民中學：⑬

省立竹山高中：⑥⑦

省立台東高中：⑰

台北市私立育達商業職校：㊾

台北市私立東方高商：⑦②⑧①⑧⑨⑨⓪⑨①

台北市南港高工：㊱㊳㊴㊵[52]55[56]

台北市私立喬治高工：㉟㊲[73][74]

台北市私立稻江高級護理家事學校：④⑨⑯㉔㉜㉞㊺㊻[59][62][63][65][66][71][75][76][78][79][82][83][84][85][86][87][88][92][93][94][96]

省立苗栗農工：[77]

省立台東農工：㉓㉕㉖㉛㊶㊷㊹㊿[51][53][54][57][58][59][60][61][69][70][88]

省立新竹高工：[80][95][97][98]

省立嘉義高商：①⑮㉘㊸

根據以上資料，可以看出編號㊾：宋蘇軾〈水調歌頭〉及[59]：唐王勃〈滕王閣序〉分由兩個填答學校提出。又編號⑰：鄭頻的〈成功〉一文，雖這篇文章現已編入國中國文第三冊第二十課，爲助於了解，仍予列入。

此次問卷調查，承蒙各塡答學校國語文教學研討會鼎力相助，而部分塡答學校更不遺餘力，提供可做爲教材之詩文，足見對國語文學科教材選文之重視，本資料除供參閱外，並對於編選教材方面，助益匪淺，特此致謝。

二、中小學國語文學科教材選文編選問卷

敬啓者：中小學語文教材對於語文教育之成敗，影響至深且鉅，如何選擇合適教材，以供學生研習，早爲關心語文教育及有識者所關切。本會國語文學科組，繼「研訂教育目標」研究工作之後，正著手進行擬訂教材大綱之研究，本問卷即爲其工作之一。茲爲集思廣益，徵求各方意見，以爲將來設計實驗教材之依據，將近年來曾被選爲教材之詩文等，依先秦、兩漢、六朝、隋、唐、五代、宋、元、明、清、民國之時代次序排列，每篇之後，列出該篇之作者或譯者，以及文體（註明記敍、論說、抒情、詩詞曲、戲劇）文言或白話等，以爲參考，請商議後，決定該篇是否適合作爲教材，若適合作爲教材，宜配置在何年級？請附塡寫說明於下，請協助指教爲感，如有疑問，請撥電話(02)3118748，3314209，與劉紹君小姐聯絡。謝謝！

教育部人文及社會學科教育指導委員會　敬啓

塡寫說明：

一、每篇之後，在「宜否作爲教材」之下，分爲「否可中佳優」五項，請在各項下空白方格內，用「V」符號塡答。

二、適合作爲教材者，宜配置於某一年級施教？請在國小五、六年級，國中一、二、三年級，高中一、二、三年級，高職一、二、三年級，共八個年級，於適合之年級方格中打「V」之符

號。

三、如認爲某篇不適宜選爲教材，請酌情在「備註」欄內，註明其原因。下列可能原因備供選用，請將其號碼填入「備註」欄即可，如無適合選項，請用文字敍述。

1. 哲理層次高。

2. 內容太繁雜，不易把握學習重點。

3. 內容過於簡單，不易引起學習興趣。

4. 與學生經驗差距較遠。

5. 太嚴謹，學生難領會。

6. 不合時宜。

7. 全文過長。

8. 可列爲大專教材。

9. 列爲課外讀物爲宜。

10. 「中國文化基本教材」中已列

其他（請用文字亦在「備註」欄敍述）

四、如有可作爲教材之詩文，而爲本問卷所未列者，請依該詩文之朝代在本問卷各朝代（如「先秦」等）後之空白處，填入篇名、作者、文體、文言與白話等項，並請在「備註」欄中註明其出處。如能附有該詩文乙份，尤所感盼。

五、若對該篇詩文內容不熟悉，以致無法填寫者，可不必作答。

六、本問卷選文來源，錄自小學五、六年級，國中、高中、高職、空大教科書及其他選本，如對某篇感有興趣，欲指其出處，請來函即以奉告。

七、貴校接到本問卷後，請召開國語文科教學研究會討論，並推請一人惠答乙份。請於文到二十日內寄回。(附回件信封)。

惠填學校（全名）：＿＿＿＿＿＿＿＿ 校址：＿＿＿＿＿＿＿＿

校長：＿＿＿＿＿＿ 教務主任：＿＿＿＿＿＿

國（語）文科教學研究會召集人：＿＿＿＿＿＿ 填表人：＿＿＿＿＿＿

填表日期：民國＿＿＿＿年＿＿＿月＿＿＿日

編號	篇名	作者	文體	文言白話	宜否作爲教材					適用年級											備註
										國小		國中			高中			高職			
					否	可	中	佳	優	五	六	一	二	三	一	二	三	一	二	三	
11000	先秦																				
11001	中庸哀公問政章	戰國·子思	論	文																	
11002	大學首章	大學	論	文																	
11003	曾子大孝	大戴禮記	論	文																	
11004	儒行	小戴禮記	論	文																	
11005	白馬論	戰國·公孫龍子	論	文																	
11006	曹劌論戰	春秋·左丘明	論	文																	
11007	楚歸晉知罃	春秋·左丘明	記	文																	
11008	少康中興	左傳	記	文																	
11009	晉楚城濮之戰	左傳	記	文																	
11010	趙盾諫晉靈公	左傳	記	文																	
11011	燭之武退秦師	左傳	記	文																	
11012	道德經選輯	老子	論	文																	
11013	列子寓言選	列子	記	文																	
11014	亡鈇意鄰	列子	記	文																	
11015	愚公移山	列子	記	文																	

11016	物類平等	列子	論	文
11017	去私	呂氏春秋	論	文
11018	察傳	呂氏春秋	論	文
11019	燕雀偷安	呂氏春秋	記	文
11020	爲書掣肘	呂氏春秋	記	文
11021	貴公	呂氏春秋	論	文
11022	廣要道章	孝經	論	文
11023	紀孝行章	孝經	論	文
11024	齊人章	孟子	記	文
11025	生於憂患死於安樂	孟子	論	文
11026	舜發於畎畝之中章	孟子	論	文
11027	齊桓晉文之事章	孟子	論	文
11028	大丈夫之志節	孟子	論	文
11029	養氣與知言	孟子	論	文
11030	弈喻	孟子	記	文
11031	卜居	戰國•屈原	記	文
11032	橘頌	屈原	抒	文
11033	國殤	屈原	論	文
11034	晉趙伯弑其君夷臯	春秋左氏傳	記	文
11035	宋人及楚人平	春秋公羊傳	記	文

11036	勸學	戰國•荀況	論	文
11037	林回棄璧	莊子	記	文
11038	養生主	莊子	論	文
11039	勾踐復國	國語	記	文
11040	敬姜論勞逸	國語	論	文
11041	申生之死	國語•晉語	記	文
11042	召公諫厲王止謗	國語	論	文
11043	氓	詩經	詩	文
11044	蓼莪	詩經	詩	文
11045	采葛，伯兮，東山	詩經	詩	文
11046	牧民	管子	論	文
11047	四維	春秋•管仲	論	文
11048	兼愛	墨子	論	文
11049	論仁	論語	論	文
11050	孔子與弟子言志	論語	記	文
11051	季氏將伐顓臾	論語	記	文
11052	論語論孝選	論語	論	文
11053	論孝弟	論語	論	文
11054	論禮義	論語	論	文
11055	論忠信	論語	論	文

11056	論語論學	論語	論	文
11057	論廉恥	論語	論	文
11058	馮諼客孟嘗君	戰國策	記	文
11059	莊辛論幸臣	戰國策	論	文
11060	觸讋說趙太后	戰國策	記	文
11061	唐雎不辱使命	戰國策	記	文
11062	不食嗟來食	禮記	記	文
11063	禮運大同	禮記	論	文
11064	難勢	韓非	論	文
11065	外儲說左上四則	戰國•韓非	記	文
11066	脣亡齒寒	韓非子	記	文
11067	定法	戰國•韓非子	論	文
11068	老馬識途	韓非	記	文
11069	楊朱喻弟	韓非	記	文
11070	和氏璧	韓非	記	文
11071	諫逐客書	秦•李斯	論	文
11072	牧誓	尙書	應	文
11073	孝經六章	戰國•曾子弟子	論	文
12000	兩漢			
12001	登樓賦	漢•王粲	抒	文
12002	行行重行行、庭中有奇樹	(古詩十九首)	詩	文
12003	上山採蘼蕪	古詩	詩	文
12004	論六家要旨	漢•司馬談	論	文
12005	報任安書	漢•司馬遷	應	文
12006	信陵君列傳	漢•司馬遷	記	文
12007	荊軻傳	漢•司馬遷	記	文
12008	田單以火牛攻燕	漢•司馬遷	記	文
12009	澠池之會	漢•司馬遷	記	文
12010	張釋之執法	漢•司馬遷	記	文
12011	鴻門之宴	漢•司馬遷	記	文
12012	西門豹治鄴	漢•司馬遷	記	文
12013	李將軍列傳	漢•司馬遷	記	文
12014	田單復國	漢•司馬遷	記	文
12015	廉頗藺相如列傳	漢•司馬遷	記	文
12016	漢代歌謠選(東門行、孤兒行)	漢•(佚名)	詩	文
12017	孔雀東南飛	漢•佚名	詩	文
12018	封燕然山銘並序	班固	應	文
12019	漢書藝文志敍	班固	應	文

12020	蘇武傳	班固	記	文
12021	卜式輸財報國	班固	記	文
12022	座右銘	崔瑗	應	文
12023	歸田賦	張衡	記	文
12024	過秦論	賈誼	論	文
12025	論貴粟書	漢・鼂錯	論	文
12026	戒子書	漢・鄭玄	應	文
12027	孟母	漢・劉向	記	文
12028	說苑四則(建本、復思、正諫、善說)	漢・劉向	記	文
12029	螳螂捕蟬	漢・劉向	記	文
12030	緹縈救父	漢・劉向	記	文
12031	叔敖埋蛇	漢・劉向	記	文
12032	蘇代諫趙王	漢・劉向	記	文
12033	鄒忌諫齊王	漢・劉向	記	文
12034	趙氏孤兒	漢・劉向	記	文
12035	求賢詔	漢・劉邦	應	文
12036	飲馬長城窟行	漢・樂府詩	詩	文
12037	豔歌行	漢・樂府詩	詩	文
12038	陌上桑	漢・樂府詩	詩	文
12039	出師表	漢・諸葛亮	應	文
12040	大同與小康	漢・禮記	論	文
12041	檀弓選	漢・禮記	記	文
12042	韓詩外傳選	漢・韓嬰	記	文
13000	六朝			
13001	陳情表	蜀・李密	應	文
13002	論英雄	魏・劉劭	論	文
13003	與吳質書	魏・曹丕	應	文
13004	典論論文	魏・曹丕	論	文
13005	釋愁文	魏・曹植	論	文
13006	與楊德祖書	魏・曹植	應	文
13007	蘭亭集序	晉・王羲之	應	文
13008	歸園田居	晉・陶潛	詩	文
13009	詠荊軻	晉・陶潛	詩	文
13010	癸卯歲始春懷古田舍	晉・陶潛	詩	文
13011	五柳先生傳	晉・陶潛	記	文
13012	歸去來辭並序	晉・陶潛	記	文
13013	桃花源記	晉・陶潛	記	文
13014	與陳伯之書	南朝・宋　丘遲	應	文
13015	范滂傳	南朝・宋　范曄	記	文

13016	世說新語五則	南朝・宋 劉義慶	記	文
13017	陶徵士誄並序	宋・顧延之	應	文
13018	明詩	梁・劉勰	論	文
13019	詩品序	梁・鍾嶸	應	文
13020	慕賢	南朝・梁 顏之推	論	文
13021	文選序	梁・蕭統	應	文
13022	水經江水注	北魏・酈道元	記	文
13023	木蘭詩	六朝・佚名	詩	文
13024	與宋元思書	六朝・吳均	應	文
13025	張劭與范式	六朝・范曄	記	文
13026	王藍田忿食雞子	六朝・劉義慶	記	文
13027	書荀巨伯事	六朝・劉義慶	記	文
13028	陳元方答客問	六朝・劉義慶	記	文
14000	唐朝			
14001	出塞	唐・王之渙	詩	
14002	登鸛鵲樓	唐・王之渙	詩	
14003	閨怨	唐・王昌齡	詩	
14004	從軍行(青海長雲暗雪山……)	唐・王昌齡	詩	
14005	出塞	唐・王昌齡	詩	
14006	從軍行	唐・王昌齡	詩	
14007	渭川田家	唐・王維	詩	
14008	出塞作	唐・王維	詩	
14009	鹿柴	唐・王維	詩	
14010	鳥鳴磵	唐・王維	詩	
14011	九月九日憶山東兄弟	唐・王維	詩	
14012	少年行	唐・王維	詩	
14013	渭城曲	唐・王維	詩	
14014	終南別業	唐・王維	詩	
14015	山居秋暝	唐・王維	詩	
14016	觀獵	唐・王維	詩	
14017	雜詩(君自故鄉來……)	唐・王維	詩	
14018	輞川閒居贈裴秀才廸	唐・王維	詩	
14019	山中與裴廸秀才書	唐・王維	應	文
14020	謝上書表	唐・元結	應	文
14021	遣悲懷	唐・元稹	詩	
14022	奉天論奏當今所切務狀	唐・陸贄	論	文
14023	放魚詩	唐・白居易	詩	
14024	燕詩	唐・白居易	詩	

14025	欲與元八卜鄰先有是贈	唐・白居易	論	文
14026	琵琶行並序	唐・白居易	詩	
14027	長恨歌	唐・白居易	詩	
14028	池西亭	唐・白居易	詩	
14029	慈烏夜啼	唐・白居易	詩	
14030	溪牛早春	唐・白居易	詩	
14031	買花	唐・白居易	詩	
14032	早秋獨夜	唐・白居易	詩	
14033	望月有感	唐・白居易	詩	
14034	江樓聞砧	唐・白居易	詩	
14035	憶江南	唐・白居易	詞	
14036	觀刈麥	唐・白居易	記	文
14037	與元微之書	唐・白居易	應	文
14038	把酒問月(青天有月來幾時)	唐・李白	詩	
14039	憶秦娥	唐・李白	詩	
14040	下終南山過斛斯山人宿置酒	唐・李白	詩	
14041	登金陵鳳凰臺	唐・李白	詩	
14042	送友人	唐・李白	詩	
14043	玉階怨	唐・李白	詩	

14044	客至	唐・李白	詩	
14045	獨坐敬亭山	唐・李白	詩	
14046	登金陵鳳凰臺	唐・李白	詩	
14047	黃鶴樓送孟浩然之廣陵	唐・李白	詩	
14048	靜夜思	唐・李白	詩	
14049	長干行	唐・李白	詩	
14050	春夜宴桃李園序	唐・李白	應	
14051	蟬(本以高難飽……)	唐・李商隱	詩	
14052	無題	唐・李商隱	詩	
14053	楊烈婦傳	唐・李翺	記	文
14054	逢入京使	唐・岑參	詩	
14055	白雪歌送武判官歸京	唐・岑參	詩	
14056	前出塞(挽弓當挽強……)	唐・杜甫	詩	
14057	後出塞(朝進東門營……)二首	唐・杜甫	詩	
14058	聞官軍收河南河北	唐・杜甫	詩	
14059	春望	唐・杜甫	詩	
14060	贈衛八處士	唐・杜甫	詩	
14061	春日憶李白	唐・杜甫	詩	
14062	月夜憶舍弟	唐・杜甫	詩	

14063	登高(風急天高猿嘯哀……)	唐·杜甫	詩	
14064	江南逢李龜年	唐·杜甫	詩	
14065	客至	唐·杜甫	詩	
14066	夢李白(二首,死別已吞聲,浮雲終日行)	唐·杜甫	詩	
14067	旅夜書懷	唐·杜甫	詩	
14068	贈孟浩然	唐·杜甫	詩	
14069	秋夕	唐·杜牧	詩	
14070	泊秦淮	唐·杜牧	詩	
14071	阿房宮賦	唐·杜牧	抒	文
14072	虬髯客傳	唐·杜光庭	記	文
14073	古意呈喬補闕知之	唐·沈佺期	詩	
14074	宿桐廬江寄廣陵舊遊	唐·孟浩然	詩	
14075	宿建德江	唐·孟浩然	詩	
14076	過故人莊	唐·孟浩然	詩	
14077	江雪	唐·柳宗元	詩	
14078	種樹郭橐駝傳	唐·柳宗元	記	文
14079	黔之驢	唐·柳宗元	記	文
14080	始得西山宴遊記	唐·柳宗元	記	文
14081	袁家渴記	唐·柳宗元	記	文

14082	答人求文章書	唐·柳宗元	應	文
14083	賀進士王參元失火書	唐·柳宗元	應	文
14084	遊子吟	唐·孟郊	詩	
14085	望薊門	唐·祖詠	詩	
14086	秋夜寄丘二十二員外	唐·韋應物	詩	
14087	淮上喜會梁川故人	唐·韋應物	詩	
14088	秋夜寄二十二員外	唐·韋應物	詩	
14089	南行別弟	唐·韋承慶	詩	
14090	書褒城驛壁	唐·孫樵	記	文
14091	登幽州臺歌	唐·陳子昂	詩	
14092	長恨歌傳	唐·陳鴻	記	文
14093	漁歌子	唐·張志和	詞	
14094	楓橋夜泊	唐·張繼	詩	
14095	黃鶴樓	唐·崔顥	詩	
14096	從軍行(烽火照西涼……)	唐·楊炯	詩	
14097	菩薩蠻	唐·溫庭筠	詞	
14098	陋室銘	唐·劉禹錫	應	文
14099	塞下曲二首(林漢草驚風……月黑雁飛高)	唐·盧綸	詩	
14100	田家雜興	唐·儲光羲	詩	

14101	諫太宗十思疏	唐•魏徵	論	文
14102	進學解	唐•韓愈	論	文
14103	原毀	唐•韓愈	論	文
14104	師說	唐•韓愈	論	文
14105	答李翊書	唐•韓愈	應	文
14106	張中丞傳後敍	唐•韓愈	記	文
14107	祭十二郎文	唐•韓愈	抒	文
15000	五代			
15001	南鄉子	五代•李珣	詞	
15002	清平樂	五代•李煜	詞	
15003	虞美人	五代•李煜	詞	
15004	憶昔	五代•韋莊	詞	
15005	應天長	五代•韋莊	詞	
15006	謁金門	五代•韋莊	詞	
15007	蝶戀花	五代•馮延巳	詞	
15008	鵲踏枝	五代•馮延巳	詞	
16000	宋			
16001	遊褒禪山記	宋•王安石	記	文
16002	讀孟嘗君傳	宋•王安石	論	文
16003	傷仲永	宋•王安石	論	文
16004	答司馬諫議書	宋•王安石	應	文
16005	指南錄後序	宋•文天祥	應	文
16006	正氣歌並序	宋•文天祥	詩	文
16007	過零丁洋	宋•文天祥	詩	文
16008	郭子儀單騎退敵	宋•司馬光	記	文
16009	肥水之戰	宋•司馬光	記	文
16010	訓儉示康	宋•司馬光	論	文
16011	魯仲連義不帝秦	宋•司馬光	論	文
16012	白鹿洞書院學規	宋•朱熹	應	文
16013	晦翁語錄	宋•朱熹	應	文
16014	大學章句序	宋•朱熹	應	文
16015	臨江仙	宋•朱敦儒	詞	
16016	相見歡	宋•朱敦儒	詞	
16017	永遇樂	宋•辛棄疾	詞	
16018	西江月	宋•辛棄疾	詞	
16019	水龍吟	宋•辛棄疾	詞	
16020	水調歌頭	宋•辛棄疾	詞	
16021	鷓鴣天	宋•辛棄疾	詞	
16022	木蘭花慢	宋•辛棄疾	詞	
16023	菩薩蠻	宋•辛棄疾	詞	

16024	聲聲慢	宋·李清照	詞	
16025	醉花蔭	宋·李清照	詞	
16026	如夢令	宋·李清照	詞	
16027	碾玉觀音	宋·話本	記	白
16028	浣溪沙	宋·吳文英	詞	
16029	齊魯戰長勺	宋·呂祖謙	記	文
16030	畢昇發明活字板	宋·沈括	記	文
16031	愛蓮說	宋·周敦頤	論	文
16032	玉樓春	宋·周邦彥	詞	
16033	蘇幕遮	宋·周邦彥	詞	
16034	浣溪沙	宋·周邦彥	詞	
16035	蘭陵王	宋·周邦彥	詞	
16036	法曲獻仙音	宋·周密	詞	
16037	滿江紅	宋·岳飛	詞	
16038	良馬對	宋·岳飛	記	文
16039	五嶽祠盟記	宋·岳飛	記	文
16040	岳陽樓記	宋·范仲淹	記	文
16041	四時田園雜興並引	宋·范成大	詩	
16042	雨霖鈴	宋·柳永	詞	
16043	念奴嬌	宋·姜夔	詞	

16044	資治通鑑音注自序	宋·胡三省	應	文
16045	戊午上高宗封事	宋·胡銓	應	文
16046	滿庭芳	宋·秦觀	詞	
16047	浣溪沙	宋·晏殊	詞	
16048	阮郎歸	宋·晏幾道	詞	
16049	君室記	宋·陸游	記	文
16050	秋風曲	宋·陸游	詩	
16051	書憤	宋·陸游	詩	
16052	夜遊宮	宋·陸游	詞	
16053	君子喻於義小人喻於利	宋·陸九淵	論	文
16054	西銘	宋·張載	論	文
16055	南鄉子	宋·張先	詞	
16056	天仙子	宋·張先	詞	
16057	西子妝慢	宋·張炎	詞	
16058	農書自序	宋·陳敷	應	
16059	除夜	宋·陳師道	詩	
16060	墨池記	宋·曾鞏	記	
16061	戰國策目錄序	宋·曾鞏	應	文
16062	答洪駒父書	宋·黃庭堅	應	文
16063	伊川語錄	宋·程頤	應	文

16065	不朽論	宋‧劉敞	論	文
16066	新五代史死節傳	宋‧歐陽修	記	文
16067	賣油翁	宋‧歐陽修	記	文
16068	瀧岡阡表	宋‧歐陽修	記	文
16069	縱囚論	宋‧歐陽修	論	文
16070	秋聲賦	宋‧歐陽修	記	文
16071	五代史記一行傳敍	宋‧歐陽修	抒	文
16072	送徐無黨南歸序	宋‧歐陽修	論	文
16073	採桑子	宋‧歐陽修	詞	
16074	答吳充秀才書	宋‧歐陽修	論	文
16075	朋黨論	宋‧歐陽修	應	文
16076	生查子	宋‧歐陽修	詞	
16077	義田記	宋‧錢公輔	記	文
16078	登西臺慟哭記	宋‧謝翶	記	文
16079	六國論	宋‧蘇洵	論	文
16080	送石昌言北使引	宋‧蘇洵	應	文
16081	記承天寺夜遊	宋‧蘇軾	記	文
16082	記先夫人不殘鳥雀	宋‧蘇軾	記	文
16083	書吳道子畫後	宋‧蘇軾	記	文
16084	超然臺記	宋‧蘇軾	記	文

16085	李氏山房藏書記	宋‧蘇軾	記	文
16086	赤壁賦	宋‧蘇軾	抒	文
16087	刑賞忠厚之至論	宋‧蘇軾	論	文
16088	倡勇敢	宋‧蘇軾	論	文
16089	尙志齋說	宋‧蘇軾	論	文
16090	稼說送張琥	宋‧蘇軾	論	文
16091	教戰守策	宋‧蘇軾	論	文
16092	日喩	宋‧蘇軾	論	文
16093	留侯論	宋‧蘇軾	論	文
16094	念奴嬌	宋‧蘇軾	詞	
16095	示李廌李祉	宋‧蘇軾	應	文
16096	祭歐陽文忠公文	宋‧王安石	應	文
16097	黃州快哉亭記	宋‧蘇轍	記	文
16098	上樞密韓太尉書	宋‧蘇轍	應	文
17000	元			
17001	醉中天(大男胡史業)	元‧王鼎	曲	
17002	沉醉東風(漁父詞)	元‧白樸	曲	
17003	岳飛之少年時代	元‧托克托	記	文
17004	落梅風(江天暮雪)	元‧佚名	曲	
17005	魯智深大鬧桃花村	元‧施耐庵	記	白

17006	武松打虎	元•施耐庵	記	白
17007	高太尉計害林沖	元•施耐庵	記	白
17008	凭闌人(寄征衣)	元•姚燧	曲	
17009	琵琶記糟糠自厭	元•高明	曲	
17010	四時讀書樂	元•翁森	詩	
17011	文獻通考總序	元•馬端臨	應	文
17012	天淨沙(秋思)	元•馬致遠	曲	
17013	天淨沙	元•馬致遠	曲	
17014	題西湖(錄六)	元•馬致遠	曲	
17015	秋思	元•馬致遠	曲	
17016	借馬	元•馬致遠	曲	
17017	水仙子(春晚)	元•張可久	曲	
17018	清江引	元•張可久	曲	
17019	迎仙客	元•張可久	曲	
17020	慶東風(次馬致遠先輩韻)	元•張可久	曲	
17021	梧葉兒	元•張可久	曲	
17022	水仙子	元•張養浩	曲	
17023	春聯	元•趙孟頫	應	文
17024	題耕織圖詩	元•趙孟頫	詩	

17025	四塊玉	元•關漢卿	曲	
17026	大德歌(秋)	元•關漢卿	曲	
17027	群英會	元•羅貫中	記	文
17028	空城記	元•羅貫中	記	文
17029	孔明借箭	元•羅貫中	記	文
17030	三訪諸葛亮	元•羅貫中	記	文
18000	明			
18001	指喻	明•方孝孺	論	文
18002	深慮論	明•方孝孺	論	文
18003	瘞旅文	明•王守仁	抒	文
18004	示弟立志說	明•王守仁	論	文
18005	教條示龍場諸生	明•王守仁	應	文
18006	船山記	明•王夫之	記	文
18007	藺相如完璧歸趙論	明•王世貞	論	文
18008	憶母、燕子磯咕二首	明•史可法	詩	
18009	復多爾袞書	明•史可法	應	文
18010	請勵戰守疏	明•史可法	應	文
18011	遺書	明•史可法	應	文
18012	金絲猿	明•宋濂	記	文
18013	杜環小傳	明•宋濂	記	文

18014	秦士錄	明•宋濂	記	文
18015	送東陽馬生序	明•宋濂	應	文
18016	美猴王	明•吳承恩	記	白
18017	文天祥從容就義	明•胡廣	記	文
18018	馬伶傳	明•侯方域	記	文
18019	遊明聖湖日記(節)	明•浦祊君	記	文
18020	陽明語錄一則(知行合一)	明•徐愛	論	白
18021	葉子肅詩序	明•徐渭	應	文
18022	守望社題辭	明•陳宏緒	論	文
18023	與何商隱論教弟子書	明•張履祥	應	文
18024	幽夢影選	明•張潮	論	文
18025	陶庵夢憶自序	明•張岱	應	文
18026	甲申日記二則	明•黃淳耀	應	白
18027	李龍眠畫羅漢記	明•黃淳耀	記	文
18028	原臣	明•黃宗羲	論	文
18029	塞鴻秋	明•馮惟敏	曲	
18030	書付尾箕兩兒	明•楊繼盛	論	文
18031	諭子書	明•楊繼盛	應	白
18032	賣柑者言	明•劉基	記	文
18033	賈人渡河	明•劉基	記	文
18034	靈丘丈人	明•劉基	記	文
18035	尚節亭記	明•劉基	論	文
18036	與弟渡書	明•鄭成功	應	文
18037	告諸將士屯田書	明•鄭成功	應	文
18038	與荷蘭守將書	明•鄭成功	應	文
18039	核舟記	明•魏學洢	記	文
18040	項脊軒志	明•歸有光	抒	文
18041	先妣事略	明•歸有光	記	文
18042	與友人論學書	明•顧炎武	應	文
18043	廉恥	明•顧炎武	論	文
18044	初刻日知錄自序	明•顧炎武	應	文
19000	清			
19001	左忠毅公軼事	清•方苞	記	文
19002	人間詞話(節)	清•王國維	論	文
19003	經傳釋詞序	清•王引之	應	文
19004	日觀峯觀日出	清•孔貞瑄	記	文
19005	哀江南	清•孔尚任	傳奇	文
19006	示子孝威孝寬	清•左宗棠	應	文

19007	有感書贈義軍舊書記	清・丘逢甲	詩	
19008	梅花嶺記	清・全祖望	記	文
19009	名實說	清・朱琦	論	文
19010	北堂侍膳圖記	清・朱琦	記	文
19011	越縵堂日記四則	清・李慈銘	應	文
19012	儉訓	清・李文炤	應	文
19013	勤訓	清・李文炤	論	文
19014	王冕	清・吳敬梓	記	白
19015	范進中舉	清・吳敬梓	記	白
19016	王冕的少年時代	清・吳敬梓	記	白
19017	圓圓曲	清・吳偉業	曲	
19018	釋三九	清・汪中	論	文
19019	先母鄒孺人靈表	清・汪中	應	文
19020	治生說	清・汪琬	論	文
19021	兒時記趣	清・沈復	記	文
19022	與妻訣別書	清・林覺民	應	文
19023	口技	清・林嗣環	記	文
19024	蒼霞精舍後軒記	清・林紓	記	文
19025	與余小坡書	清・姚瑩	應	文
19026	古文辭類纂序	清・姚鼐	應	文
19027	復魯絜非書	清・姚鼐	應	文
19028	登泰山記	清・姚鼐	記	文
19029	祭妹文	清・袁枚	抒	文
19030	黃生借書說	清・袁枚	應	文
19031	書侯振東	清・胡天游	記	文
19032	曲園日記	清・俞樾	記	文
19033	詩境淺說選	清・俞陛雲	論	文
19034	中國女報發刊詞	清・秋瑾	應	文
19035	與孫季逑書	清・洪亮吉	應	文
19036	三習一弊疏	清・孫嘉淦	應	文
19037	謁曲阜孔廟	清・孫嘉淦	記	文
19038	恭謁曲阜孔廟	清・孫嘉淦	記	文
19039	口技	清・蒲松齡	記	文
19040	沈雲英	清・夏之蓉	記	文
19041	劉老老	清・曹霑	記	白
19042	徐錫麟傳	清・章炳麟	記	文
19043	插秧女	清・陳文述	詩	
19044	朱子讀書法	清・陳澧	論	文
19045	先府君所讀資治通鑑書後	清・陳澧	應	文

19046	圓圓傳	清·陸次雲	記	文
19047	札記三則	清·陸世儀	記	文
19048	崇明老人記	清·陸隴其	記	文
19049	遊小盤谷記	清·梅曾亮	記	文
19050	先妣事略	清·張惠言	記	文
19051	詞選序	清·張惠言	應	文
19052	論訓詁	清·張之洞	論	文
19053	自立說	清·張士元	論	文
19054	爲學一首示子姪	清·彭端淑	論	文
19055	湘鄉昭忠祠記	清·曾國藩	記	文
19056	原才	清·曾國藩	論	文
19057	復彭麗生書	清·曾國藩	應	文
19058	經史百家雜鈔序	清·曾國藩	應	文
19059	致諸弟書	清·曾國藩	應	文
19060	致沅弟書	清·曾國藩	應	文
19061	聯語選(楹聯)	清·曾國藩	應	文
19062	諭子紀鴻	清·曾國藩	應	文
19063	與某君論義利書	清·管同	應	文
19064	貓的天堂	清·劉復釋	記	白
19065	問說	清·劉開	論	白

19066	知己說	清·劉開	論	文
19067	大明湖	清·劉鶚	記	白
19068	黃河結冰記	清·劉鶚	記	白
19069	明湖居聽書	清·劉鶚	記	白
19070	習慣說	清·劉蓉	論	文
19071	鳴機夜課圖記	清·蔣士銓	記	文
19072	鞭虎救弟記	清·蔣衡	記	文
19073	寄弟墨書	清·鄭燮	應	文
19074	四時田家苦樂歌	清·鄭燮	詞	
19075	道情二首	清·鄭燮	曲	
19076	家書二通(杭州韜光庵中寄舍弟墨、范縣署中寄舍弟墨第二書)	清·鄭燮	應	文
19077	弈喻	清·錢大昕	論	文
19078	沈百五	清·錢泳	記	文
19079	貓捕雀	清·薛福成	記	文
19080	觀巴黎油畫院記	清·薛福成	記	文
19081	考舊知新說	清·薛福成	論	文
19082	用機器殖財養民說	清·薛福成	論	文
19083	大鐵椎傳	清·魏禧	記	文
19084	與蔣瀛海書	清·羅澤南	應	文

19085	讀史方輿紀要總序	清·顧祖禹	應	文
21000	民國			
21001	天工開物卷跋	民·丁文江	應	文
21002	太行山裏的旅行	民·丁文江	記	白
21003	自述	民·于右任	記	白
21004	謁黃花岡	民·于右任	詩	
21005	輓聯(輓國父)	民·于右任	應	文
21006	中興鼓吹	民·于右任	曲	
21007	赴義前稟父書	清·方聲洞	應	文
21008	青年和科學	民·毛子水	論	白
21009	民心的向背	民·王平陵	記	白
21010	民元的雙十節	民·王平陵	記	白
21011	我的生活	民·王雲五	記	白
21012	凱末爾遺訓	民·王雲五	應	白
21013	科學的起源	民·王星拱	論	白
21014	輓傅孟眞師	民·王叔岷	應	文
21015	只要我們有根	民·王蓉芷	詩	
21016	得理讓人	民·王鼎鈞	記	白
21017	一隻白鳥	民·王志健	詩	
21018	喧囂	民·王夢鷗	抒	白
21019	料羅灣的漁舟	民·王靖獻	記	白
21020	女工程師修澤蘭	民·王理璜	記	白
21021	國父是偉大的工程師	民·王洸	論	白
21022	觀球記	民·王文漪	記	白
21023	音樂與人生	民·王光祈	論	白
21024	黃興傳	民·中央黨部	記	文
21025	陸皓東傳	民·中央黨部	記	白
21026	團體生活	民·中央日報	論	白
21027	總統校閱三軍影集題解	民·中央日報	應	白
21028	克難運動	民·中央日報	論	白
21029	自發的更新	中學生雜誌	論	白
21030	大榕樹	民·尹雪曼	記	白
21031	從今天起	民·甘績瑞	論	白
21032	搶救大陸青年	今日大陸14期	論	白
21033	救火之勇少年	民·包公毅	記	文
21034	亞美利加之幼童	民·包公毅	記	文
21035	一張小小的橫幅	民·朱自清	記	白
21036	萊因勝蹟	民·朱自清	記	白
21037	槳聲燈影裏的秦淮河	民·朱自清	記	白
21038	倫敦的動物園	民·朱自清	記	白

21039	滂卑故城	民・朱自清	記	白
21040	背影	民・朱自清	抒	白
21041	匆匆	民・朱自清	抒	白
21042	荷塘月色	民・朱自清	抒	白
21043	春	民・朱自清	抒	白
21044	說話	民・朱自清	論	白
21045	詩經的源起	民・朱自清	論	白
21046	理想的白話文	民・朱自清	論	白
21047	給亡婦	民・朱自清	應	白
21048	瘞菊記	民・朱惺公	記	文
21049	一個愛國的童子	民・朱其焱	記	白
21050	索忍尼辛的讜論	自立晚報	應	白
21051	科學的頭腦	民・朱鴻雋	論	白
21052	藝術與人生	民・吳經熊	論	白
21053	國父與中國革命	民・吳敬恆	記	白
21054	我們的老祖宗	民・吳敬恆	論	白
21055	勤工儉學傳書後	民・吳敬恆	應	文
21056	國父的幼年時代	民・吳敬恆	應	白
21057	負荷	民・吳勝雄	詩	
21058	火鷓鴣鳥	民・吳延玫	記	白
21059	麥帥爲子祈禱文	民・吳奚眞譯	應	白
21060	曲原	民・吳梅	論	文
21061	歐洲人冬夏兩季的生活	民・李石岑	記	白
21062	青年的三大修養	民・李石岑	論	白
21063	金門四詠	民・李孟泉	詩	
21064	山水與人生	民・李霖燦	論	白
21065	民族英雄鄭成功	民・李曰剛	記	白
21066	工程與人生	民・宋希尙	論	白
21067	感謝的美德	民・克朗寧	記	白
21068	班超傳	民・何凡	記	白
21069	享福與吃苦	民・何仲英	論	白
21070	鄭和	民・沈鎮	記	白
21071	湖畔木屋(節)	梭羅著	抒	白
21072	爸爸的看護者	亞米契斯著 民・夏丏尊譯	記	白
21073	空軍烈士閻海文	民・佚名	記	白
21074	傷兵之母	民・佚名	記	白
21075	愛廸生	民・佚名	記	白
21076	祖逖擊楫渡江	民・佚名	記	白
21077	孤雁	民・佚名	記	白

21078	水利導師李儀祉先生	民‧佚名	記	白
21079	貞德與南丁格爾	民‧佚名	記	白
21080	燦爛的街－上海國慶夜景	民‧佚名	記	白
21081	鵝鑾鼻	民‧余光中	詩	
21082	鄉愁四韻	民‧余光中	詩	
21083	一點浩然氣	民‧林語堂	抒	白
21084	遊倫敦大寺記	民‧林紓	記	文
21085	中國的月亮	民‧林良	抒	白
21086	父親的話	民‧林良	應	白
21087	草的故事	民‧林間	記	白
21088	總理學記	民‧邵元沖	記	文
21089	人生的究竟	民‧邵元沖	論	白
21090	孔子學說與時代精神	民‧邵元沖	論	文
21091	民族正氣文鈔序	民‧邵元沖	應	文
21092	第一次眞好	民‧周素珊	記	白
21093	中華民國主席聯合國代表團之聲明	民‧周書楷	應	白
21094	老者安之	民‧明炎	論	白
21095	人類的祖先	民‧明君譯	記	白
21096	舍生取義	民‧易家鉞	記	白
21097	眞善美的新境界	民‧郎靜山	論	白
21098	我的母親	民‧胡適	記	白
21099	二漁夫	民‧胡適譯	記	白
21100	柏林之圍	民‧胡適	記	文
21101	差不多先生傳	民‧胡適	記	白
21102	吳敬梓傳	民‧胡適	記	白
21103	最後一課	民‧胡適譯	記	白
21104	梅溪學堂	民‧胡適	記	白
21105	鄒容傳	民‧胡適	記	白
21106	社會的不朽論	民‧胡適	論	白
21107	讀書	民‧胡適	論	白
21108	老殘遊記的文學技術	民‧胡適	論	白
21109	甚麼叫做短篇小說	民‧胡適	論	白
21110	論短篇小說	民‧胡適	論	白
21111	談中學生的升學與擇業	民‧胡適	論	白
21112	科學的人生觀	民‧胡適	應	白
21113	興趣	民‧胡適	應	文
21114	月夜	民‧胡適	詩	
21115	獅子	民‧胡適	詩	
21116	大好春光	民‧胡兆奇	論	白

21117	六書爲識字之簡易法	民・胡韞玉	論	文
21118	歡送大專畢業生入伍	民・胡一貫	抒	白
21119	說志	民・柳詒徵	論	文
21120	我的父親	民・段永瀾	記	白
21121	新夏臺中行	民・秋濤	記	白
21122	破毛衣	民・查顯琳	記	白
21123	詹天佑	科學的中國	記	白
21124	火箭發射記	民・垂明譯	記	白
21125	發揚臺灣精神	民・范壽康	論	白
21126	遊西天目日記	民・郁達夫	應	白
21127	小耘週歲	民・施善繼	詩	
21128	復興來去	民・侯人俊	記	白
21129	黃花岡烈士事略序	民・孫文	應	文
21130	用甚麼方法來恢復民族主義	民・孫文	論	白
21131	心理建設自序	民・孫文	應	文
21132	論中國富強之本	民・孫文	論	文
21133	恢復中國固有道德	民・孫文	論	白
21134	耕者有其田	民・孫文	論	白
21135	談信義	民・孫文	論	白

21136	電學與知難行易	民・孫文	論	文
21137	制定建國大綱緒言	民・孫文	論	文
21138	世界道德的新潮流	民・孫文	論	白
21139	國父遺囑	民・孫文	應	文
21140	立志做大事	民・孫文	論	白
21141	中華民國臨時大總統就職宣言	民・孫文	應	文
21142	祭　蔣母王太夫人文	民・孫文	應	文
21143	國歌歌詞	民・孫文	應	文
21144	夏天的生活	民・孫福熙	抒	白
21145	西湖風光	民・徐志摩	記	白
21146	志摩日記	民・徐志摩	記	白
21147	我所知道的康橋	民・徐志摩	記	白
21148	康橋的早晨	民・徐志摩	記	白
21149	翡冷翠山居閒話	民・徐志摩	抒	白
21150	迎上前去	民・徐志摩	抒	白
21151	初夏的庭院	民・徐蔚南	記	白
21152	我的家	民・徐鍾珮	記	白
21153	興奮和惆悵	民・徐鍾珮	抒	白
21154	鏡湖女俠墓表	民・徐自華	應	文

21155	翠亨村裏的奇童	民·徐植仁譯	記	白
21156	給自由中國	(蘇)索忍尼辛	應	白
21157	白馬湖之冬	民·夏丏尊	記	白
21158	鋼鐵假山	民·夏丏尊	記	白
21159	生活的藝術	民·夏丏尊	記	白
21160	早老的懺悔	民·夏丏尊	記	白
21161	意念的表出	民·夏丏尊	論	白
21162	讀者可以自負之處	民·夏丏尊	論	白
21163	觸發——一封家書	民·夏丏尊	應	白
21164	愛的教育序	民·夏丏尊	應	白
21165	舊文化與新小說(節)	民·夏濟安	論	白
21166	運動最補	民·夏承楹	論	白
21167	總統蔣公紀念歌	民·秦孝儀	曲	
21168	碧血黃花第一幕	民·唐紹華	戲	白
21169	南丁格爾	民·馬鳴譯	記	白
21170	國父的四大盛德	民·馬超俊	記	白
21171	孫子	民·高明	記	白
21172	三峽記遊	民·高一涵	記	白
21173	品泉	民·殷穎	記	白
21174	一朵小花	民·殷穎	記	白

21175	滑翔運動與體育	民·郝更生	論	白
21176	工程師節獻辭	民·凌鴻勛	論	白
21177	寄子書	修伍德安德森 張心漪譯	應	白
21178	失根的蘭花	民·陳之藩	抒	白
21179	哲學家皇帝	民·陳之藩	論	白
21180	謝天	民·陳之藩	論	白
21181	結善緣	民·陳幸蕙	論	白
21182	碧沈西瓜	民·陳幸蕙	記	白
21183	鄉下人家	民·陳醉雲	記	白
21184	蟬與螢	民·陳醉雲	抒	白
21185	過去現在與未來	民·陳立夫	論	白
21186	哀思	民·陳源	抒	白
21187	我們的海	民·陳鍈	記	白
21188	進化論淺解	民·陳兼善	論	白
21189	雙手萬能	民·陳立夫	論	白
21190	竹	民·陳啓佑	詩	
21191	黃花岡烈士紀念會演講辭	民·陳布雷	應	白
21192	雙十節的一個小故事	民·陳定山	記	白
21193	抹布畫	民·陳果夫	抒	白

21194	居里夫人小傳	民・陳衡哲	記	白
21195	作繭自縛的得失	民・陳大齊	論	白
21196	發揚護士精神	民・陳雪屏	論	白
21197	納爾遜軼事	民・梁啓超	記	文
21198	武訓	民・梁啓超	記	文
21199	歐遊心影錄楔子	民・梁啓超	應	白
21200	論毅力	民・梁啓超	論	文
21201	最苦與最樂	民・梁啓超	論	白
21202	爲學與做人	民・梁啓超	論	白
21203	「知其不可而爲」與「爲而不有」	民・梁啓超	論	白
21204	論小說與群治之關係	民・梁啓超	論	文
21205	述尙書春秋國語左傳	民・梁啓超	論	白
21206	學問之趣味	民・梁啓超	論	白
21207	敬業與樂業	民・梁啓超	應	白
21208	志未酬	民・梁啓超	詩	
21209	臺灣雜誌詩二首之一	民・梁啓超	詩	
21210	臺灣雜誌詩二首之二	民・梁啓超	詩	
21211	鳥	民・梁實秋	記	白
21212	記張自忠將軍	民・梁實秋	記	白
21213	曬書記	民・梁實秋	記	白
21214	論散文	民・梁實秋	論	白
21215	舊	民・梁實秋	論	白
21216	早起	民・梁實秋	論	白
21217	仁聖吳鳳	民・梁容若	記	白
21218	坦白與說謊	民・梁容若	論	白
21219	田納西制度	民・張其昀	記	文
21220	文學創作與國運	民・張其昀	論	白
21221	求是精神	民・張其昀	論	文
21222	新生活與民族復興	民・張其昀	論	白
21223	三民主義之思想淵源	民・張其昀	論	文
21224	臺灣精神	民・張其昀	論	白
21225	護士精神與中國文化	民・張其昀	應	白
21226	孔子的人格	民・張蔭麟	記	白
21227	子產論政	民・張蔭麟	記	白
21228	溪頭的竹子	民・張騰蛟	記	白
21229	諦聽	民・張騰蛟	抒	白
21230	藺相如	民・張本善	記	白
21231	不攻宋了	民・張本善	記	白
21232	禮義廉恥與政教合一	民・張繼	論	文

21233	養慧	民・張群	論	白
21234	春晨頌	民・張漱菡	抒	白
21235	小白鴿	民・張秀亞	抒	白
21236	行道樹	民・張曉風	抒	白
21237	服務精神與現代企業	民・張季春	論	白
21238	辨志	民・張爾歧	論	文
21239	台灣之商務	民・連橫	記	文
21240	丘逢甲傳	民・連橫	記	文
21241	臺灣通史序	民・連橫	記	文
21242	張自忠傳	民・國防部史政局	記	文
21243	推行克難運動文告	民・國防部	應	白
21244	獻給我們的空軍	中央日報	應	白
21245	「三二九」的二三事	民・陸丹林	記	白
21246	礁溪行	民・華振之	記	白
21247	春的林野	民・許地山	抒	白
21248	青年節對青年講話	民・許地山	論	白
21249	落花生	民・許地山	記	白
21250	辛亥革命的軼聞	民・章微穎	記	白
21252	微笑的土地	民・麥岱譯	記	白

21253	自由與民主	民・陶希聖	論	白
21254	體育的歧路	民・曾虛白	論	白
21255	秋——聽說你已來到	民・曾虛白	抒	白
21256	量守日記	民・黃侃	記	文
21257	何以慰總統　蔣公在天之靈	民・黃少谷	應	白
21258	魚	民・黃春明	記	白
21259	孔子的眞價値	民・程天放	論	白
21260	孔子與教師節	民・程天放	論	白
21261	爲維護人道而反共抗俄	民・程天放	應	白
21262	努力事春耕	開明少年	論	白
21263	學問與遊歷	開明少年	論	白
21264	詩人節祝詩人	民・馮放民	抒	白
21265	板門店雨中行	民・漢客	記	白
21266	飛渡太平洋	民・董作賓	記	白
21267	革命運動之開始	民・鄒魯	記	文
21268	丘倉海先生念臺詩序	民・鄒魯	應	文
21269	壓不扁的玫瑰花	民・楊逵	記	白
21270	夏夜	民・楊喚	詩	白
21271	阿里山五奇	民・楊一峯	記	白

21272	智慧的累積	民·楊宗珍	論	白
21273	加油三日記	民·楊模	記	白
21274	米海	民·葛賢寧	記	白
21275	我心目中的世界	愛因斯坦著	論	白
21276	媽媽的手抄本	民·雷崧生	抒	白
21277	寫民族英雄小史之前	民·廖楷陶	記	文
21278	路	民·熊崑珍	抒	白
21279	談寫作志願	民·趙友培	應	白
21280	孫大總統廣州蒙難記	民·蔣中正	記	文
21281	五十生日感言	民·蔣中正	抒	文
21282	先妣王太夫人百歲紀念文	民·蔣中正	抒	文
21283	革命哲學	民·蔣中正	論	白
21284	報國與思親	民·蔣中正	論	白
21285	論社會風氣之改造	民·蔣中正	論	白
21286	怎樣維護世界和平	民·蔣中正	論	白
21287	力行的要旨	民·蔣中正	論	白
21288	爲學作人與復興民族	民·蔣中正	論	白
21289	禮義廉恥的精義	民·蔣中正	論	白
21290	我們國家的立場和國民的精神	民·蔣中正	論	白
21291	時代考驗青年青年創造時代	民·蔣中正	論	白
21292	革命哲學	民·蔣中正	論	白
21293	民生主義建設的最高理想	民·蔣中正	論	白
21294	四維的意義	民·蔣中正	論	白
21295	知行學說綜合研究之結論	民·蔣中正	論	白
21296	民族精神的偉大力量	民·蔣中正	論	白
21297	中山樓中華文化堂落成紀念文	民·蔣中正	論	文
21298	國父百年誕辰紀念文	民·蔣中正	應	文
21299	祭陳英士文	民·蔣中正	應	文
21300	我們的校訓	民·蔣中正	應	白
21301	生活的改造	民·蔣中正	應	白
21302	弘揚孔孟學說與復興中華文化	民·蔣中正	應	白
21303	慶祝臺灣光復節	民·蔣中正	應	白
21304	民國四十一年元旦告全國軍民書	民·蔣中正	應	白
21305	國民中學聯合開學典禮訓詞	民·蔣中正	應	白

21306	四十一年青年節告全國青年書	民·蔣中正	應	白
21307	蘇俄在中國緒論	民·蔣中正	應	白
21308	家書	民·蔣中正	應	白
21309	光復臺灣是國民黨宿志	民·蔣中正	應	白
21310	爲中華民國退出聯合國告全國同胞書	民·蔣中正	應	白
21311	一位平凡的偉人	民·蔣經國	記	白
21312	永遠與自然同在	民·蔣經國	記	白
21313	我的父親(我所受的庭訓)	民·蔣經國	記	白
21314	梅臺思親	民·蔣經國	抒	白
21315	守父靈日記	民·蔣經國	應	白
21316	蔣總統經國先生就職文告	民·蔣經國	應	白
21317	寫給青年們的一封信	民·蔣經國	應	白
21318	這一代青年的新希望	民·蔣經國	應	白
21319	故都的回憶	民·蔣夢麟	記	白
21320	四健會與農村建設	民·蔣夢麟	記	白
21321	杭州、南京、上海、北平	民·蔣夢麟	記	白
21322	葉成忠先生	民·蔣維喬	記	文
21323	范仲淹安邊政略	民·蔣君章	記	白
21324	舍己爲群	民·蔡元培	論	文
21325	圖畫	民·蔡元培	論	文
21326	自由與放縱	民·蔡元培	論	文
21327	理信與迷信	民·蔡元培	論	文
21328	我的新生活觀	民·蔡元培	論	白
21329	美育與人生	民·蔡元培	論	白
21330	怎樣纔配稱做現代學生	民·蔡元培	論	白
21331	祭中山先生文	民·蔡元培	應	文
21332	杜威博士生日演說詞	民·蔡元培	應	白
21333	廬山憶遊	民·蔡濯堂	記	白
21334	給朋友的信	民·蔡濯堂	應	白
21335	下雨天眞好	民·潘希珍	記	白
21336	故鄉的桂花雨	民·潘希珍	記	白
21337	靈山秀水挹清芬	民·潘希珍	抒	白
21338	緹縈救父	民·潘重規	記	白
21339	報紙的言論	民·潘公弼	論	白
21340	爲什麼要愛國	民·潘大道	論	白
21341	詞曲的特質	民·鄭騫	論	白
21342	盡忠報國	民·鄭烈	記	白

21343	翡翠屏風	民‧劉俠	記	白
21344	吳鳳傳	民‧劉珊	記	文
21345	自然的微笑	民‧劉大白	詩	
21346	他活在人們的心裏	民‧劉心皇	抒	白
21347	赤崁城遊屐	民‧錢歌川	記	白
21348	陽明成學前的一番經歷	民‧錢穆	記	白
21349	中華民族的克難精神	民‧錢穆	論	白
21350	平易中見偉大	聯合報	記	白
21351	太原五百完人成仁紀念碑	民‧閻錫山	應	文
21352	植物園就在你身邊	民‧駱元元	抒	白
21353	克己	勵志文粹	論	白
21354	西柏林，這「孤島」	民‧鍾梅音	記	白
21355	蘇花道中	民‧鍾梅音	記	白
21356	鄉居情趣	民‧鍾梅音	抒	白
21357	三民主義之教育價值	民‧戴傳賢	論	文
21358	黨員守則序文	民‧戴季陶	應	文
21359	國旗歌歌詞	民‧戴傳賢	應	文
21360	青年守則前文	民‧戴傳賢	應	文
21361	盧溝橋的獅子	民‧謝冰瑩	記	白
21362	故鄉	民‧謝冰瑩	抒	白
21363	兩塊不平凡的刺繡	民‧謝冰瑩	抒	白
21364	我家裏還有一個生病的母親	民‧韓德溥	記	白
21365	飲水思源	民‧藍蔭鼎	記	白
21366	西安導言	民‧藍孟博	記	白
21367	聖雄證果記	民‧羅家倫	記	白
21368	對吳稚暉先生致最崇高的哀敬	民‧羅家倫	抒	白
21369	偉大與崇高	民‧羅家倫	抒	白
21370	運動家的風度	民‧羅家倫	論	白
21371	論自我實現	民‧羅家倫	論	白
21372	中國的出路——現代化	民‧羅家倫	論	白
21373	求學	民‧羅家倫	論	白
21374	榮譽與愛榮譽	民‧羅家倫	論	白
21375	新疆歌	民‧羅家倫	詩	
21376	水稻之歌	民‧羅青哲	詩	
21377	學圃記趣	民‧羅敦偉	抒	白
21378	戚繼光傳	民‧羅時暘	記	白
21379	樂聖貝多芬	羅曼羅蘭著 宗侃譯	記	白

21380	愛因斯坦的學校生活	羅吉爾勃林姆著 曾協譯	記	白
21381	記青島水族館	民・蘇梅	記	白
21382	收穫	民・蘇梅	記	白
21383	禿的梧桐	民・蘇梅	記	白
21384	天演論譯例言	民・嚴復	應	文
21385	察變	民・嚴復	論	文

說明：一篇文章的文體，有就其「形式」著眼，亦有就其「主旨」或「內容」著眼。本研究問卷所收選文的「文體」，係由「研究工作小組」參酌所獲資料所決定，未必允當。如問卷編號 14107 之「祭十二郎文」，文體為「抒」(情文)，事後有人認為應屬「應」(用文)，即為一例。因本研究以選文的「評價」及「定位」為主，並非「文體」；再則，本研究結果係依問卷中選文的文體加以統計，如將問卷中一篇選文的文體有所改變，都將與調查結果中所製統計表不符。至於問卷中選文的「文」(言)與「白」(話)，其情形亦屬如此。因此問卷中的「文體」及「文」與「白」仍舊，未予研討修正。

三、塡答問卷學校、校長及有關人員

說明：每一學校第一人爲校長、第二人爲教務主任、第三人爲國語文教學研究委員會召集人，其餘爲問卷塡表人或共同會商塡表人員。

(一)塡答問卷國民小學校長及有關人員

台北市立光復國民小學　陳炳爵　范光煥　陳佔治　陳佔治
國立政治大學實驗小學　陳　錦　鄧漢華　簡三郎　簡三郎　楊良緒
台北市立敦化國民小學　王金蓮　林祺源　鄭雲梅　李貴枝
台北市立師範學院實驗小學　劉細懷　陳文枝　高紅瑛　蔡淑英
台北市立玉成國民小學　李　震　王朝宗　林汝妍　陳世芳　洪淑惠
台北市立南門國民小學　錢星橋　李道勇　張美惠　陳　烈
台北市立大直國民小學　連來發　劉世強　林照圭　林照圭
台北市立雙園國民小學　康　健　劉月珠　陳義益　林似珀
台北市立國語實驗小學　林秋成　何翠華　胡曉英　胡曉英
台北市立銘傳國民小學　于　嵩　潘靜美　潘靜美　蘇玉眞
台北市立天母國民小學　吳秉勳　陳正煌　林鳳台　張　越
台北市立老松國民小學　林樹根　康榮華　王雲卿　王雲卿
台北市立大安國民小學　吳州柏　邱明義　邱明義　丁珠蓮
台北市立士林國民小學　李之華　林塗生　吳金蓮　武桂雲
台北市立胡適國民小學　蔡南輝　林金添　郭武男　郭武男
台北市立民生國民小學　李訓別　魏德蘭　朱兆楠　汪金英　方　楠　張冬榮
台北市立武功國民小學　楊月陽　徐達敏　吳祖瑞　吳祖瑞　張秀綢
台中縣立潭子鄉東寶國民小學　王碧義　徐碩夫　林卿秦　王麗娟
花蓮縣立壽豐鄉豐山國民小學　雷振乾　蘇玉通　雷振乾　鍾秀成
台東縣立建和國民小學　尤朝龍　周建銓　晁紀倫　周建銓
彰化縣立芬園國民小學　王明星　張炳南　陳淑女　陳淑女
台南縣立永康鄉大灣國民小學　楊秋木　周廣遠　楊秋木　郭華西
台南市立公園國民小學　傅修金　林勝宗　陳祝惠　鍾　琴　謝惠子
台中縣立后里鎭泰安國民小學　柯崇秀　方彩雲　涂淑敏　涂淑敏
台中縣立豐原市瑞穗國民小學　吳盈周　黃士炳　羅春子　陳梅英
彰化縣立芬園鄉同安國民小學　江金柱　吳連成　李再添　李再添
彰化縣立平和國民小學　楊仙子　楊海瑞　王鈴姿
台北縣立板橋市文德國民小學　鄭榮漳　朱錫林　李文蘭　李文蘭
台東縣立富岡國民小學　涂亮春　李樹人　柯綠娜　林光慧
雲林縣立斗六市久安國民小學　何添德　潘　達　何添德　潘　達　潘　達
花蓮縣立北埔國民小學　殷德助　郭一郎　郭一郎　郭一郎
嘉義縣立正義國民小學　翁貞嘉　蔡瑞瓊　蔡瑞瓊　蔡瑞瓊

嘉義市立垂楊國民小學	黃俊英	黃正雄	黃正雄	許惠英
嘉義縣立景山國民小學	余榮輝	蕭生煌	余榮輝	蕭明浪
花蓮縣立信義國民小學	陳瑞霖	洪雙候	陳義昭	陳義昭
南投縣立嘉和國民小學	陳啓忠	黃登進	黃登進	潘文雄
彰化縣立聯興國民小學	張如桂	林春和	蔡益從	蔡益從
高雄縣立大東國民小學	羅仁珍	田慶泉	伍台玉	伍台玉
台中市立樂業國民小學	孫朝芝	張宏成	陳美玲	陳美玲
花蓮縣立明義國民小學	林天生	孫鴻嚼	孫鴻嚼	張貞嬌
台南縣立新化國民小學	顏能安	林世英	林文雄	林文雄
台中縣立翁子國民小學	劉修齊	張玉英	張玉英	張玉英
高雄縣立溪寮國民小學	方子明	鄭月香	李南雄	李南雄
台北縣立清水國民小學	蔡清奇	黃博銘	彭月華	呂良柔
台北縣立網溪國民小學	劉相惠	李春霞	李春霞	吳碧英
			邱麗卿	
屏東縣立中正國民小學	董義森	黃河清	黃河清	蔡金柱
桃園縣立外社國民小學	黃仁壽	陳碧娥	曾學鉦	曾學鉦
台中縣立南陽國民小學	蕭鏈富	羅進春	郭素華	郭素華等
台中縣立三和國民小學	林烱宏	陳榮鑫	陳榮鑫	陳榮鑫
台中縣立富春國民小學	鄭慶禹	游榮林	劉永漢	楊彩鳳
桃園縣立西門國民小學	陳金河	陳傳房	陳傳房	叢潘漢
				陳傳房
雲林縣立林中國民小學	徐蘭泰	張聲柳	王謙仲	王謙仲
新竹縣立文山國民小學	王德鴻	羅義雄	王德鴻	蘇柏如
基隆市立尚智國民小學	趙　成	陳　暉	陳　暉	陳　暉
台東縣立豐里國民小學	陳邦文	趙鴻輝	莊昌夏	郭當合
屏東縣立歸來國民小學	李燕妹	郭東陽	郭東陽	郭東陽
嘉義縣立朴子國民小學	吳柳寅	張萬益	侯尊根	侯尊根

台南縣立西勢國民小學	陳元煌	陳元煌	康明旋	王武雄
苗栗縣立福德國民小學	李玉垣	黃美妹	黃美妹	何仁欽
彰化縣立三春國民小學	張坤連	蔡振煌	蔡振煌	宿佩祿
台北縣立頂溪國民小學	許惠川	許雲蓮	許雲蓮	王秀美
				顧靜芬
台南縣立新市國民小學	康天祐	蔡輝瓊	蔡輝瓊	羅月華
台南市立新興國民小學	羅哲義	張江松	王以德	梁秀美
台北縣立五穀國民小學	賴文姬	曾乾源	陳碧娥	陳碧娥
				劉信雄
屏東縣立關福國民小學	劉志承	江文吉	陳秀岳	蔡志津
南投縣立千秋國民小學	吳光勳	鹿秉英	吳光勳	鹿秉英
嘉義縣立三興國民小學	葉遇春	何高川	何高川	洪坤山
嘉義縣立興中國民小學	陳德生	許江泉	陳德生	溫榮吉
				黃淑媛
台南縣立虎山國民小學	楊漢馳	洪昇堂	洪昇堂	丁麗珠
彰化縣立三民國民小學	林明賢	李憲三	吳兆英	蔡玉美
屏東縣立新庄國民小學	鄭麗煌	廖啓綱	廖啓綱	劉鴻章
台北縣立長安國民小學	溫振有	陳根旺	陳根旺	李琪珍
台南縣立新光國民小學	黃登發	鍾添丁	林美慧	林美惠
雲林縣立棋山國民小學	張振興	樊昌平	樊昌平	樊昌平
南投縣立太平國民小學	林英鍊	沙玉亞	陳立國	張中庸
彰化縣立和東國民小學	易禮恭	施玉峯	潘復宗	江淑娟
				蘇昭昇
南投縣立大成國民小學	黃木林	甯仲遠	甯仲遠	甯仲遠
高雄縣立中山國民小學	葉生奇	鄧祺生	蘇清進	鄧祺生
南投縣立光榮國民小學	蕭燈松	吳益喜	吳益喜	吳益喜
南投縣立平和國民小學	林炳崧	陳丙申	林炳崧	林欽火

花蓮縣立復興國民小學 陳昌勳 劉遠明 林素卿 劉遠明
雲林縣立草嶺國民小學 張　村 郭文燦 魏文儀 蔡裕焜
基隆市立八斗國民小學 陳正夫 陳正夫 陳慧如 陳慧如
宜蘭縣立宜蘭國民小學 林忠雄 潘昭男 潘昭男 吳洸雲
新竹縣立鎮坪國民小學 陳添貴 莊金房 劉士賢 劉士賢
新竹縣立清水國民小學 劉錦德 呂紹澄 劉錦德 呂紹澄
高雄縣立忠義國民小學 許明景 藍順仕 張康生 宋鳳招
高雄縣立五福國民小學 龔榮級 董敏德 張文彥 張文彥
台東縣立賓朗國民小學 陳清正 林子孟 李昭瑩 葉子先
李昭瑩
台中市立太平國民小學 翟劍秋 曾謙旭 曾謙旭 陳貴惠
新竹縣立竹北國民小學 張金輝 黃仁風 黃仁風 黃仁風
南投縣立南光國民小學 劉壬辰 黃義永 黃義永 葉金河
彰化縣立和美國民小學 張瑞鵬 孫世俊 陳賢哲 陳賢哲
台南縣立崇和國民小學 蔡永樟 陳銀記 蔡永樟 陳世霖
宜蘭縣立凱旋國民小學 張茂松 陳學良 陳林泉 方美玉
嘉義縣立民雄國民小學 黃仙化 何木振 何木振 何木振
雲林縣立永光國民小學 徐　圭 賴崇廉 賴崇廉 許朝學
彰化縣立新庄國民小學 蔡麗卿 陳水和 谷怡慧 谷怡慧
基隆市立中興國民小學 廖　勉 李千惠 張良慧 張良慧
高雄縣立九曲國民小學 黃朝木 曾星雄 曾星雄 蕭絹美
台北縣立板橋國民小學 李煌懋 賴木通 黃　河 張德勝
苗栗縣立啓文國民小學 徐享松 謝昌鑑 羅仕明 戴次妹
南投縣立中峰國民小學 唐勝舉 莊永輝 王光華 林麗珍
台北縣立埔墘國民小學 黃則永 劉國瑩 黃秋卿 吳玉芬
屏東縣立復興國民小學 歐龍興 王鳳閣 歐龍興 王鳳閣
花蓮縣立太昌國民小學 陳鎮塗 邱運來 邱運來 邱運來

屏東縣立大同國民小學 謝深煙 李明誠 李佳倩 李佳倩
新竹市立西門國民小學 穆道鄅 單富庭 羅惠玲 劉碧貴
高雄縣立港埔國民小學 陳美杉 蕭進善 蕭進喜 劉秋蘭
賴谷蘭
台中縣立合作國民小學 袁蘊眞 蔡美玉 劉紀盈 劉紀盈
台北縣立國泰國民小學 黃炳鴻 姚素蓮 毛金津 毛金津
屏東縣立廣安國民小學 許順安 田質彬 許順安 田質彬
台中市立大仁國民小學 權潤梅 李文進 李文進 黎作明
澎湖縣立虎井國民小學 張世忠 張一惠 翁安明 陳烏卷
高雄縣立汕尾國民小學 尤秋田 蘇坤財 李莒光 李莒光
雲林縣立溪洲國民小學 張政一 任立文 任立文 任立文
彰化縣立文祥國民小學 蘇百祿 李　灶 吳彩雲 林　靜
李　灶
楊維讀
雲林縣立梅林國民小學 黃陳坤 吳政一 黃陳坤 吳政一等
彰化縣立中山國民小學 趙宗英 趙俊成 黃銀燕 黃銀燕
屏東縣立建國國民小學 賴源發 潘進發 宋美容 張瑞菊等
桃園縣立桃園國民小學 黃廷濱 鄧正男 張賢坤 張賢坤
南投縣立文山國民小學 陳慶襄 薛　榮 劉素觀 薛　榮
桃園縣立南門國民小學 邵清利 戴政宗 蔡盛隆 蔡盛隆
台北縣立秀朗國民小學 張培方 王清菊 林承英 郭鳳琴
台北縣立鳳鳴國民小學 王順義 高宏煙 石　英 石　英
台北縣立鶯歌國民小學 高銘熾 王初習 王玉蓮 周翠玲
南投縣立育英國民小學 莊欽錫 林燕騰 林燕騰 劉一清
苗栗縣立明德國民小學 蔡錦鈴 陳永昌 陳永昌 黃在然
台南市立德高國民小學 周奕民 吳秀蘭 吳秀蘭 李綉雲
台北縣立後埔國民小學 江欽銘 楊曉代 楊曉代 吳美玲等

學校				
高雄縣立潮寮國民小學	李連盛	林清富	王淑嬌	王淑嬌
				林清富
高雄縣立林園國民小學	呂高田	何進化	柯淵福	柯淵福
台中縣立大雅國民小學	張金曜	張松欽	吳寶珍	羅聰賢
雲林縣立林頭國民小學	曾鈴木	葉國芳	曾鈴木	葉國芳
台北縣立坪林國民小學	游信益	陳長慶	陳長慶	陳長慶
南投縣立德興國民小學	洪雨斌	田仁英	田仁英	曾鼎炊
台中縣立社口國民小學	廖銘塗	袁基昌	陳炤軒	林美雪
嘉義市立崇文國民小學	張凱翔	吉龍池	吉龍池	吉龍池
花蓮縣立民族國民小學	葉清華	林君玲	林君玲	林君玲
				王問非
苗栗縣立文峰國民小學	湯運達	黃田芳	吳良夫	阮達錦
新竹縣立石光國民小學	林礽哲	范明遠	[illegible]	范明遠
台中縣立育英國民小學	林淑惠	廖增祥	李孟姿	李孟姿
台北縣立思賢國民小學	李欽銘	賴秀鴻	賴秀鴻	李蟾職
台北縣立建安國民小學	鄭勇吉	曾秀蓮	曾秀蓮	李金蘭
彰化縣立白沙國民小學	施烱沂	熊世毅	熊世毅	熊世毅
花蓮縣立宜昌國民小學	黃榮欽	周義文	周義文	姚　植
基隆市立正濱國民小學	王勵志	王光彥	王光彥	王光彥
台北縣立光榮國民小學	林東瀛	張森元	林政輝	鄭益州
彰化縣立大嘉國民小學	洪兆鐘	袁桂容	袁桂容	袁桂容
高雄縣立大寮國民小學	程　建	梁福良	蕭　虹	陳麗紅
雲林縣立奧昌國民小學	蔡仕臨	林國振	張紹芳	林國振
基隆市立八斗國民小學	陳正夫	張峻松	陳慧如	陳慧如
苗栗縣立南河國民小學	張秋台	謝廷輝	謝廷輝	黃　操
高雄市立仁愛國民小學	吳新富	薛承積	連福勝	連福勝
高雄市立鼎金國民小學	吳慶芳	黃老達	林振盛	林振盛

學校				
高雄市立前鎮國民小學	莊銘聰	蔡金柱	蔡金柱	陳雪芳
高雄市立大同國民小學	許亨通	蔡承家	蔡承家	蔡承家
高雄市立復興國民小學	李德治	陳麗卿	陳麗卿	沈小燕
				孫志雄

(二)填答問卷國民中學校長及有關人員

台北市立成淵國民中學 楊訓庭 邱展維 張連貴 李雲騰
台北市立中山國民中學 王學品 吳正昌 張美玉 張美玉
張景興
張惠珠
台北市立龍山國民中學 李炳炎 白照明 宋子善 宋子善
台北市立南門國民中學 錢星橋 于重慶 陳長棋 賈如梅
台北市立金華國民中學 林金練 林淑貞 李嵐澄 蔡享珠
台北市立介壽國民中學 孫超 周韞維 潘惠彩 胡雪梅
台北市立內湖國民中學 黃孝通 曾正吉 陳學智 何修禮
台北市立長安國民中學 鄭英魁 楊旺明 范麟玉 范麟玉
台北市立興雅國民中學 李先治 姜勝泰 吳垣仙 邱文媛
台北市立陽明國民中學 陳登瑞 蘇明宗 王滋禮 黃肇基
台北市立士林國民中學 方紹孔 吳昭哲 張添燦 張麗影
台北市立景美國民中學 洪富雄 謝進洪 呂理景 全體國文
教師
台北市立大直國民中學 王鑑秋 林豐松 謝芳芳 趙靜妹
台北市立重慶國民中學 高堂忠 宋世豪 周芝田 林秀琴
台北市立明德國民中學 鄭顯三 吳碧君 王窗賢 陳寶璘
台北市立瑠公國民中學 張祥先 謝新憲 李繼宗 余國珍
台北市立忠孝國民中學 陳芙蓉 李丁華 孫梅香 國文科全
體教師
雲林縣立虎尾國民中學 許光男 李有進 黃志民 吳英昭
桃園縣立山脚國民中學 程宏遠 林錦霞 黃永福 李淑蓮
台東縣立大武國民中學 劉欽敏 葉景清 鍾鳳娣 鍾鳳娣

雲林縣立麥寮國民中學 謝霏霏 丁志容 葉如玉 簡英志
屏東縣立正成國民中學 李國亮 邱文雄 邱文雄 邱文雄
高雄縣立湖內國民中學 黃金益 郭武德 楊珣如 楊珣如
桃園縣立大園國民中學 余惠生 林張營 劉淑君 林秀蓉
嘉義市立北興國民中學 呂明星 陳國男 柳盤昭 黃美蓮
嘉義縣立新港國民中學 朱汝海 陳智賢 呂明塘 孟泗珍
彰化縣立和美國民中學 劉國英 阮忠義 蔡汀洲 李開源
桃園縣立新屋國民中學 謝新超 曾現展 范姜泰昌 林俊淑
嘉義縣立過溝國民中學 黃元田 劉長春 李淇濱 李淇濱
花蓮縣立鳳林國民中學 梁瓏常 戴瑞岳 李玉雪 曹麗萍
台中市立北新國民中學 田萃亨 陳麗悧 饒漢濱 饒漢濱
苗栗縣立頭屋國民中學 徐旭和 鄭書典 謝其文 羅戊登
高雄縣立六龜國民中學 陳清泉 邱永昌 宋炳少 宋炳少
台南縣立新市國民中學 蘇武雄 張基祥 馮文平 黃宜昭
台北縣立淡水國民中學 邱文忠 郭福林 蔡振德 黃玲眞
高雄縣立美濃國民中學 李耀春 林明宏 黃生乾 鄧駿福
屏東縣立高樹國民中學 賴英明 楊文雄 柯丁旺 劉蘭英
苗栗縣立通霄國民中學 鄭杉根 陳靖邦 陳惠遠 郭素珠
台中縣立后里國民中學 羅新堤 洪麗雲 丁祖蓮 丁祖蓮
嘉義市立蘭潭國民中學 沈高全 蔣東坤 蔣國城 江潔雄
蔡明芳
嘉義縣立東石國民中學 馬恒吉 戴全明 謝山林 謝山林
高雄縣立阿蓮國民中學 蕭惠蘭 林文三 林懋榮 王元能

台東縣立初鹿國民中學 陳勝發 涂倍源 韓先樵 廖其福
嘉義縣立布袋國民中學 莊松枝 陳順良 彭閟勛 倪梅月
台中縣立豐原國民中學 佟廣武 王掌珍 吳寶蘇 吳寶蘇
苗栗縣立頭份國民中學 陳秋沐 王天財 黃欽和 李銀英
澎湖縣立將澳國民中學 蔡平和 鄭正聰 李愛琴 李愛琴
南投縣立集集國民中學 簡社堂 黃國貴 王麗萍 夏兆熊
台南市立忠孝國民中學 張新松 鄭敏雄 陳朝明 顧寶禎
台中縣立大甲國民中學 張洪範 洪英度 黃文瑞 吳幸娟
桃園縣立仁和國民中學 莊鶴齡 謝泳波 曾惠如 曾惠如
台北縣立光榮國民中學 王聿琥 劉昌鎮 汪幼雲 楊達樹
台中縣立和平國民中學 顏欽郎 江世大 江世大 林佳瓊
台東市立卑南國民中學 林哲次 賴政市 林繁樹 李郁燕
南投縣立明潭國民中學 程惠民 張培 崔忠潔 陳建志
嘉義縣立東榮國民中學 陳芳石 吳安行 蘇玲玲 李鳳英
桃園縣立青溪國民中學 黃廷訓 孫若潁 曾淑華 關瑩
桃園縣立龍岡國民中學 余興全 詹智源 劉全道 劉全道
基隆市立暖暖國民中學 蘇惟智 陳國和 劉玉琴 劉玉琴
彰化縣立二水國民中學 林明池 鄭天授 洪右交 陳恆祥
苗栗縣立苗栗國民中學 王令 邱權吉 張月齡 黃茂生
台南市立南華國民中學 盧強 劉木溪 吳英星 吳英星
雲林縣立斗六國民中學 廖福榮 張勇助 鄭洪烺 黃中岐
雲林縣立雲林國民中學 施藩華 張平雄 廖本池 張炳輝
新竹縣立峨眉國民中學 楊木蘭 曾潤廷 邱新發 彭紹彩
新竹縣立新埔國民中學 范秉肇 陳清泰 詹德鰲 詹德鰲
台中市立忠明國民中學 許中興 黃金鴻 葉崑昌 張萍珍
魏秀美
新竹縣立竹北國民中學 謝維嶽 古俊弘 林秀珠 林秀珠

新竹市立育賢國民中學 黃邦生 馮森林 莊青梅 陳喬泗
台中縣立大雅國民中學 賈成俊 江元愷 陳耀安 莊春香
彰化縣立秀水國民中學 任成龍 施澤一 林秀珠 邵耀良
台南縣立山上國民中學 劉文夫 王龍基 顏坪超 黃苓蘭
雲林縣立北港國民中學 洪甫田 邱鈺峰 張石虎 陳美嬌
台中縣立太平國民中學 官鐸 賴明杭 劉勝雄 劉勝雄
基隆市立成功國民中學 李生田 陳彥宇 黃淑雲 黃淑雲
南投縣立三光國民中學 彭藩超 蕭德春 蕭德春 蕭德春
苗栗縣立大湖國民中學 李學純 洪日鴻 李仲訓 李仲訓
南投縣信義國民中學 李田昌 陳志峰 鄭特清 傅秀如
台北縣立蘆洲國民中學 胡佩璋 李清雄 楊依玲 楊依玲
南投縣竹山國民中學 張海權 張寬仁 張寬仁 丁全鶴
台北縣立三芝國民中學 林秀雄 洪慶恩 朱煥民 朱煥民
高雄縣旗山國民中學 黃白蘭 林燦輝 王宏志 林燦輝
宜蘭縣立宜蘭國民中學 劉正矩 張基治 陶依仁
台東縣新生國民中學 楊昭仁 賴富祥 黃淑妍 黃淑妍
台南縣立學甲國民中學 王茂德 蘇料引 儲亦風 蘇料引
花蓮縣立國風國民中學 李詩雲 涂貴興 林美英 許俊傑
桃園縣立楊梅國民中學 鄭石銹 呂偉元 鄧欣之 周效惠
南投縣立宏仁國民中學 劉瀚漠 高茂雄 胡正生 胡正生
南投縣南崗國民中學 洪昭義 張獻城 陳承化 張宗容
高雄縣立前峯國民中學 吳國棟 何金山 王得華 陳香齡
高雄縣立大寮國民中學 趙速奎 李麗花 王梅英 賴始秀
屏東縣立公正國民中學 鍾恩喜 鄭同寶 李昭雄 藍國豐
台南縣立佳里國民中學 王澄助 鄭松江 林傳富 林傳富
台南縣立將軍國民中學 鄭何穆 許元忠 楊鴻森 周幹家
苗栗縣立苑裡國民中學 王榮槐 馬超群 張美嫺 張美嫺

學校				
嘉義縣立朴子國民中學	劉岱宗	侯榮次	王碧珠	黃國文
花蓮縣立三民國民中學	游全男	江炳奇	何憲才	高崇彰
桃園縣立大漢國民中學	王錫齡	楊宗裕	張素秋	石宗榮
台中市雙十國民中學	張振鵬	楊燿桐	趙碧花	蘇琇珍
台北縣立板橋國民中學	錢　濤	王素霞	黃淑貞	黃淑貞
台南縣立麻豆國民中學	陳文政	賴博文	李錫琴	林炳杉
台中市立黎明國民中學	莊敏雄	張豐吉	胡岳森	王少君
台南縣立柳營國民中學	方世玉	吳村湖	何連成	廖東林
新竹縣立竹東國民中學	鄧迅之	曾祥麟	林輝清	林輝清
台中縣立東華國民中學	張幸助	張瑞豐	郝錫蕙	余松年
新竹市光華國民中學	李鳴飛	陳明雄	洪梓明	莊淑貞
嘉義縣立鹿草國民中學	黃仁禮	陳增四	蔡盛隆	蔡盛隆
彰化縣立彰化國民中學	謝瑞章	王　傳	陳光啓	歐陽采芹
台北縣立重慶國民中學	王振東	林宗賜	賴麗蓉	賴麗蓉
台南市立安平國民中學	黃俊正	林海樹	蔣素蘭	
屏東縣立瑪家國民中學	李天興	吳錦雀	古乃祺	古乃祺
高雄縣立岡山國民中學	林吉卿	楊紹銘	蔡福松	靳榮隆
台東縣立新港國民中學	廖明星	王錦陞	林春花	鍾慕希
新竹市立光武國民中學	許文輝	徐熊泅	林珍榮	林珍榮
宜蘭縣蘇澳國民中學	李友賢	楊信潮	邱瑞齡	林靜容
南投縣立埔里國民中學	蔡乾華	童進哲	周淑緞	陳順連
苗栗縣立大倫國民中學	黃德慶	徐中鄉	胡玉燕	胡玉燕
澎湖縣立七美國民中學	林幼儀	王保聘	王保聘	葉天賞
台中縣立清水國民中學	張　恕	關榮閣	張俊麗	羅瓊麗
台北縣立鶯歌國民中學	李富光	丁　奎	王中廷	劉崇義
台南縣立永康國民中學	郭金水	王明憶	張天化	張天化

學校				
彰化縣立陽明國民中學	蕭傳明	董武楷	鍾美雲	徐麗珠
				吳克艱
				鄭素華
新竹縣立新豐國民中學	權裘良	張哲雄	朱發煉	張哲雄
雲林縣立西螺國民中學	張化育	程金章	韓瑞松	程惠雪
花蓮縣吉安國民中學	洪富盛	方盛修	李　耀	蔡建盛
桃園縣立中壢國民中學	江德茂	劉啓性	葉紹英	葉紹英
高雄縣甲仙國民中學	何宋錦	陳正利	韋九如	王秀英
				鄭超皖
雲林縣立古坑國民中學	廖獻璋	謝茂男	方朝杰	賀　中
台南縣立鹽水國民中學	張北辰	陳輝雄	徐經蘭	周素妍
彰化縣立永靖國民中學	劉豐盛	邱淑熙	王四川	賴同志
台中縣立沙鹿國民中學	賴茂原	陳華漢	陳素春	王秀蘭
宜蘭縣立五結國民中學	蔣錫勳	林秋和	陳錫鑑	金綸昌
台北縣立三重國民中學	顧延畢	周政吉	周　滿	陳鋼山
嘉義市立嘉義國民中學	林允生	呂錦成	蔡美梅	劉燕彬
花蓮縣立花崗國民中學	劉國光	林殷盛	葉日松	楊妙燕
台南縣立仁德國民中學	王增築	徐明達	徐明達	徐明達
台南縣立關廟國民中學	陳廷輝	陳永崑	黃勝家	吳金貞
				黃鎮花
台南市立復興國民中學	謝錦鑾	林寬能	梁金花	梁金花
彰化縣立明倫國民中學	黃大山	康王嶽	周賜福	許月琴
澎湖縣立中正國民中學	張明和	謝嘉貞	蔡蕙雲	楊文樟
雲林縣立崙背國民中學	徐明昇	張增治	林重次	陳義雄
南投縣立草屯國民中學	關仲謀	張曜嘉	洪宏洲	洪宏洲
澎湖縣立白沙國民中學	謝乾坤	邱華文	邱華文	孫意川
台北縣立新莊國民中學	劉建昌	連貞雄	田季訓	紀裕芳

新竹縣立照門國民中學　陳鴻焜　吳載堯　錢錦祿　吳載堯
台北縣立五峰國民中學　陳政雄　吳宇農　黃桂英　陳福中
桃園縣立介壽國民中學　徐慶發　鍾禮章　陳秋瑾　陳秋瑾
桃園縣立建國國民中學　蔡林龍　劉勛宜　宋桂芳　宋桂芳
台北縣立新泰國民中學　張義明　黃貞祥　蔡丁旺　楊文德
苗栗縣立卓蘭國民中學　張　超　張秋龍　石安樂　石安樂
花蓮縣立平和國民中學　傅慶成　吳川平　吳鳳麗　吳鳳麗
基隆市立正濱國民中學　王仁君　沈廷平　高　春　劉安東
宜蘭縣立羅東國民中學　陳日春　林火順　陳光次　陳光次
新竹縣立富光國民中學　吳勝國　林祺銘　羅慶樘　羅慶樘
宜蘭縣立南澳國民中學　邱景濱　曹盛志　吳秋燕　陳慧美
嘉義縣立水上國民中學　王文藻　林清波　黃谷林　黃谷林
高雄縣立五甲國民中學　張朝造　曾慶福　王明珠　簡超順
彰化縣立二林國民中學　陳敏聰　謝四海　張錦亮　謝四海
台中市立大德國民中學　王朝庭　林榮進　賴秀玉　曾文溪
台中縣立龍井國民中學　郭天錫　林世諧　林淑瓊　黃修治
台南縣立東山國民中學　羅義德　陳俊雄　殷金重　殷金重
宜蘭縣立復興國民中學　　　　　　　　　黃惠貞　張王順
台北縣立江翠國民中學　邱億明　楊顏惠　陳玉美　陳玉美
高雄縣立大社國民中學　李湘濤　陳康雄　許國雄　張秀珠
雲林縣立水林國民中學　劉明章　許文雄　蔡榮華　李玉英
彰化縣立鹿港國民中學　張錦同　粘自興　施千惠　湯美雲
台北縣立中和國民中學　林丕格　江瑞美　彭雲珍　陳　琳
台南縣立六甲國民中學　林哲雄　陳熊欽　宮月蘭　蔡鑫怡
苗栗縣立明仁國民中學　陳朝棟　徐享捷　吳泰澤　翁克仁
嘉義縣立民雄國民中學　楊日耀　何文玉　賴萬鎮　賴萬鎮
屏東縣立琉球國民中學　莊博文　蔡中立　許春發　陳滿福

桃園縣立楊梅國民中學　許延熇　林聯華　呂永豐　張美玲
高雄市立龍華國民中學　周才惠　鄧竹茂　黃明順　黃明順
高雄市立大仁國民中學　陳啓庸　楊網良　林麗鶯　林麗鶯
高雄市立瑞豐國民中學　周英健　林季博　鄭秀華　陳慧珠
高雄市立七賢國民中學　田登來　劉得力　蘇鳳琴　蘇鳳琴
高雄市立三民國民中學　曾國翰　黃壽雄　楊盈如　楊盈如
高雄市立旗津國民中學　陳宗飛　陳寶勇　陳銘彬　陳銘彬
高雄市私立國光國民中學　林榮堅　鄭寶麗　王美玲　袁盛文　翟珊瑩　許淑慧　王珍珍　吳采蓮　王美玲

㈢填答問卷高級中學校長及有關人員

台北市私立衛理女子高級中學　梅翰生　陳愛麗　葉慕恩　葉慕恩
台北市私立中興高級中學　江克宇　陳忠男　李仁懷　徐炳炎
台北市私立泰北高級中學　彭榮傑　杜彭年　陳乃馨　張水明
台北市私立延平高級中學　朱昭陽　賴文樂　莊傳芳　林金土
台北市立景美女子高級中學　徐淑靜　戴榮佳　柯盛雄　黃　光
陳國鈞
台北市立成功高級中學　于維魯　王慧娟　許金亭　趙公正
台北市立復興高級中學　王祥鑑　車正安　羅悅玲　簡松興
林椒衡
蘇禾惠
李景雲
黃麗珍
莊錦津
陳正榮
胡海珍
黃淑珍
王麗民
林淑珠
台北市立建國高級中學　李大祥　張世祿　姚守衷　華澤瑞
何瑞華
台北市立第一女子高級中學　呂少卿　黃有為　李毅華　周良亭
省立玉里高級中學　闕正明　蔡錦文　鄒錦華　鄒錦華
林瑞英
省立後壁高級中學　黃　警　沈燕誠　黃見文　黃素珍
省立彰化高級中學　曾勘仁　張輝政　瞿　毅　洪文雄
省立馬公高級中學　薛國忠　鄭正雄　林文鎮　翁灯上

省立屏東高級中學　蔡清祥　李昭坤　宋文惠　李婉好
省立花蓮高級中學　喬兆坤　盧朝豐　陳東陽　陳東陽
私立中華高中　卡　堃　邢錦坤　王　中　王　中
省立新竹女子高級中學　張憲元　張憲元　黃先杰　戴明坤
桃園縣私立振聲高級中學　孫明軒　王瑞結　李榮銚　李榮銚
陳淑美
省立武陵高級中學　陳　震　林運生　顏梁開　黃慧絢
彰化縣私立文興女子高級中學　劉　振　謝惠貞　顏秋艷　顏秋艷
省立東石高級中學　羅力恒　羅力恒　林聰源　莊再德
新竹縣私立義民高級中學　莊訓霸　蔡揚炎　錢寶珠　錢寶珠
省立新竹高級中學　黃金龍　張福春　王振普　陳　翬
王振普等
台南市私立長榮女子高級中學　謝叔陽　鄭怜理　鄭素芳　鄭素芳
省立台南家齊女子高級中學　王雁彬　黃正成　鄭立中　鄭立中等
省立花蓮女子高級中學　賀玉琴　劉漢龍　葉陳倩　蔡美智
省立新營高級中學　汪榮哲　張榮治　余化龍　余化龍
省立埔里高級中學　徐　明　臧俊昌　連儀文　連儀文
省立虎尾高級中學　蔡錦忠　黃春源　林金鍊　林金鍊
省立竹東高級中學　郎致運　郭博文　傅豪俊　傅豪俊
苗栗私立建臺高級中學　黃錦榜　范發榮　楊美菊　楊美菊
省立善化高級中學　許溢明　李建慶　劉秀嬌　李永富
台南私立崑山高級中學　卓耀南　袁澎台　吳錫鴻　吳錫鴻
省立台南女子高級中學　陳麗卿　郭清終　林雲燕　林　玲
李淑芬

省立嘉義高級中學 許建夫 吳慶叁 楊惠娜 黃武泰
省立楊梅高級中學 郭治華 彭文銑 朱英吉 李 瑛
戴蘭珍
雲林縣私立崇先高級中學 張海定 魏建民 楊尹通 楊尹通
省立清水高級中學 賴大農 陳瑤鍾 陳漢杰 陳漢杰
省立台南第二高級中學 黃炎祥 呂建德 林錫良 魏玲珠
彰化縣私立培元高級中學 蘇春生 曹芳州 周淑賢 陳慧文
省立鹿港高級中學 張振葉 林乾文 黃清池 陳賢俊
台北縣私立竹林高級中學 丘允元 張洪桓 楊子昇 李美花
省立嘉義女子高級中學 林明美 郭茂男 吳俊賢 蕭藤村
黃嘉明
省立員林高級中學 潘星照 黃呈瑞 王儀玲 趙惠卿
王儀玲
王瑛芳
羅財榮
省立北門高級中學 王麗君 林惠卿 洪松男 黃情意
台中縣私立明道高級中學 汪廣平 何定華 蔡德良 蔡德良等
省立彰化女子高級中學 謝玉英 范德芬 鍾洪武 鍾洪武
新竹私立曙光女子高級中學 陳文榮 張雅善 張定華 張定華
省立中壢高級中學 馮堯春 楊熾春 陳鳳蘭 方敏祥
省立臺東女子高級中學 薛東正 蔡玉英 楊正玟 楊正玟
省立新豐高級中學 郭若愚 王碧如 詹明傑 詹明傑
省立基隆女子高級中學 徐瑞桃 姜興周 陳正雄 陳正雄
屏東縣私立青年高級中學 秦維明 許恂華 許恂華 劉光玲
省立台南第一高級中學 史振鼎 孫祥泰 謝青雯 謝青雯
省立屏東女子高級中學 葉麗君 李春榮 鄭美容 楊文謀
省立桃園高級中學 陳峰津 呂源德 呂源德 熊金玉
省立竹山高級中學 范功勳 朱伯純 曾清奇 曾清奇

省立羅東高級中學 張石山 陳煥輝 倪兆雄 鄧集義
省立臺東高級中學 蔡本全 蔡豐村 趙品正 蔡豐村
台中市私立曉明女子高級中學 朱南子 黃淑貞 劉慶生 全體國文
老師
省立斗六高級中學 何瑞仁 林 湖 余國樑 余國樑
省立苗栗高級中學(卓蘭分部) 張 超 詹洋一 袁汝耀 詹洋一
台南私立光華女子高級中學 許興仁 何耀坤 連津碧 連津碧
省立新化高級中學 董洪浙 陳坤發 吳嫣媚 國文教學
研究會
省立泰山高級中學 戴 華 陳 炳 鄭燕文 鄭燕文
省立鳳山高級中學 譚地大 廖萬成 徐文貞 張道聖
省立台中第二高級中學 陳義明 魏驥培 吳仲卿 劉天發
省立北港高級中學 周金滿 吳仁懋 吳豐凱 吳豐凱
省立台中女子高級中學 石宛珠 何 穎 秦家洪 吳碧霞
省立中興高級中學 郭春航 陳堯階 李芳蘭 曾小英
楊戰生
李雲嬌
新竹縣私立力行高級中學 戴志遠 戴志遠 陳桂蘭 陳桂蘭
台北縣私立樹人高級中學 蔡秀美 蔡秀美 王淑惠 王淑惠
省立基隆高級中學 朱宏遠 林金受 趙商村 趙商村
桃園縣私立復旦高級中學 王蕪光 廖達珊 陳瑞明 鄧秀鳳
雲林縣私立永年高級中學 白振廣 廖秋紛 林伍修 沈麗如
省立蘭陽女子高級中學 唐璽惠 陳煥奎 許家瓊 許家珍
苗栗縣私立君毅高級中學 林金榜 林瑞雄 張秀垣 黃榮宗

學校				
省立宜蘭高級中學	廖俊一	游禮陸	趙元正	趙元正 呂禮美 周再台 胡再庚 李敏英 楊秉南
省立竹南高級中學	王應祥	古文雄	陳忠本	陳忠本
嘉義縣私立協同高級中學	郭玉芬	李　珀	賴燕玉	吳正除
台中縣私立青年高級中學	蔡松齡	莊雲端	陳慧汝	沈元弼
省立豐原高級中學	王振賢	蘇秋永	林仁傑	林仁傑
私立華興高級中學	談太儁	游建忠	周素勤	魏　瑩
台南市私立建業高級中學	林篤行	張勝雄	陳美吟	董淑妃 陳美吟
省立南投高級中學	吳華封	賴五全	黃清輝	黃清輝 田聰岳
台南縣私立明達高級中學	蔡天再	趙文雄	楊信雄	王淑慶
屏東縣私立美和高級中學	林永盛	李的明	石桂香	石桂香
高雄市私立復華高級中學	顧頌正	趙大忠	梁小加	梁小加
高雄市立左營高級中學	蔡金庸	林全義	許素貞	許素貞
高雄市立前鎮高級中學	謝重光	韓水中	陳春城	姚秋清
高雄市私立道明高級中學	馮觀濤	宋弘茂	鄭國柱	鄭國柱
高雄市立高雄女子中學	師蔚霞	王進有	陳秀香	陳秀香 全體國文教師
高雄市立高雄高級中學	朱酒武	潘輝雄	張拉士	宋台英
高雄私立國光高級中學				

㈣塡答問卷高級職校校長及有關人員

台北市私立金甌高級商業職校　羅亨湖　張先範　王福康　王福康
台北市私立靜修女子高級中學　潘采薇　蘇嬰珠　賀興中　賀興中
台北市私立西湖高級商工職校　趙筱梅　樂克和　李湘璽　唐　政
台北市私立馬偕高級護理職校　彭明聰　莊惠敏　曾雪芬　曾雪芬
台北市立松山高級工農職校　賴錫圭　楊炤明　魏慶蓉　魏慶蓉
台北市私立育達高級商業職校　王廣亞　陳龍瑞　林桂芳　國文教研會
郭鈺珠　魏子雲
林宗文
台北市私立開南高級商工職校　陳萬君代　陳萬君　吳素玉　吳素玉等
台北市私立大同高級工商職校　林挺生　陳敬輝　史龍治　國文組同仁
台北市私立十信高級工商職校　劉孝炎　張慶堯　林俊臣　許瑪玲
台北市立士林高級商業職校　李咸林　尹相墉　劉澤華　陳珠瓊
台北市私立東方高級工商職校　姚澤民　林春琚　林春琚
台北市私立稻江高級商業職校　陳璽安　張瑞機　陳若瑩　國文教研會
台北市私立景文高級商工職校　胡樹斌　蔡振坤　李東榮　李東榮
台北市立木柵高級工業職校　詹出錐　吳脩彬　洪辰夫　全科同仁
台北市立南港高級工業職校　楊啓棟　吳文憲　蔡勝豐　林銀森
台北市私立喬治高級工商職校　兪禮亮　兪禮亮　李權法　吳進安
台北市私立華岡藝術學校　劉效鵬　徐德常　張婉茹　徐德常
台北市立松山高級商業職校　劉玉春　芮和泰　孫迺倉　楊婉蕙
台北市私立稻江高級護理家事職校　陳鶴聲　鄭遠揚　丁潔塵　陸建中
私立新生高級醫事職校　林南榮　唐鐵仕　唐鐵仕　陳春芳

省立海山高級工業職校　侯建威　李天良　陳美玉　全體國文教師
省立民雄高級農工職校　蘇萬能　劉宏民　李昆璟　吳月辰
台北縣私立樹人女子高級家事商業職校　史利榮　李峰義　方廷槐　方廷槐
省立嘉義高級工業職校　劉文華　李毓章　林久美　劉秀珠
省立白河高級工業職校　簡倉調　洪琮璞　洪琮璞　楊素霞
桃園縣私立清華高級工商職校　劉三智　李長天　姜禮富　王九齡
省立大甲高級工業職校　黃湘房　梅　冰　吳程音　吳程音
省立北斗高級家事商業職校　徐昭昇　詹木在　陳瑛美　陳瑛美
嘉義市私立大同高級商業職校　羅福文　蔣鎰澧　邱秀美　邱秀美
省立台中高級工業職校　孫鴻章　李國泰　陳錦蕙　張文榮
謝光政
周靜琬
陳錦蕙
省立新營高級工業職校　汪　沱　游宋詩　林輝山　唐　瑋
私立南強高級工業職校　鄭聖樑　謝定山　謝定山　劉武德
省立台南高級商業職校　莊南山　嚴文聰　蘇成樂　盧品舉
省立岡山高級農工職校　柯遠凡　張至誠　李天堂　王淑櫻
台南市私立慈幼高級工業職校　黃建軍　李振華　張運謀　康明傳
省立桃園高級農工職校　呂理福　邱錦華　呂新昌　呂新昌
省立新竹高級商業職校　黃伯驥　林秋雄　李　蓁
省立基隆高級海事職校　李敏侯　朱耀榮　王　昕　王　昕
台中縣嘉陽高級工商職校　李世文　紀仰三　陳姝娟　陳姝娟

台北縣復興高級商工職校　張慧生　王志誠　劉燕焱　林寶慶
省立沙鹿高級工業職校　白龍芽　王廷二　王橋成　紀秋芳　歐淑章
省立苗栗高級商業職校　杜泗輝　陳恆吉　吳忍耐　全體國文老師
省立中壢高級家事商業職校　劉潤民　趙福增　張飛雲　古秀海
省立南投高級商業職校　張行慈　陳承固　黃金山　吳水樟
省立豐原高級商業職校　伍中平　陳崇介　溫素敏　溫素敏
省立永靖高級工業職校　陳景嵩　顏銘聰　楊春生　楊春生
台北縣私立開明高級職校　鄭行知　林獻信　蕭美惠　傅元彬
省立北港高級農工職校　趙錦水　陳正城　王慶堂　王慶堂
嘉義縣私立協志高級工商職校　何明宗　張有諒　蔡紹文　張萬春　張博盛
台南縣省立北門高級農工職校　曾元晃　李燦榮　陳美玲　邱美蓉
省立台南高級海事職校　施啓文　張寧生　紀慶雄　洪滋揪
省立鳳山高級商工職校　劉文德　胡美彩　許清熙　溫秀煌
國立教育學院附屬高級工業職校　林克禮　黃武雄　黃愛慧　黃愛慧
省立彰化高級商業職校　唐　山　施溪泉　程漢槎　程漢槎
省立佳冬高級農業職校　江佐顯　陳賢銘　夏平海　夏平海
省立新化高級工業職校　黃銀德　曾春潮　陳崇能　陳崇能
桃縣私立成功高級工商職校　沈恆勤　孟憲淳　樊儀蓮　趙清芳
省立東勢高級工業職校　梁祥裕　李沭蘭　李覺之　李覺之
新竹縣私立新力高級工家職校　姜添旺　姜添旺　劉茂基　劉茂基
省立旗山高級農工職校　葉源皇　楊太平　楊明潔　楊韻梅
省立宜蘭高級農工職校　于延文　林秋光　林淑妙　林淑妙
省立澎湖高級海事水產職校　姜亞夫　陳泗育　夏福海　蔡福明

省立羅東高級工業職校　邱贊坤　馬　傑　簡良助　母華玲
省立羅東高級商業職校　方典成　戴炳光　朱炎灶　陳仕眉
省立苗栗高級農工職校　梁大則　孫志浩　王玉薇　王玉薇
省立台東高級農工職校　傅清順　李權生　蔡文淵　黃學堂
省立員林高級農工職校　張夢麒　蔡新海　張義清　王誠端
省立二林高級工商職校　李啓源　楊英郎　莊勇一　洪德和
台中縣私立僑泰高級工商職校　蔡連來　廖玉明　陳義政　賴仙芳等
私立中華商船職校　金鴻禧　張　琦　伍曉焜　伍曉焜
中縣私立大明高級工商職校　盧聲華　盧靖華　林寬達　黃淑媛
(竹縣)省立關西高級農業職校　林瓊瑤　錢漢章　錢漢章　萬金蓮
省立宜蘭高級商業職校　張宗林　勞偉成　林慶桐　林慶桐
省立員林崇實高級工業職校　尚文彬　魏克明　陳永華　盧麗珠
省立蘇澳高級海事水產職校　唐明光　李俊雄　林　釵　陳簡棉
省立新竹高級工業職校　張紹焱　姚清煇　陳秋菊　林鴻生
高雄縣私立旗美高級商工職校　朱東安　陳武雄　鍾森松　陳武雄
新竹市私立世界高級工家職校　邱樹榮　戴麗櫻　李榮烽　江清妹
省立南投高級農業職校　何維清　林蔚峯　黃清暉　龔　志
省立台中高級農業職校　沈征帆　魏輔仁　陳堯夫　全體國文老師
新竹縣私立山崎高級工業職校　尹光冒　溫次來　郭三井　郭三井
省立花蓮高級商業職校　江耀坤　管國屏　周　曙　方冬順
省立民雄高級農工職校　蘇萬能　劉宏民　李昆璟　陳茲範
省立斗六高級家事商業職校　辛業泉　王志良　林宏亮　廖榮茂
桃園縣私立大興高級工商職校　張榮健　許梅桂　蔡正義　范美嬌　黃春燕　李茂興　黃美麟

省立埔里高級工業職校　管天福　謝梅竹　賈明傑　蔡玉瑞
省立台南高級工業職校　袁福洪　黃耀鴻　林永珍　林永珍
省立龍潭高級農工職校　楊孔璋　劉興元　委義浩　徐麗華
嘉義縣私立崇仁高級護理助產學校　方懷正　陳玲珠　劉麗芬　劉麗芬
台中市私立明德高級家事商業職校　林義雄　徐瑞麒　謝惠蘭　全體國文教師
省立恆春高級工商職校　黃茂代　黃　茂　劉清心　溫秀雄
省立屏東高級工業職校　杜萬才　饒興霸　王雲萍　王雲萍
省立台南高級護理職校　方惠卿　楊謾華　黃明聰　黃明聰
省立土庫高級商工職校　王梁甫　楊藏慶　張進村　廖南進
省立虎尾高級農工職校　吳烱泰　高華馨　林茂章　陳富永
省立西螺高級農工職校　江　濱　李克難　廖枝春　廖枝春
省立花蓮高級工業職校　張清德　張月雄　李淑娥　林東山
省立台東高級商業職校　吳昇齊　顏水泉　黃永南　黃永南　陳頂源
省立曾文高級農工職校　嚴太烟　吳水龍　梁茂隆　梁茂隆
省立嘉義高級商業職校　何文琳　林嘉隆　李重慶　李重慶
省立花蓮高級農業職校　廖名塘　徐仁餘　楊以礎　楊以礎
台北縣私立清傳高級商業職校　連勝彥　歐宗智　歐宗智　蘇邦屏
省立曾文高級家事商業職校　劉時鎰　李瑞生　陳再富　國文教研會全體教師
省立大湖高級農工職校　張廖貴　羅慶男　張蔭民　全體國文教師
高雄縣私立樹人高級醫事職校　蘇　嘉　林振生　陳俐臻　何秀絹

中壢市私立啓英高級工商職校　錢咸能　錢咸能　劉秀春　劉秀春　易　蕙　許婉玲　何潔珠　江月嬌
台中市私立嶺東高級工商職校　蔡國強　林金珠　陳秋滿　吳丹桂
省立華南高級商業職校　蔡德連　陳芳良　蕭瓊鴛　蕭瓊鴛
省立草屯高級商工職校　徐崑河　邱榮義　傅申瑞　國文教學研究會
省立台中高級護理助產職校　陳若慧　趙素涓　吳義福　廖　和　吳義福　林振成
台北縣私立智光高級商工職校　李淑娥　王碧濤　林瑛俐　林瑛俐　潘靜安
省立中壢高級商業職校　楊嵩山　邱顯瑞　黃成輝　龐靜芬
桃園縣私立六和高級工業職校　尚永樂　葉宗達　楊秀榮　宋子才
省立關山高級工商職校　王顯榮　莊明達　陳秋月　郭永順
台北縣私立豫章高級工商職業學校
彰化縣私立曉陽高級商工職校　黃瑞英　孫彭堂　謝翠媚　謝翠媚
桃園縣私立育達高級商業職校　陳永盛　賴英仁　趙梅生　盧源淡
屏東縣省立內埔高級農工職校　莊梗楠　郭旭光　梁恆芬　梁恆芬　傅新華　梁秀美　李春生　曾秋姬　黃美雲
省立台中高級家事商業職校　田餘秀　王宏慶　蔡坤坐　蔡坤坐
嘉義縣私立萬能高級工商職校　陳良境　陳宏麟　陳宏麟　陳宏麟

省立霧峰高級農工職校　詹耀東　洪勇智　李黃吉　孫麗津　張世敏

基隆市私立光隆高級家事商業職校　顏惠忠　邱勝男　毛以屏　童鍾俊

花蓮縣私立中華高級工商職校　謝武雄　徐秋陽　徐秋陽　陳瑋玲

省立基隆高級商工職校　張顯章　黃隆利　李耀東　李耀東

台北縣私立南山高級商工職校　王繼光　韓淑芬　吳欣仁　吳欣仁

高雄市立高雄高級工業職校　曾建順　蔡明收　鄭藩海　鄭藩海　陳聯松

高雄市私立明誠高級工商職校　顧恩澤　朱三郎　楊麗芳　楊麗芳

高雄市私立立志高級工商職校　江殿榮　王建勛　顏燕玉　顏燕玉

高雄市立中正高級工業職校　黃君樸　薛玲桂　莊發生　李明珠

四、選文索引

本研究問卷所列選文係依由古而今的次序排列，第二部分「調查結果」含：「㈠選文之評價與定位統計表」和「㈡選文不適宜選爲教材原因統計表」中的選文排列，是依電腦或人力分析的結果排次序。爲便於讀者檢閱每篇選文的研究結果，編校工作小組特編「選文索引」。即將問卷中所有選文，依「篇名」筆畫由少而多排列（篇名之前之號碼分爲問卷選文編號及分類號碼），首字筆畫相同者，以第二字爲準。如〈大丈夫之志節〉在〈大學首章〉之前。每篇之後有三個數字。

第一個數字爲「問卷」中（選文由古而今排列）的頁碼；

第二個數字爲「評價與定位」的頁碼；

第三個數字爲「選文不適宜選爲教材的原因」的頁碼。

舉例如下：

11028/40522　大丈夫之志節　孟子　三一〇　九四　一三七

11002/40822　大學首章　大學　三〇九　一四〇　二六〇

一畫

二畫

三畫

五畫

七畫

八畫

九畫

十一畫

十二畫

十三畫

十四畫

十五畫

十六畫

十九畫

二十畫

二十一畫

後記

司琦

國語文能力在生活上、學習上及工作上的重要性爲人所共知，至於共同的語言和文字爲凝聚國家民族意識的因素，尤不容忽視。因此，我國小學設有國語，中等學校設有國文，大學亦設有國文。因小學國語，其內容須與社會演變相互配合；也就是文字方面，須配合學生學習興趣和能力。尤其是字彙和詞彙的出現，須由易而難，各年級數量須妥爲安排，不宜某一課文（單元）或某一年級過多或過少，國民小學國語課本以由編輯者撰寫爲主，直到五、六年級採簡易的詩詞，或用節錄或改寫的古文。大學國文就教材言，因大學分院分系，院系設置目標不同，學生對於國文的需要自應不同，各院系的國文應與院系的需要相配合。就教材言，因學生語文能力已有基礎，教材不限於課本中的選文，宜在注重文字應用方面以配合院系的需要。本會—人社指會—曾有兩項研究：一爲羅宗濤、張雙英二位教授主持的〈改進大學國文教學芻議〉，其報告刊在本會《人社叢刊》第二輯。二爲謝雲飛教授主持的〈大一國文教材教法改革研究〉，其報告刊在本會《人社叢刊》第三輯，均由三民書局出版。說明大一國文不應是中等學校國文採用選文教學的延續，並作改進教材教法的新嘗試。

本研究的主要目標，教育部前部長本會指導委員朱匯森先生的〈序言〉中已作精闢的解說。筆者參與本研究的規畫、調查、統計分析及編撰報告工作，爰就所知，採「答客問」的方式，提出十個問題，將本研究的重要和實際應用等方面試作解說。

一、我國中小學國語文教科書中有那些選文？　清末，我國推行新教育依「中體西用」政策，「欽定學堂章程」設有「讀經」一科，講解經文，以《孝經》、《四書》、《大學》、《中庸》、《論語》、《孟子》及《禮記》爲教材，以後改用選文。到民國五、六年間，浙江一帶實驗小學提倡國語，民國九年，教育部公布小學「國文」改爲「國語」，然中等學校至今仍稱「國文」，其教材爲選文。我國中小學國語文教科書有那些選文？知者甚鮮。本研究首先彙集歷年中小學教科書中的選文一千餘篇，依先秦、兩漢到元、明、清、民國的時代順序排列，刪其重複，計得八百九十五篇。這些選文請參閱本書第三部分「附錄」中所列了「中小學國語文學科教材選文編選問卷」部分。（見頁三〇六）

二、這些選文宜否作爲中小學國語文教科書的教材，也就是選文合乎作爲教材的價値要求嗎？古今文章，浩如大海，但中小學學生在學時間有限，勢必有所選擇。歷年中小學國語文教科書中選文爲其編者所選，本研究以歷年教科書中的選文爲研究對象，請塡答學校國語文教學研討會將每篇選文宜否列爲教材，分爲否、可、中、佳、優五等，也就是對於選文價値的認定。依調查結果，如唐・孟郊的〈遊子吟〉列爲「優」（見頁四一）。（在第二部分「1、列爲優（5）選文之評價及定位統計表」中），即爲一例。

三、這些選文宜放在中小學國語文教科書的那一個年級，也就是選文定位於那個階段的那一年級？一篇好文章，如〈桃花源記〉，應放在小學高年級、國民中學抑高級中學或高級職校？言人人殊，這是定位問題。本調查請各校國語文教學研究會決定每篇選文應放在那一階段——小學、國中、高中或高職的那一個年級。例如，民・朱自清的〈背影〉列爲優等，宜列爲國民中學一年級的教材。(見頁四二)

四、除了本研究的選文外，還可增加那些選文可用爲中小學教材的選文？除本研究的八百九十五篇選文外還有那些選文？有十六所塡答學校推薦九十八篇選文。每篇文章列出篇名、著者、文體、文白、評價及適用年級，其中部分並註明出處，可資參考。請參閱第三部分：「附錄」中所列之「本研究塡答學校建議增加之選文」部分。(見頁二九七)

五、這些選文有何不適於列爲教材之處，作爲教學時「深究」的參考？每篇文章都以表達情意或傳播思想爲目的，但選爲教材，在文字和內容都有嚴格的要求。事實上，有些被列爲優等的選文，從某一角度言，未必盡善。例如：〈遊子吟〉，有三所學校認爲「9、列爲課外讀物爲宜」(見頁二一一)。〈背影〉列爲優等的選文，但有一所學校認爲「9、不合時宜」。四所學校認爲：「8、列爲課外讀物爲宜」(見頁二二一)。這些看法，在教學過程中的「深究」階段，都可作爲學生討論或教師補充說明的資料。各篇選文被認爲「不適宜爲教材的原因」，教師可從本書「選文索引」覓得。

六、除現行教科書所列的選文外，還有那些選文可作爲教學的資源？國語文教科書的分量不能太多，選文自應有限制。教師提供或編輯學生課外或假期的國語文的補充教材，本研究結果可作爲選取詩文爲教材的參考。

七、本選文研究與過去研究在研究對象方面有何不同？　選文研究素被重視，過去常以某一套國語文教科書中的選文爲研究對象。如高明教授所編初中和高中「國文」的選文，由水心教授作調查研究，其報告由正中書局出版。亦有某類學校多種教科書的選文作研究者，如林慶彰、黃文吉二位教授受本會委託，曾進行「現行高職國文教科書之研究」，蒐集各類職業學校二十種版本的職業學校國文教科書加以分析與檢討，其報告列入本會《教育專題研究》第二輯，由三民書局出版。本研究擴大其範圍：就時間而言，包含目前所能蒐集之歷年出版中小學國語文教科書中的選文；就範圍而言，包含國小（選文部分）、國中、高中及高職的教科書：規模之大，實屬空前。

八、本研究與過去選文研究在方法上有何不同？　本研究爲本會國語文學科組主持人會議所決定，在黃錦鋐教授的領導下，約集語文學者及從事實際國語文教學的教師，研訂調查問卷；組成研究工作小組，請林忠廉校長（台北市立大同國民中學）爲召集人，負責印製、寄發及收回後整理調查表的工作，極爲嚴謹。問卷寄達學校後，由國語文科教學研討會塡答，而非由個別教師塡答，其意見亦較公允。塡答學校、校長及有關人員特予彙集附載（見頁三三四），表示感謝。至於調查結果的分析，係請國立臺灣師範大學電子計算中心蔡元慧女士義務處理，迅速正確。

九、如何檢閱列爲本研究選文調查研究的結果？　本研究問卷所列選文係依由古而今的次序排列，第二部分「調查結果」含：「(一) 選文之評價與地位統計表」和「(二) 選文不適宜選爲教材原因統計表」中的選文排列，是依電腦或人力分析的結果排次序。爲便於讀者檢閱每篇選文的研究結果。編校工作小組特編「選文索引」。即將問卷中所有選文，依「篇名」筆畫由少而多排列，首字筆畫相同者，以第二字爲準。如〈大丈夫之志節〉在〈大學首章〉之前。每篇之後有三個數字。第一個數字爲「問卷」中（選文由古而今排列）的頁碼；第二個數字爲「評價與定位」的頁碼；第三個數字爲「選文不適宜選爲教材的原因」的頁碼。舉例如下：

大丈夫之志節　孟子　三一〇　九四　二三七

大學首章　大學　三〇九　一四〇　二六〇

十、本研究有何應改進之處？　每一教育研究都有其目標，而研究的方法及過程即爲研究的目標之一。本選文研究比過去的研究固有其創新之處，然亦難免有疏失之處。承填答問卷學校對問卷設計、選文採用及其他方面提出寶貴的意見，經編爲「填答學校對本調查研究所提意見」。(見頁二一七)

前述第一至三的三個問題，爲國語文教科書編者所欲知者；第四至六的三個問題，似有助於國語文教師改進其教材教法。第七至十的四個問題，中小學國語文學科教師、教科書編者以及國語文教育人士從事語文研究者參閱本書自有助益。

本研究在本會劉白如（眞）先生領導之下，受朱前部長應本會之邀，在學術講座中提及選文的評價與定位的啓示而進行，我在會服務期間，配合本研究主持人黃錦鋐教授進行本研究工作，歷時二載而成。如今，欣見本會成立本研究報告編校小組，由陳壽觥秘書任召集人，將會同本會研究助理協力整理文稿，編輯索引，完成付印稿。本書表格甚多，排印不易，然承三民書局劉振強董事長慨允出版。本選文研究爲達到實用性和創新性的要求，規模之大，參與人員之多，研究方法的新穎與嚴謹，似無前例，其影響自必深遠！